AF561231

Collection « Études africaines »

dirigée par Denis Pryen et son équipe

Forte de plus de mille titres publiés à ce jour, la collection « Études africaines » fait peau neuve. Elle présentera toujours les essais généraux qui ont fait son succès, mais se déclinera désormais également par séries thématiques : droit, économie, politique, sociologie, etc.

Dernières parutions

Jose DO NASCIMENTO, *La pensée politique de Cheikh Anta Diop,* 2020.

Giscard Kevin DESSINGA, *Démocraties au four et au moulin, Alternance et conflits électoraux,* 2020

Roger NDONA KAYAMBA, *La production agricole dans la Province du Kwilu (RDC)*, 2020.

Georges MOUSSAVOU, *Organisation et système universitaire au Gabon. Sociologie des processus et systèmes institutionnels*, 2020.

Abdoulaye Wotem SOMPARÉ, *L'énigme d'Ebola en Guinée. Une étude socio-anthropologique des réticences*, 2020.

Arsène Francoeur NGANGA et Roland Christian MBINDA-NZAOU, *Peuples et civilisations kongo dans le sud du Gabon*, 2020.

Sylvain OBAME, *Gabon : la réforme administrative sans la réforme de l'État,* 2020.

Bernadette Clara Alvine AYO MBARGA, *La mission de la femme dans le processus de réconciliation*, 2020.

Brice POREAU, *Rwanda : une ère nouvelle. Comprendre le travail de reconnaissance (nouvelle édition)*, 2020.

Holy HOLENU MANGENDA, *Kinshasa. Urbanisation et enjeux écologiques durables*, 2020.

Ronsard MAKONZO NDONTONI, *La preuve de la propriété immobilière en droit positif congolais*, 2020.

Karine RAMONDY, *Leaders assassinés en Afrique centrale 1958-1961. Entre construction nationale et régulation des relations internationales*, 2020.

LA CULTURE DE LA PAIX : UNE INSPIRATION AFRICAINE

© L'Harmattan, 2020

5-7, rue de l'École-Polytechnique, 75005 Paris

http://www.editions-harmattan.fr

ISBN : 978-2-343-21040-7
EAN : 9782343210407

Juste Joris Tindy-Poaty

La culture de la paix : une inspiration africaine

Préface de Firmin Edouard Matoko
et Vincenzo Fazzino

Postface de Guy-Serge Bignoumba

Du même auteur

Pierre Claver Akendengué ou l'épreuve du miroir, Paris, Editions L'Harmattan, collection Points de vue, 2008

Pour Laurence ;
Doriane, Dyela et Guitou.

« La terre n'a pas de propriétaire » ;
« La fraternité n'a pas de frontières »[1]

[1] Il s'agit-là de deux sentences de la sagesse populaire gabonaise, en guise d'hymne à la culture de la paix. « *Mutambe sane fumu* », « *la terre n'a pas de propriétaire* » ; « *Guifumbe sa pangue* », « *le clan n'a pas de limite » ou « la fraternité n'a pas de frontières* ». Si la terre n'appartient à personne, c'est qu'elle est un bien commun ; si le clan n'est pas circonscrit à nos consanguins, c'est que le sentiment et la reconnaissance fraternels s'étendent à tout humain.

REMERCIEMENTS

A Monsieur David Adams, pour nous avoir communiqué un certain nombre de documents parmi lesquels son ouvrage en ligne : *Early History of the Culture of Peace.*

A Monsieur Amadou Sy Savané, pour sa patiente et amicale relecture du manuscrit.

A Madame Irène Margarette Ndimal, pour la mise en forme, également patiente et amicale, du manuscrit, conformément aux consignes de l'éditeur.

PREFACE

Qui dit : « *culture de la paix* », entend en écho : « *UNESCO* ». A cette dernière est, en effet, associé ce concept, dont la source d'inspiration est l'Afrique.

C'est effectivement sur le continent africain que le concept de « *culture de la paix* » a été pour la première fois défini au niveau mondial, lors du Congrès international sur « *La paix dans l'esprit des hommes* » organisé par l'UNESCO à Yamoussoukro, en Côte d'Ivoire, en 1989. Feu le Président Felix Houphouët Boigny, grand artisan de cette conférence internationale qu'il avait voulu en terre africaine, déclarait dans son discours d'ouverture : « *la Paix n'est pas un mot, c'est un comportement.* »

Dix ans plus tard, sous l'impulsion de l'UNESCO et en particulier de son Directeur général de l'époque, Monsieur Federico Saragoza Mayor, homme de conviction et de paix, avec l'appui des gouvernements et des mouvements de la société civile, l'idée de culture de la paix rentre à plein titre dans l'agenda des Nations Unies. L'Assemblée générale des Nations Unies adoptait, en 1999, la « *Déclaration et le Programme d'action sur une culture de la paix* », et déclarait l'année 2000, « *Année internationale de la culture de la paix* ». Pour perpétuer cette décision, l'année 2000 sera suivie d'une « *Décennie des Nations Unies pour la culture de la paix et la non-violence au profit des enfants du monde* », entre 2001 et 2010.

Fortement inspirée par l'Acte constitutif de l'UNESCO, l'Assemblée générale des Nations Unies définit la culture de la paix comme l'ensemble « *des valeurs, des attitudes et des comportements qui reflètent et favorisent la convivialité et le partage fondés sur les principes de liberté, de justice et de démocratie, tous les droits de l'homme, la tolérance et la solidarité, qui rejettent la violence et inclinent à prévenir les conflits en s'attaquant à leurs causes profondes ...* »

C'est l'histoire de ce concept de « *culture de la paix* », de sa conception en Afrique jusqu'à son épanouissement au niveau international, que retrace le présent ouvrage.

L'auteur, Juste Joris Tindy-Poaty, collègue et ami, est un acteur de premier plan de la culture de la paix dans son pays. C'est à lui que nous devons, en son ancienne qualité de Secrétaire général de la Commission nationale gabonaise pour l'UNESCO, d'avoir été l'un des initiateurs de la tenue, en décembre 2014, à Libreville (Gabon), du « *Forum panafricain : La jeunesse africaine et le défi d'une culture de la paix* » ; forum qui a été l'occasion du lancement officiel du Réseau panafricain des jeunes pour la culture de la paix (PAYNCOP), dont le Gabon héberge le siège social. Par cet important évènement, ce pays affirmait ainsi son leadership diplomatique et politique en matière de promotion de la culture de la paix, sur le continent, par l'implication de la jeunesse.

Nous lui devons le mérite, au cours de cet ouvrage, de faire le lien entre la palabre africaine et la culture de la paix en ce sens que la culture de la paix est un concept verticalement adapté aux réalités culturelles et sociales de l'Afrique. La culture de la paix se nourrit, en effet, de l'ensemble des valeurs, des systèmes de pensée, des formes de spiritualité, de transmission des savoirs et technologies endogènes, des traditions, et des formes d'expressions culturelles et artistiques qui ont permis pendant des millénaires la coexistence pacifique entre populations et cultures très différentes et, lorsque nécessaire, le règlement des conflits et des différends par des voies qui sont propres au continent.

Nous nous réjouissons de la présente publication et nous sommes heureux d'en écrire la préface, car il s'agit d'une réflexion profonde et sérieuse sur la culture de la paix par un Africain et qui sera, à n'en point douter, source d'inspiration pour de futures recherches en Afrique.

En effet, pour grandir et pour continuer à inspirer le savoir-vivre ensemble dans nos sociétés modernes en proie à la violence, l'intolérance, la discrimination et toutes formes d'exclusion, la culture de la paix a besoin de forces et d'énergies toujours renouvelées ; puisse cet ouvrage susciter de nouveaux émules de la culture de la paix. L'avenir de la culture de la paix en Afrique, et dans le monde, est dans sa capacité à susciter une large adhésion au-delà des générations. Dans cette chaîne solidaire au-delà du temps, les ouvriers doivent se relayer sur le chantier toujours ouvert de la paix, en faisant chacun sa part. « *Aucun de nous, en agissant seul, ne peut atteindre le succès* », disait Nelson Mandela ; « *en faisant scintiller notre lumière, nous offrons aux autres la possibilité d'en faire autant.* »

Firmin Edouard Matoko
Sous-directeur général pour la Priorité Afrique et les Relations extérieures de l'UNESCO

Vincenzo Fazzino
Chef de Bureau et Représentant de l'UNESCO au Gabon, Coordinateur international de la 1re édition de la Biennale de Luanda

AVANT-PROPOS

AFRIQUE : PUISER EN SOI-MÊME LES RESSOURCES DE LA CULTURE DE LA PAIX

Consultant en charge du Programme sciences humaines et sociales au Bureau de l'UNESCO à Libreville (Gabon), nous avons muri l'idée du présent ouvrage en réfléchissant au projet d'organisation d'un atelier portant « *Appui au renforcement des capacités des Réseaux panafricains des jeunes et des femmes pour la culture de la paix.* »

L'un des objectifs de cet atelier, tenu le 15 juin 2019, était de permettre aux participants[2] de s'approprier le concept de « *culture de la paix* » afin d'en promouvoir les valeurs en toute connaissance de cause et d'œuvrer efficacement à sa construction et à sa consolidation au quotidien.

Au-delà des participants à l'atelier, l'appropriation de ce concept vise l'ensemble des acteurs de la société civile africaine[3] soucieux de voir la paix s'enraciner sur le continent.

---

[2] Au nombre des participants (une trentaine), figuraient les leaders de la Coordination nationale du *Réseau panafricain des jeunes pour la culture de la paix* et du *Réseau panafricain des femmes pour la culture de la paix* mais aussi des représentants de la *Fédération nationale des associations, centres et clubs UNESCO*, de la *Conférence des écoles associées de l'UNESCO et de la Commission nationale gabonaise pour l'UNESCO.* Notre communication à cet atelier (intitulée « *La culture de la paix : du concept à l'action* ») était le premier jet du présent ouvrage. Cette communication a ensuite été remaniée en brochure : « *1989-2019 : 30 ans de culture de la paix* ». Destinée à paraître à l'occasion de la tenue de la « *Biennale de Luanda – Forum panafricain pour la culture de la paix* » (18-22 septembre 2019), cette brochure n'a malheureusement pas été publiée.

[3] Par « *acteurs de la société civile africaine* », il faut entendre ici les associations et ONG, les organisations à base communautaire, les organisations bénévoles et les organisations culturelles, scientifiques, éducatives, médiatiques et universitaires.

S'approprier le concept de « *culture de la paix* », c'est en épouser la philosophie. Il est attendu que toute philosophie de la culture de la paix[4] ne peut avoir d'intérêt et de valeur que si elle est mise en œuvre pour transformer le réel, c'est-à-dire les individus et leurs sociétés. Aussi, au-delà d'une philosophie de la culture de la paix, le présent ouvrage entend-il contribuer à une pratique de la culture de la paix. Ce faisant, il participe de la construction et du renforcement du « *Mouvement panafricain pour la culture de la paix* » ; mouvement dont l'idée a été lancée en 2013, à l'issue de la tenue du *Forum panafricain « Sources et ressources d'une culture de la paix en Afrique »* organisé par l'UNESCO, l'UA et le Gouvernement angolais.

Encourager à l'action, c'est aussi inciter à puiser les ressources de la culture de la paix dans le patrimoine culturel africain. Celui-ci est riche ; ses ressources millénaires ont besoin d'être simplement exhumées et exploitées pour aider à affronter les défis du présent et du futur. Ces nombreuses ressources culturelles traditionnelles sont autant des lumières susceptibles d'éclairer au mieux la marche de l'Afrique vers l'obscurité de la modernité mondialisée.

Dans le patrimoine culturel africain, la culture de la paix existe, particulièrement, sous la forme de deux filons quasi inaltérables et inépuisables : les mécanismes endogènes de transformation des conflits et les techniques, toutes aussi endogènes, de conservation et d'utilisation durable de la biodiversité. Ces deux veines culturelles attestent de ce que les sociétés traditionnelles africaines ont toutes été soucieuses d'harmoniser et de pacifier non seulement les relations des hommes entre eux, mais aussi celles de ces derniers avec la nature. C'est à nous déciller les yeux sur cette réalité que l'UNESCO contribue, à travers un certain nombre de

---

[4] Cf. Anaisabel Prera-Flores et Patrice Vermeren, *Philosophie de la culture de la paix*, Paris, Editions L'Harmattan, 2001.

publications[5] de ses secteurs de programmes et de ses réseaux scientifiques.

Qu'il s'agisse du Sanankouya ou l'alliance à plaisanterie[6] dans certains pays de l'Afrique de l'Ouest, de l'institution des Bashingantahe au Burundi, des juridictions Gacaca[7] au Rwanda,

---

[5] Cf. Annexe 3 dont, entre autres, *Les fondements endogènes d'une culture de la paix en Afrique. Mécanismes traditionnels de prévention et de résolution des conflits*, sous la direction d'Edouard Matoko et d'Oumar Kane, Paris, UNESCO, 1999. Sur les techniques traditionnelles d'utilisation et de conservation de la biodiversité, voir notamment les publications en lien avec les réserves de biosphère. Bien entendu, en dehors des publications de l'UNESCO, il existe une abondante littérature, sur ces deux sujets, produite par des chercheurs africains ou non. Nous pensons, néanmoins, qu'un ouvrage de synthèse, à l'initiative de l'UNESCO, mettant en relief ces deux veines culturelles témoins du caractère endogène de la culture de la paix manque encore, surtout en ce qui concerne précisément la mise en relief des techniques africaines endogènes de gestion des relations de l'homme avec la biosphère.

[6] Cf. Edouard Matoko, « *Introduction* » de l'ouvrage : *Les fondements endogènes d'une culture de la paix en Afrique. Mécanismes traditionnels de prévention et de résolution des conflits*, sous la direction d'Edouard Matoko et d'Oumar Kane, Paris, UNESCO, 1999, p. X. Au singulier d'Edouard Matoko, Méké Meite préfère le pluriel : voir son article, « *Les alliances à plaisanteries comme voie* » *in Ethiopiques* n° 72. Littérature, philosophie, art et conflits. 1er semestre 2004. En ligne : http://ethiopiques.refer.sn. L'emploi du pluriel chez Méké Meite souligne simplement que l'alliance à plaisanterie n'est pas circonscrite à un clan ou une ethnie particulière ; elle est transclanique et transethnique, d'où sa valeur et sa force d'impact solidaire et de cohésion communautaire.

[7] Cf. Présentées comme *« la résurgence d'un modèle « traditionnel » de règlement des conflits, [ces juridictions] sont pourtant bien éloignées de leurs ancêtres, tant par les crimes qu'elles prennent en charge que par les multiples emprunts au rituel judiciaire moderne »*, ainsi que le note Hélène Dumas *(cf. « Histoire, justice et réconciliation : les juridictions gacaca au Rwanda » in Mouvements* n°53 mars-mai 2008, p. 113. En ligne : https://www.cairn.info/revue-mouvements-2008-1-page-110.htm). Cependant, la primauté de la parole tisserande, caractéristique de la palabre africaine, que nous défendons ici s'applique aussi à elles. Ces juridictions ont été instituées dans le dessein de servir l'ambition nationale de réconciliation. Comme l'écrit Hélène Dumas, « *l'attention portée au volet judiciaire de la réconciliation trouve une expression normative dans la première loi organique du 26 janvier 2001, portant création et organisation des juridictions gacaca. Les deux lois*

du Heer Issa, « *la Table des Lois qui fonde la société de droit et [. . .] la démocratie pastorale du peuple Somali* »[8] ou de tout autre exemple, les mécanismes traditionnels de transformation des conflits en Afrique ont en commun le même mode opératoire : la palabre ou la juridiction de la parole[9] qui combine à la fois un ensemble de règles et une chaîne de médiations.

Pour comprendre l'importance accordée à la palabre par les Africains, il faut avoir à l'esprit qu'ils opposent au « *Je pense donc je suis* » de Descartes un « *Je parle donc je suis* ». Pour les sociétés traditionnelles africaines, ce n'est pas la capacité à penser qui définit notre humanité et nous distingue des animaux ; mais plutôt la capacité à parler. C'est en ce sens qu'il faut comprendre ce propos d'une femme Peule : « *L'homme a un souffle de vie, la bête aussi.* [...] *Mais l'homme vaut plus que la bête. Parce que l'homme est quelqu'un* à *qui on peut adresser une parole, et quelqu'un qui peut exprimer une parole. L'homme est un être avec qui on peut dialoguer. C'est cela qui fait la différence entre l'homme et la bête. C'est la supériorité de l'homme sur la bête. Une bête, même si elle a une intelligence, une bouche et un cœur, n'a pas de parole, elle ne peut parler. Mais l'homme c'est la parole.* »[10] Geneviève Calame- Griaule

---

suivantes, celle de juin 2004 et de mars 2007, aménagent l'organisation de ces juridictions. Elles privilégient les procédures d'aveu et de plaidoyer de culpabilité et encouragent l'application de peines alternatives à l'incarcération. Il s'agit donc d'analyser en premier lieu l'institution des juridictions gacaca comme un élément central de la politique nationale de réconciliation. Elles prennent d'ailleurs place dans un dispositif plus large dans lequel le retour sur le passé constitue une référence fondamentale » (cf. *op. cit.*, p.112).

[8] Ali Moussa Lye, « *Paix et lait : domestication du conflit chez les pasteurs Somalis* » in *Les fondements endogènes d'une culture de la paix en Afrique. Mécanismes traditionnels de prévention et de résolution des conflits, op. cit.*, p. 49.

[9] Cf. Jean-Godefroy Bidima, *La palabre : une juridiction de la parole*, Paris, Editions Michalon, Collection « *Le bien commun* », 1997.

[10] Cité par Alexis Dembele, « *Parler comme un conte, ou l'art de transmettre*

renchérit en écrivant : « *Sous le rapport de la parole, la pensée dogon divise le monde en deux catégories, celles des « êtres qui parlent la parole» et celles des « êtres qui ne parlent pas la parole », dont fait partie d'ailleurs le petit enfant dans la conception dogon.* »[11]

Du point de vue de la palabre, la distinction entre « *savoir parler la parole* » et « *ne pas savoir parler la parole* » est assez significative. Elle connote que la palabre est une parole particulière, singulière. Cette singularité de la parole mise en scène par la palabre est suggérée par ce proverbe africain qui dit : « *Pour se réconcilier, on n'apporte pas un couteau qui tranche, mais une aiguille qui coud.* »

Ce proverbe met en relief, à la fois, l'efficacité et la duplicité ou l'ambivalence de la parole.

Efficace, la parole l'est parce que, « *une fois articulée [elle] devient une puissance, une force, une action* », comme le dit Marcel Detienne de la parole du devin, de l'aède et du roi de justice dans la Grèce archaïque[12]. Qui parle agit. La parole est un pouvoir. Elle est le pouvoir de l'acte *perlocutoire* que John Austin définit comme « *le fait d'arriver à certaines conséquences en disant quelque chose !* »[13]

---

la connaissance en Afrique » in *Hermès* 72, 2015, p.p. 243-244.

[11] Cité par Alexis Dembele, *op. cit.*, p. 244. A première vue, cette définition de notre humanité pourrait être considérée comme discriminatoire à l'égard des enfants mais aussi des bègues et des muets, par exemple. Cependant, si la parole n'est pas encore advenue, elle demeure potentiellement chez ces derniers. Chez le bègue, quoi qu'hachée, la parole existe et se distingue du cri de l'animal. Même dans le cas du muet, la définition de notre humanité par la capacité à parler reste valable du fait de la capacité à créer une communication humaine. La communication entre un muet et un non muet reste toujours potentiellement possible.

[12] Marcel Detienne, *Les Maîtres de Vérité dans la Grèce archaïque*, Paris, Editions Librairie Générale Française, 2006, p. 116.

[13] Cité par Peter Kemp, « *Repenser la philosophie : le pouvoir de la parole* » in *Diogène*, 2008/4 n° 224, p. 38. En ligne : https://www.cairn.info/revue-

Ce pouvoir de la parole, en tant qu'acte perlocutoire, est une évidence pour la sagesse et la tradition africaines. C'est cette évidence qu'elles traduisent bien en ces termes[14] : « *Dieu n'a rien créé de plus grand et de plus opératoire que la parole* » (cf. les Peuls du Sahel) ; « *Le Tout-Puissant créa la parole et la parole contraignit le Tout-Puissant* » (cf. Enseignement du Komo) ; « *On lie les bœufs par les cornes et les hommes par la parole* » (cf. les Malinkés).

De ces assertions, nous retenons que la parole est un pouvoir, une force d'action parce qu'elle émane, en réalité, de la Transcendance. La parole est l'essence de l'Etre Suprême ; essence à laquelle l'homme participe. Par la parole, Dieu crée l'univers, l'ordre cosmique : « *Ce que Maa Ngala dit, c'est !* », proclame le chantre du dieu Komo[15]. En participant à cet instrument de la création divine, l'homme crée, à son tour, l'ordre social. Il faudrait donc en conclure, avec Amadou Hampaté Ba, que la parole a bien « *un caractère sacré lié à son origine divine et aux forces occultes déposées en elle* » et de ce fait elle est un « *agent magique par excellence et grand vecteur des forces éthériques.* »[16]

Pour saisir la portée de la force d'action de la parole, il faut garder, conséquemment, à l'esprit, le contexte magico-religieux des sociétés traditionnelles africaines. La parole efficace, c'est

---

diogene-2008-4-page-35.htm.

[14] Cf. Anne Stamm, *La parole est un monde. Sagesses africaines*, Paris, Editions du Seuil, 1999, p. 123.

[15] Cité par Amadou Hampaté Ba, « *La tradition vivante* » in *Histoire générale de l'Afrique. Méthodologie et préhistoire africaine*, sous la direction de Joseph Ki-Zerbo, Volume I, Paris, Editions UNESCO, 1980, 1984, 1989, 1995, 1999, p. 193. Il y a là un parallèle à établir avec la parole coranique : « *Quand [Allah] veut une chose, son commandement consiste à dire : Sois, et c'est* » (cf. Sourate 36 Ya-Sin, verset 82) ; et la parole biblique : « *Que la lumière soit ! Et la lumière fut* » (cf. Genèse 1, verset 3). La puissance d'action de la parole est reconnue dans presque toutes les civilisations et cultures et est, partout, considérée comme d'inspiration divine.

[16] Amadou Hampaté Ba, *idem*, p. 192.

la parole magico-religieuse ; celle de Dieu, des esprits, des génies ou des mânes à qui le sorcier ou le tradipraticien, par exemple, prête son corps et sa bouche pour qu'elle se manifeste. Cette parole magico-religieuse n'est cependant pas toujours, comme dans l'exemple du sorcier ou du tradipraticien, le privilège d'une fonction socioreligieuse. Le sorcier et le tradipraticien ont l'avantage d'entretenir un commerce régulier avec les divinités, les esprits, les génies et les mânes. Ils savent professionnellement comment et quand actionner en eux la parole efficace de ces êtres. Mais, ils peuvent aussi, de leur propre chef, habiter ou posséder une personne quelconque ou répondre à sa sollicitation. Par simples désir et volition, une personne profane peut, consciemment ou non, proférer, à l'instar du sorcier ou du tradipraticien, une parole magico-religieuse. Cette personne non investie de fonction socioreligieuse peut être une mère ou un père s'adressant à son enfant, un frère s'adressant à son frère ou à sa sœur, etc. Nulle parole n'est donc gratuite. Rien n'est soustrait à l'influence de la pensée magico-religieuse dans les sociétés traditionnelles africaines : toutes les actions humaines publiques ou privées en sont imprégnées. Ainsi, c'est la parole en soi qui est efficacité, qui est puissance d'action, énergie. Si la parole est puissance d'action, il importe alors de la maîtriser : « *L'homme qui peut contenir la parole, rien ne lui est néfaste* »[17] parce que « *la parole est un œuf : si elle échappe[,] elle ne peut pas se reprendre* » ou elle est « *comme de l'eau : une fois versée, elle ne se ramasse pas* » [18], dit la sagesse africaine. Il y a donc dans les sociétés traditionnelles africaines une invite à la maîtrise de la parole. Dans l'ordre social, qui maîtrise la parole, souligne son urbanité.

Savoir contenir la parole, c'est être instruit de son ambivalence. Ambivalence que Platon soulignait déjà à propos du discours : « *le discours exprime tout (pan) et que sans cesse il fait circuler et meut tout, et qu'il est double, à la fois vrai et*

---

[17] Cité par Anne Stamm, *op. cit*, p. 129.

[18] Adages Yoruba et Peul cités par Alexis Dembele, *op. cit.*, p. 244.

faux. »[19] Cette duplicité est celle de la parole. Elle recèle une double valeur énergétique : masculine et féminine, négative et positive, créatrice et destructrice. Il existe une mauvaise parole et une bonne parole ; une parole qui a le pouvoir *perlocutoire* de trancher comme le couteau et une parole qui a le pouvoir *perlocutoire* de coudre comme l'aiguille. C'est ainsi qu'un « *adage malien déclare : « Qu'est-ce qui met une chose en état (c'est-à-dire l'arrange, la dispose favorablement) ? C'est la parole. Qu'est-ce qui détériore une chose ? C'est la parole. Qu'est-ce qui maintient une chose en son état ? C'est la parole.* »[20] Par la parole, l'homme a le pouvoir soit de maudire, soit de bénir ; soit de créer le conflit ou la guerre, soit d'établir la paix. Le conflit ou la guerre est parole ; la paix également l'est. De la puissance d'action de la parole peuvent donc germer le pire et le meilleur.

Ainsi, la palabre est-elle scénarisation de la parole féminine[21]. Celle-ci n'a pas vocation à allumer et à attiser la querelle, le conflit, ou à prolonger la guerre. Elle a vocation à appeler à une cessation des hostilités en dédramatisant, en refroidissant les passions. Ceux qui s'engagent dans la palabre ont un désir et une volonté partagés d'apaisement. Chez les Bamiléké, la palabre se dit justement « *Tsang, dont le but est d'apaiser les esprits.* »[22] Entrer dans la palabre, c'est déjà entrer psychologiquement et moralement dans la réconciliation et la restauration de la paix.

---

[19] Platon, *Cratyle*, 408 c-409 a in *Protagoras et autres dialogues*, traduction et notes par E. Chambry, Paris, Editions Garnier-Flammarion, 1967, p. 428.

[20] Amadou Hampaté Ba, *op. cit.*, p. 196.

[21] L'opposition qui va suivre entre parole féminine et parole masculine ne renvoie pas à la différenciation des sexes mais à des valeurs qui transcende cette différenciation biologique. Une femme peut très bien proférer une parole masculine et inversement.

[22] Thierno Bah, « *Les Mécanismes traditionnels de prévention et de résolution des conflits en Afrique noire* » in *Les fondements endogènes d'une culture de la paix en Afrique. Mécanismes traditionnels de prévention et de résolution des conflits, op. cit.*, p. 15.

Même lorsqu'elle est proférée dans le cadre du Sanankouya ou la « *palabre-querelle* » entre cousins, la parole reste en creux apaisante. L'alliance à plaisanterie est en soi une palabre qui met en scène la parole badine et mémorielle par laquelle des individus, cousins à plaisanterie, renouvellent, par la joute oratoire, la querelle d'antan mais pour, en même temps, mieux vivifier le pacte de paix qui en a résulté, fondement de l'alliance clanique ou communautaire dont ils sont les dépositaires et les passeurs. En faisant rejouer par l'invective feinte, la querelle ou le conflit d'antan, les cousins à plaisanterie renouvellent, en réalité, l'engagement pris par leurs deux communautés à vivre durablement en paix. La palabre entre cousins à plaisanterie renouvelle la sacralité de l'alliance clanique ou communautaire par laquelle des individus se reconnaissent unis et la parole masculine et agressive apparente qui la caractérise a plutôt pour fonction de conjurer la guerre pour mieux fonder la paix perpétuelle.

Féminine, la parole à l'œuvre dans le cadre de la palabre est de fait tisserande parce qu'elle vise en dernier ressort à retisser le lien rompu par le conflit. Cette ambition tisserande de la parole, à l'œuvre dans le cadre de la palabre, est bien soulignée par le processus de régulation du Heer décrit par Ali Moussa Lye et qui se déroule en quatre étapes : (i) le refroidissement des passions; (ii) la purge des rancœurs ; (iii) le redressement des torts et (iv) le scellage de la réconciliation[23].

Pour les Africains, lorsqu'éclate un conflit, la véritable restauration de la paix, au-delà de la désignation des responsabilités et des culpabilités des parties, est la réconciliation de ces parties. En réconciliant les parties, la parole tisserande de la palabre reconstitue le tissu social et communautaire. La restauration du tissu social et communautaire est l'objectif final de la palabre. Ce qui veut dire que, en dernier ressort, ce sont les intérêts du groupe qui doivent primer. Au triomphe d'une partie sur l'autre des

---

[23] Ali Moussa Lye, *op. cit.*, p. 61.

protagonistes, la palabre préfère le triomphe du clan ou de la communauté. Comme le dit un adage Gisir, une des ethnies du Gabon : « *Rien ne peut justifier qu'on tue la parenté !* »

Pour autant, il ne s'agit pas, dans le cadre de la palabre, de mésestimer l'intérêt et les droits de l'individu. Ce dernier est reconnu dans ses droits, notamment dans la phase du redressement des torts. Cependant, contrairement au tribunal occidental qui consacre un vainqueur et un vaincu, la palabre, tout en faisant la part entre le coupable et la victime, se préoccupe davantage que ces derniers renouent une relation sociale harmonieuse en oubliant ou en dépassant leur contradiction, leur conflit. C'est le sens du rituel de la réconciliation qui clôt toujours la palabre et qui diffère, dans sa forme, d'une culture à une autre.

Par la systématisation d'un rituel de réconciliation, la vocation de la palabre est non seulement de résoudre le conflit mais également et surtout de ressouder la communauté. C'est ainsi que, par exemple, « *dans l'esprit du Heer, il ne suffit pas de régler un conflit et de redresser les torts subis. Encore faut-il prévenir contre les futurs conflits. Il est donc important de veiller à la guérison de la plaie et à la sauvegarde de la solidarité et de la cohésion sociale.* »[24] C'est la même logique qui prévaut chez les Bakongo et qui fait dire à Nicaises Muzinga Lola : « *la palabre cherche plutôt la production du consensus entre les parties afin de préserver la paix et l'équilibre au sein de la société [...] En d'autres termes, chez les Bakongo, [...] théoriquement, personne n'a tort lors d'une cérémonie de palabre...* »[25]

---

[24] Ali Moussa Lye, *op.cit.,* p. 65.

[25] Cf. *La palabre chez les kongo : la résolution traditionnelle des conflits*, Thèse de doctorat, Université Laval / Université de Sherbrooke, 2008, p. 85. Le postulat théorique selon lequel personne n'a tort est signifié par un proverbe ou adage Gisir : « *Donnons tort à la perdrix ; donnons tort à l'igname* ». Cette maxime rend compte d'une histoire selon laquelle l'igname va se plaindre au Chef du village d'une agression de la part de la perdrix. Pour

En visant, par-dessus le redressement, la restauration du lien social entre protagonistes, la parole tisserande, à l'œuvre dans la palabre, laisse entrevoir que les Anciens Africains partageaient, avec Aristote, la conviction que « *l'homme [...] est un être fait pour la Cité et pour la vie en commun, de par sa nature même.* »[26] Il n'y a pas d'hommes heureux isolés et sans attaches sociales. Le bonheur des individus ne se réalise que dans leur interdépendance. D'où l'importance accordée par les Africains au groupe clanique ou communautaire par rapport à l'individu[27]. En conséquence, les liens sociaux distendus ou rompus par le conflit doivent être recousus par la palabre.

---

sa défense, cette dernière argue que c'est la faute de l'igname : si elle n'était pas sortie de terre, la perdrix ne l'aurait pas agressée. Dans sa sagesse, le Chef du village prononce alors un non-lieu en renvoyant dos-à-dos les protagonistes. Dans l'amorce de la phase de réconciliation ou avant, l'évocation, dans le cadre d'une palabre, de cet adage consiste, en réalité, à amener les protagonistes à faire preuve d'une certaine humilité et à comprendre que dans tout conflit, il y a toujours une part de responsabilité partagée de part et d'autre. Dans le cas des protagonistes qui feraient montre d'une certaine intransigeance, la convocation de ce proverbe sert ainsi d'invite à un certain sens du compromis. Mais il arrive qu'une médiation incompétente s'en serve plutôt pour noyer le poisson en refusant de façon délibérée et intéressée de mettre en œuvre la phase de redressement des torts ; phase sans laquelle il ne peut y avoir de véritable réconciliation.

[26] Aristote, *Ethique à Nicomaque*, IX, 1169 b 9-23, traduction de Richard Bodéüs, Paris, Editions Flammarion, 2004, p. 482.

[27] C'est l'idée qu'un individu ne peut être heureux tout seul qui justifie le primat de la communauté. Cependant, les sociétés traditionnelles africaines ont également reconnu les droits de l'individu. C'est la conclusion à laquelle parvient Souleymane Bachir Diagne, après lecture de la Charte du Mandé : « *On retiendra ici le propos « individualiste ». La totalité du serment s'inscrit résolument dans la vision de droits qui s'attachent à chaque vie ou chaque « âme humaine » comme individuelle et unique. Cette vision n'est pas allée s'encombrer de considérations sur la primauté de la communauté et les devoirs de l'individu à son égard. Ce n'était tout simplement pas le propos d'une déclaration mettant en exergue la valeur de chaque vie et les droits dont elle commande la reconnaissance.* » cf. « *Philosophie africaine et charte africaine des droits de l'homme et des peuples* » in *Critique*, Editions de Minuit | 2011/8 - n° 771-772, p. 671. En ligne : http://www.cairn.info/revue-critique-2011-8-page-664.htm.

Pour recoudre, la palabre doit se faire aussi parole médiatrice. En effet, « *elle n'organise pas le face-à-face spéculaire entre parties mais institue une médiation symbolique à plusieurs entrées* »[28], dit Jean-Godefroy Bidima.

La palabre s'institue parole médiatrice d'abord à l'usage par ses acteurs de la parole allusive, énigmatique et symbolique de proverbes, maximes, sentences, mythes, chants, etc. Au parler direct qui attaque de front, la palabre préfère le parler indirect qui attaque de biais. Par ce procédé, il s'agit toujours et encore de donner à voir à l'œuvre la parole féminine dont le but est d'apaiser pour mieux entamer le processus de la palabre. La vertu apaisante de la parole féminine s'explique du fait que, comme le dit Chinua Achebe, « *les proverbes sont l'huile de palme qui fait passer les mots avec les idées.* »[29] La parole féminine, très imagée, indirecte, est toujours de mise dans le cadre de la palabre. Engager une palabre en jetant, par un discours direct et abrupt, de l'huile sur le feu ou en remuant le couteau dans la plaie, est un non-sens. Le conflit sera bien nommé mais il s'agira de le nommer indirectement pour ne pas aggraver ses impacts. Le conflit est né de la parole masculine, de la mauvaise parole qui, comme disent les Dogons, « *contient un excès de vent et de feu, assèche et chauffe le cœur, fait se contracter le foie.* »[30] Cette parole masculine, mauvaise, est, chez les Peuls du Niger, la parole non cuite, crue : « *une bonne parole est une parole qui sort du cœur, parce que le cœur fait cuire toute parole. Une parole crue ne vient pas du cœur.* »[31] On ne saurait donc tenter de résoudre un conflit en recourant à la même parole masculine.

En recourant à la parole féminine de la médiation de proverbes, maximes, sentences, mythes, chants, etc., le but de la

---

[28] Cité par Ali Moussa Lye, *op. cit.*, p. 61.

[29] Cité par Juste Joris Tindy-Poaty, *Pierre Claver Akendengué ou l'épreuve du miroir*, Paris, Editions L'Harmattan, 2008, p. 117.

[30] Cité par Anne Stamm, *op. cit.*, p. 137.

[31] Cité par Alexis Dembele, *op. cit.*, p. 244.

palabre est de commencer à amener les protagonistes à se démarquer intérieurement du conflit. Le récit allusif du conflit, par la parole médiatrice, instille dans chacun des protagonistes une distanciation morale et psychologique entre eux et le conflit. Ils commencent à en être déchargés par la communauté qui en prend possession. Ainsi délestés de ce fardeau, les protagonistes peuvent entrer dans la palabre avec une relative sérénité indispensable à la qualité et à l'efficacité des débats.

La palabre s'institue ensuite parole médiatrice par ses acteurs, médiateurs physiques mobilisés pour s'interposer entre les protagonistes. Pour apaiser les cœurs et relâcher les foies, la parole médiatrice de la palabre convoque une double interposition : celle du parler indirect et celle des personnes physiques. Il importe de distinguer les deux pour la simple raison qu'il ne suffit pas que la parole allusive soit proférée par un tiers médiateur, il faut surtout qu'elle le soit par un médiateur qui a la confiance des protagonistes. La parole allusive ou parler indirect amoindrit sa force d'interposition si elle est portée par des médiateurs (griots, parents, personnages respectés de la communauté, etc.) qui n'ont pas l'autorité morale nécessaire pour inspirer la confiance des protagonistes.

Par le bais de la parole allusive de proverbes, maximes, énigmes, mythes, etc., d'autres médiateurs invisibles, mais toujours présents, prennent part à l'interposition : les Ancêtres. A travers le parler indirect des acteurs mobilisés par la palabre, ce sont, en effet, les Ancêtres, la vénérable tradition, qui parlent aux protagonistes et à l'assemblée. « *L'individu [médiateur] qui énonce le proverbe se met en retrait, c'est qu'il en tire un double avantage : il se garantit une sécurité et bâtit une stratégie discursive qui met son interlocuteur face à la tradition qu'il ne saurait réfuter sans s'en exclure.* »[32] Le proverbe et tous les constituants de la littérature orale traditionnelle (qui caractérisent la parole féminine et allusive) sont le véhicule

---

[32] Mamoussé Diagne, *Critique de la raison orale. Les pratiques discursives en Afrique noire*, Paris, Editions Karthala, 2005, p.p. 77-78.

d'une tradition précise dans laquelle les protagonistes du conflit, les acteurs et les spectateurs de la palabre se reconnaissent. Ainsi, par-delà les individus, la parole allusive et indirecte des proverbes instaure un dialogue de la tradition avec elle-même.

En mettant en scène l'autorité de la tradition, l'usage de la parole allusive (de toute la littérature orale traditionnelle) transforme la palabre en une instance pédagogique non seulement pour les protagonistes mais aussi pour toute personne actrice ou spectatrice. La parole médiatrice devient parole pédagogique. Elle l'est d'abord, d'un point de vue technique, puisqu'elle donne l'opportunité aux uns de découvrir et d'apprendre et aux autres de redécouvrir et de réviser l'art et la technique procédurale de la palabre et la technique discursive qu'elle requiert. Elle l'est ensuite, d'un point de vue moral, puisqu'elle permet, à travers les remontrances, avertissements, leçons qui y sont délivrées, à chacun de s'instruire aux fins de poursuivre et parfaire son apprentissage de l'humanité.

En usant de l'énigme des proverbes et contes, la parole pédagogique de la palabre enseigne en provoquant la pensée qui se met en branle pour déchiffrer le message véhiculé par le proverbe, le conte ou la chanson, c'est-à-dire débusquer l'idée derrière le symbole. De ce fait, la parole pédagogique de la palabre éduque à la réflexion, à l'éveil de l'esprit critique, puisque le proverbe, le conte ou la devinette, par l'étonnement suscité, appelle un besoin d'interprétation. La parole pédagogique de la palabre, parole des proverbes et contes, est alors incitation à retrouver une faculté perdue par les humains ; « *la faculté de ruminer* » qui est la nature de la vache, selon Nietzsche. « *Si nous ne changeons pas et ne devenons pas comme [les] vaches, nous n'entrerons pas au royaume des cieux. Car il y a une chose que nous devrions apprendre d'elles : c'est l'art de ruminer. Et en vérité, quand l'homme gagnerait le monde entier, mais sans apprendre cette unique chose : l'art de ruminer, à quoi tout le reste lui servirait-*

il ? »[33], fait dire Nietzsche à un des personnages de *Ainsi parlait Zarathoustra*.

Comme les aphorismes nietzschéens, les proverbes et les contes, distillés par la parole pédagogique de la palabre, exigent que nous retrouvions la nature des vaches parce qu'il nous faut les interpréter pour en saisir le sens. La faculté de ruminer est, dans cet esprit, l'art de la lecture ou de l'audition patiente des proverbes et contes. Ces derniers, pour être compris, ont besoin d'être ruminés, réécoutés ou relus par deux ou plusieurs fois avant d'en saisir le sens, l'enseignement. On s'éveille par cette obligation à mettre en mouvement sa pensée par le besoin d'interprétation et de compréhension des proverbes et contes.

En nous éveillant par l'obligation à les ruminer pour les comprendre, les proverbes et les contes nous engagent, dans le même temps, dans un processus de transformation morale. Nous exerçant à l'art de la rumination, nous nous éveillons et nous nous transformons. Nous nous transformons parce que nous nous exerçons à la patience en prenant le temps de revenir sur ce que nous avons ingurgité une première fois sans l'avoir bien digéré. Nous nous transformons non seulement en acquérant la vertu de la patience en régurgitant les mêmes proverbes et contes pour en remâcher et en approfondir le sens mais aussi en nous nourrissant des sucs des proverbes et contes ingurgités et réingurgités.

L'éveil de l'esprit critique n'est pas la fin de la parole pédagogique de la palabre. Sa véritable ambition est l'accomplissement de l'individu par la sagesse. L'acuité réflexive peut nous transformer en un simple raisonneur qui ne sait pas penser sa vie et vivre sa pensée, qui dissocie sa pensée de sa vie. Il y a sagesse dès lors que l'individu sait penser sa vie et vivre sa pensée. La parole pédagogique de la palabre vise la

---

[33] Friedrich Nietzsche, *Ainsi parlait Zarathoustra*, traduit par Marthe Robert, Paris, Union Générale d'Editions, 1958, p.p. 253-254.

sagesse qui se caractérise par le refus de l'écart entre une pensée et l'existence de celui qui la formule. Cette sagesse ne se prouve pas puisqu'elle ne s'enseigne pas. Elle s'éprouve parce qu'elle est essentiellement affaire de vécu individuel.

A défaut d'être prouvée ou enseignée, la sagesse peut être tout au moins suggérée. D'où le recours à la parole allusive, poétique et imagée des proverbes, contes, mythes, etc. La palabre se fait parole pédagogique par le discours suggestif de ces genres littéraires. L'efficacité de ce discours suggestif réside dans le fait qu'il n'a pas, apparemment, à la différence du discours direct et non suggestif, prétention à partager des idées et à défendre ou à inculquer une vérité. Elle cherche plutôt à créer une émotion susceptible d'être fondatrice d'une volonté de transformation de soi par l'individu lui-même. Par ce discours suggestif, la parole pédagogique de la palabre a vocation à ébranler pour que l'on s'ébranle. Il s'agit, au-delà de la provocation de la pensée, de susciter une émotion, de provoquer la sensibilité du sujet. En provoquant plus la sensibilité que la raison du sujet, la parole pédagogique du proverbe et du conte cherche à créer une émotion qui le découvre à lui-même. Cette découverte de soi ne s'enseigne pas ; elle ne peut être que provoquée, éveillée par le proverbe ou le conte.

Le véritable pouvoir de médiation de la palabre est justement dans cette capacité du proverbe, conte ou mythe à nous révéler à nous-même en nous émouvant. La sagesse par laquelle l'individu s'accomplira ne sera rien d'autre que l'approfondissement de cette émotion suscitée par un proverbe, un conte ou un mythe, à l'occasion d'une palabre ou d'une simple conversation. C'est lorsque sa sensibilité est touchée que l'individu se découvre des ressources pour s'engager dans un processus de reliance de sa pensée à son existence, c'est-à-dire les capacités de vivre réellement son humanité, d'en témoigner authentiquement. La portée pédagogique et transformatrice de la parole médiatrice de la palabre réside donc dans cette capacité à toucher, au-delà de la raison, le cœur de l'individu. Ce qui veut dire que la palabre invite à une réception active de la sagesse des Anciens. La tradition transmise par la palabre doit faire l'objet d'une appropriation par l'être total (raison et sensibilité). La sagesse, en tant que legs de la tradition, ne s'acquiert que par une appropriation personnelle. Dans ce processus, l'individu se nourrit de la tradition tout en la dépassant par sa propre réflexion et sa propre expérience de vie. C'est ce potentiel de la parole allusive et suggestive de la palabre à être, à la fois, un outil pédagogique, transformateur et le véhicule de la sagesse de la tradition qui est souligné par ce précepte Dogon : « *Si tu veux faire savoir une chose à ton compagnon, l'homme qui désire savoir, il n'est pas bon de nommer le nom ; on le dit avec un conte.* » [34]

En mettant en scène les Ancêtres (et la tradition dont ils sont l'incarnation), la parole médiatrice et pédagogique de la palabre devient aussi parole de vérité et de justice.

L'une des conditions nécessaires pour la coexistence pacifique des hommes est la justice. De cette dernière, Proudhon dit « *c'est le respect, spontanément éprouvé et réciproquement garanti, de la dignité humaine, en quelque personne et dans quelque circonstance qu'elle se trouve compromise et à quelque risque que nous expose sa défense...* »[35] Il n'y a donc pas de paix possible sans justice ; et pour instaurer, restaurer la paix, il faut établir, rétablir la justice. Mais il n'y a pas de justice sans vérité. La palabre a alors pour dessein de rechercher la vérité des faits à l'origine d'un conflit (par les débats contradictoires) pour rétablir la justice qui seule restaurera la paix brisée. Cela exige des acteurs de la palabre, et plus précisément des médiateurs, intégrité, impartialité et objectivité. La parole féminine, qu'ils ont le devoir de proférer, doit se prolonger en parole de vérité et de justice.

---

[34] Cité par Mamoussé Diagne, *op. cit.*, p. 123. Dans le même esprit, un proverbe Gisir dit : « *On s'instruit par le biais des proverbes.* »

[35] Cité par Isabelle Mourral et Louis Millet, *Histoire de la philosophie par les textes*, vol. 2, Editions Universitaires, 1995, p. 219.

La parole de vérité et de justice de la palabre, lorsqu'elle est fondée sur une intégrité, une impartialité et une objectivité des médiateurs, se mue en parole collective.

La palabre est, de fait, une parole collective ; elle institue « *un espace public de discussion et de débat [...] [;] toute personne intéressée peut prendre place dans l'assistance...* »[36] Néanmoins, elle ne devient véritablement parole collective que lorsque les protagonistes, y compris le « *perdant* », et l'ensemble de la communauté se reconnaissent dans la jugement rendu. La collectivité doit se reconnaître dans la sentence de justice. La profération individuelle des médiateurs de la parole de vérité et de justice de la palabre est soumise au jugement de la communauté et à sa validation. C'est cette validation communautaire de la parole de vérité et de justice des médiateurs qui, finalement, restaure la cohésion sociale et la paix. Si la palabre est instance de transmission de la tradition, les médiateurs ne parlent pas en leur nom propre. Si ces derniers ne parlent en leur nom propre, le jugement qu'ils rendent ne l'est pas non plus en leur nom propre. Les médiateurs-juges sont en réalité les assesseurs des Ancêtres (et même des génies et des esprits) qui sont les véritables juges. Ce qui explique, par exemple, que la sentence finale, en milieu éwé, une des ethnies du Togo, soit attribuée à « *un personnage anonyme appelé amegakpui.* »[37] La parole collective de la palabre validée par la communauté est ainsi parole de vérité et de justice de la tradition que nul ne « *saurait réfuter sans s'en exclure* » et sans risquer des représailles. Cette parole collective s'avère, à la fin, être une parole cathartique et exorciste par laquelle l'ensemble de la communauté se purifie du conflit et conjure sa résurgence.

---

[36] Octave Nicoué Broohm, « *De la gestion traditionnelle à la gestion moderne des conflits : repenser les pratiques africaines* » in *Ethiopiques* n° 72. Littérature, philosophie, art et conflits. 1er semestre 2004, p. 5. En ligne : http://ethiopiques.refer.sn

[37] Octave Nicoué Broohm, *idem.*

Si *« la palabre, incontestablement, constitue une donnée fondamentale des sociétés africaines et l'expression la plus évidente de la vitalité d'une culture de la paix »*[38], c'est qu'elle vise en son essence à nous réconcilier avec la parole originelle : la parole féminine et tisserande, celle par laquelle le monde a été créé et par laquelle il se maintient. La palabre est ainsi une instance traditionnelle d'éducation à la communication non violente par la rééducation de la parole. Elle est l'art d'apprendre à confiner la parole masculine pour déconfiner la parole féminine et tisserande. Savoir confiner la parole masculine pour laisser émerger la parole féminine et tisserande, c'est apprendre à passer maître dans cet art de la rumination dont parle Nietzsche. Avant d'être proférée, toute parole doit être suffisamment ruminée pour être digeste pour son interlocuteur, celui qui va la recevoir. Ruminer la parole, c'est savoir préalablement la cuire, la soumettre au tamis du cœur, siège de l'amour et lieu de jaillissement de la parole féminine qui coud et tisse. « *Une bonne parole est une parole qui sort du cœur, parce que le cœur fait cuire toute parole* », souligne la sagesse africaine. Soumettre toute parole à la rumination, à la cuisson du cœur, c'est se prémunir et prévenir toute parole masculine en la transformant, en la transmutant. L'adage africain rejoint ainsi le proverbe attribué à Salomon selon lequel « *le sage tourne sept fois sa langue dans sa bouche avant de parler.* » La palabre nous exerce à cet art de la rumination, de la cuisson de la parole masculine en nous confrontant à la parole oblique des contes, proverbes, devinettes. En nous invitant à la rumination-cuisson de la parole masculine crue, la palabre entend nous enseigner qu'il n'est pas possible de vivre ensemble, *« si nous n'apprenons pas à nous comporter pacifiquement à travers le langage, c'est-à-dire en utilisant le langage non pas comme une arme, mais comme un instrument de paix. »*[39]

---

[38] Thierno Bah, *op. cit.*, p. 15.

[39] Peter Kemp, *op. cit.*, p. 43.

Par le biais de la parole pédagogique du proverbe ou du conte, l'objectif de la palabre est de nous ébranler pour que nous nous mettions, par nous-même, à la recherche de la véritable parole, la parole de paix : la parole tisserande. Cette dernière est la véritable parole parce qu'elle est mise en lien, c'est-à-dire qu'elle est dialogue. Le dialogue, c'est sortir de soi pour aller à la rencontre de l'autre par l'écoute profonde. Cette écoute profonde est l'empathie : la capacité de se mettre à la place de l'autre afin de saisir non pas sa stratégie et ses structures de préférences, mais ses intérêts et ses justifications[40]. Cette écoute profonde doit aussi s'exercer sur soi-même pour être attentif à sa propre réaction à la manifestation de l'autre. Il n'y a de dialogue réel qu'empathique ; et aucun différend ne saurait se transformer en conflit dans le cadre d'un tel dialogue. Il faut noter, toutefois, que le dialogue empathique institué par la médiation de la palabre africaine, tout en encourageant les interlocuteurs à se mettre, l'un et l'autre, à la place de l'autre, les convie à ne pas perdre de vue qu'« *une personne est une personne à travers les autres personnes* » (proverbe Zoulou). La vie en communauté nous expose toujours à des différends. Mais ceux-ci se transforment en conflits du fait de la pratique du *dialogue de sourds* dans lequel chacun des interlocuteurs essaie toujours d'imposer sa stratégie et ses structures de préférences en se concevant comme un ego, en soi suffisant. Ce dialogue-là est sous-tendu par la parole masculine. La palabre nous apprend à nous en méfier et à la dompter ; ce qui suppose de travailler inlassablement sur nous-même. Ainsi, la culture de la paix du point de vue de la palabre africaine, c'est la culture et la pratique de la parole féminine et tisserande. Parole féminine et tisserande pour laquelle « *nul n'est une île, en soi suffisante / Tout homme est une parcelle de continent, une partie du tout* » (John Donne). Le conflit naît de la perte de cette parole originelle.

---

[40] Cf. Nous nous inspirons ici d'une définition de l'empathie par Jean Leca cité par Fred Constant, *La citoyenneté*, Paris, Editions Montchrestien, 2000, p. 39.

La palabre nous apprend aussi que toute communauté humaine est l'histoire d'une oscillation entre parole féminine et tisserande perdue et parole féminine et tisserande retrouvée.

INTRODUCTION

LA PAIX, ASPIRATION COMMUNE PLÉBISCITÉE MAIS CONTRARIÉE ?

Il n'y a aucun progrès, aucun développement viable, pour tout individu comme pour toute société, qui n'ait pas préalablement pour levain la paix. Celle-ci est « *la condition qui permet à chaque individu et à sa famille de poursuivre sans crainte son objectif de vie. C'est seulement dans de telles circonstances que chaque individu pourra, sans perdre espoir en l'avenir de l'humanité, se consacrer à l'éducation de ses enfants, à essayer de laisser dans l'histoire de l'humanité la marque de ses réalisations créatrices et constructrices [...] C'est la paix qui est essentielle pour tous les individus, toutes les populations, toutes les nations, et donc pour toute l'humanité.* »[41] L'aspiration à la paix est la chose du monde la mieux partagée ; sans elle, l'humanité ne saurait véritablement réaliser son potentiel.

C'est bien cette nécessité de paix, plébiscitée par l'humanité entière, qui a inspiré, entre autres penseurs, à Emmanuel Kant, un *Projet de paix perpétuelle*[42]. Par « *paix perpétuelle* », il faut

---

[41] Eisaku Sato, Homme politique japonais (1901-1975), Discours de réception du prix Nobel de la paix, 1974 in *70 Citations pour la paix / Quotes for peace*, Editions Gallimard / UNESCO, 2015, p. 23.

[42] Cet ouvrage de Kant s'inscrit dans une longue tradition initiée par l'Abbé de Saint-Pierre à qui on doit aussi une œuvre intitulée : *Projet pour rendre la paix perpétuelle en Europe.* Jean-Jacques Rousseau, qui s'était intéressé à l'œuvre de l'Abbé de Saint-Pierre, en a fait une lecture critique sous le titre : *Extrait du projet de paix perpétuelle et jugement.* L'œuvre de Kant s'insère donc dans un débat philosophique ancien qui entendait répondre aux questions suivantes : la paix est-elle la destination naturelle de l'humanité ou cette dernière est-elle plutôt inéluctablement vouée à la guerre du fait de la nature belligène de l'homme ? Un droit entre les peuples et les nations est-il possible afin de pacifier leurs relations ? La perspective d'une « *société civile des nations* » fondée sur un droit des nations peut-elle être définie pratiquement ?

entendre plus qu'une simple trêve ou un armistice résultant de la signature, entre belligérants, d'un traité ; « *La Paix* », c'est-à-dire la cessation définitive de toute hostilité en même temps que l'exorcisation par les parties de tous motifs ou griefs susceptibles de nourrir à nouveau de conflits futurs. L'ambition est de mettre fin à toute possibilité de recours à la guerre. En ce sens, l'expression « *paix perpétuelle* » est en soi, souligne Kant, un pléonasme : il n'y a de paix véritable que perpétuelle.

Le projet kantien est sous-tendu par le constat que la coexistence des Etats est tantôt un état de guerre, tantôt un état de paix instable et précaire ; « *pour les hommes, l'état de nature n'est pas un état de paix, mais de guerre sinon ouverte du moins toujours prête à s'allumer. Il faut donc que l'état de paix soit établi* »[43], écrit précisément Kant. Tout en soulignant le caractère naturel de la guerre, Kant considère néanmoins qu'elle est injustifiable moralement et que si « *la politique doit plier le genou devant la morale* »[44], l'établissement de la paix doit être l'ambition de toute politique conséquente. La paix est donc un idéal moral, éthique qui doit être réalisée par la politique. Le moyen de cette réalisation de la paix perpétuelle, universelle par la politique est l'instauration, par une volonté partagée, d'un droit public des nations qui s'imposerait à tous.

Toutefois, l'avènement d'une paix perpétuelle, en tant qu'état de droit organisant juridiquement les relations entre Etats, ne saurait être celui d'un Etat mondial unique gommant les différences culturelles et niant la notion de souveraineté. Il est celui d'une association ou « *Fédération des peuples.* »[45] Cependant, la viabilité d'une telle fédération doit être fondée sur la conclusion d'un traité diplomatique dont les articles majeurs seraient les suivants : (i) la constitution civile de chaque Etat doit être républicaine ; (ii) le droit des peuples doit

---

[43] Emmanuel Kant, *Essai philosophique sur la paix perpétuelle*, Préface de Ch. Lemonnier, Paris, G. Fischbacher, Libraire-Editeur, 1880, p. 12.

[44] *Idem*, p. 57.

[45] *Ibidem*, p. 60.

être fondé sur une fédération d'Etats libres ; (iii) le droit cosmopolitique doit se borner aux conditions d'une hospitalité universelle.

Pour Kant, envisagée sous la forme concrète d'une fédération des peuples, « *la paix perpétuelle [...] n'est [...] pas une chimère, mais un problème dont le temps, vraisemblablement abrégé par l'accélération de la marche progressive de l'esprit humain, nous promet la solution.* »[46]

Autrement dit, pour son avènement, la paix perpétuelle ne saurait être envisagée comme un simple idéal (au sens d'une vue simpliste de l'esprit sans possibilité de réalisation concrète) ou un état statique qu'il s'agirait de décréter une fois pour toutes. Elle est, au contraire, une perspective, un processus historique à construire et à réinventer inlassablement. En tant qu'idéal moral, la paix perpétuelle est une idée de la raison qui doit nous servir d'aiguillon pour progresser vers une fraternité universelle pratique. Cette idée de la raison doit, en même temps, nous servir de mesure des avancées concrètes de l'humanité vers cet horizon fraternel universel que doit constituer justement la « *société civile des nations.* » Certes, en tant qu'idée de la raison, la paix restera toujours un horizon indépassable. Cela ne signifie pas que sa réalisation est impossible. En tant qu'idée éthique et aspiration viscérale des hommes, la paix perpétuelle, du point de vue de Kant, est la destination naturelle de l'humanité ; destination dont l'aboutissement, la réalisation est de l'ordre du possible.

De toutes les initiatives portant régulation des rapports entre Etats, le processus historique conduisant à la matérialisation du « *beau songe [kantien] d'une paix perpétuelle* » aura été enclenché réellement avec la création de l'Organisation des Nations Unies (ONU). Née au lendemain de la Seconde Guerre mondiale (1939-1945), l'ONU a justement pour vocation de « *préserver les générations futures du fléau de la guerre* »

---

[46] Emmanuel Kant, *op.cit.*, p. 65.

par le maintien de « *la paix et [de] la sécurité internationales et à cette fin : prendre des mesures collectives efficaces en vue de prévenir et d'écarter les menaces à la paix, et réaliser, par des moyens pacifiques, conformément aux principes de la justice et du droit international, l'ajustement ou le règlement de différends ou de situations, de caractère international, susceptibles de mener à une rupture de la paix.* »[47] L'ONU, a-t-elle tenu, depuis sa création, ses promesses de réaliser l'aspiration humaine à la paix ?

Pascal Boniface répond à cette question par la négative. Pour lui, « *l'histoire de l'humanité se confond largement avec l'histoire de la guerre [...] [et les] espoirs de vivre dans un monde pacifique, débarrassé du fléau de la guerre et de ses cortèges d'horreurs [...], se sont chaque fois heurtés à la plus cruelle des désillusions.* »[48] En matière de construction et d'imposition de la paix, les états de services de l'ONU sont constitués d'échecs. Le premier échec de l'ONU est la guerre froide qui se déclare, presque au lendemain de sa création, entre l'URSS et les Etats-Unis d'Amérique. L'affrontement de ces deux entités étatiques a paralysé l'action de l'ONU, et notamment de son Conseil de sécurité[49] où chacune de ces

---

[47] Cf. Préambule et article 1er de la Charte des Nations Unies. Pour rappel, l'Organisation des Nations Unies (ONU) est née, à San Francisco (USA), le 26 juin 1945.

[48] Pascal Boniface, *Les guerres de demain*, Paris, Editions du Seuil, 2001, p. 10.

[49] Constance historique, cette paralysie du Conseil de sécurité de l'ONU s'est encore révélée récemment dans « *le cas de la pandémie de la COVID-19 : les membres du Conseil ne sont pas parvenus à s'entendre sur une résolution puisque la Chine et les États-Unis n'étaient pas d'accord sur la question de l'Organisation mondiale de la santé* » (Jean-François Thibault). Réformer le Conseil de sécurité pour lui donner plus d'autorité, de légitimité et d'efficacité est une question sur laquelle tout le monde est d'accord. Cependant, personne n'est d'accord sur l'option idoine de cette réforme. Il existe plusieurs options. La première est celle proposée par le Groupe des quatre (Allemagne, Brésil, Inde et Japon). Celui-ci souhaite l'élargissement de la composition du Conseil au profit de ses membres et à celui de deux États du Groupe africain, dont l'Afrique du Sud. Opposée à cette option, la deuxième proposition est celle du

deux grandes puissances dispose du droit de veto. Après la disparition du clivage issu de la guerre froide, le deuxième échec de l'ONU est la guerre qui va éclater entre l'Irak et le Koweït. Suivront ensuite, souligne Boniface, la guerre en ex-Yougoslavie et les guerres civiles en Afrique. Pour mieux exorciser cette menace omniprésente, pour mieux la prévenir, Pascal Boniface s'emploie alors à dévoiler les « *racines des guerres de demain* » : terrorisme, guerres nucléaires, guerres des flux migratoires, guerres du pétrole, guerres de l'eau, etc.

L'idée d'une persistance historique de la guerre et des conflits et de l'impuissance des institutions internationales à les prévenir est également soutenue, dans un article au titre évocateur : « *La guerre, toujours recommencée* », de Dominique David. L'une des preuves de la guerre et des conflits toujours recommencés est selon cet auteur la « *montée en flèche du nombre des personnes réfugiées et déplacées. La hausse des années 1990, largement due aux conflits yougoslaves, avait été résorbée ; une remontée brutale porte le chiffre actuel à 45 millions de réfugiés et déplacés...* »[50]

Groupe « *Uni pour le consensus.* » Ce dernier opte pour une simple augmentation du nombre de sièges occupés par les membres non permanents qui passeraient de 10 à 20. La troisième option, émanant d'un rapport commandé par le Secrétaire général de l'ONU, présente deux possibilités de réforme. Soit « la création de six sièges permanents sans droit de veto et trois nouveaux sièges non permanents avec mandat de deux ans, répartis entre les régions » ; soit « *la création d'une nouvelle catégorie de membres non permanents avec mandat renouvelable de quatre ans cette fois. Deux sièges seraient ainsi attribués à chacune des quatre régions et un nouveau siège non permanent avec mandat de deux ans serait aussi créé. Chacune des quatre régions disposerait ainsi de six voix dans un Conseil composé de 24 membres. Enfin, anticipant un élargissement du Conseil et réclamant d'être « pleinement représentée* », la proposition commune de l'Afrique s'appuie sur « *Le consensus d'Ezulwini* » adopté par l'Union africaine en 2005 qui demande « *au moins deux sièges permanents* » avec droit de veto (du moins « *tant qu'il existera* ») *et cinq sièges non permanents* » Cf. Jean-François Thibault, « *Le Conseil de sécurité est dépassé. À quand une réforme en profondeur ?* », 18 juin 2020. En ligne : https://theconversation.com/le-conseil-de-securite-est-depasse-a-quand-une-reforme-en-profondeur-139356.

[50] Dominique David, « *La guerre, toujours recommencée* » in *Politique*

Comme Pascal Boniface, Dominique David considère que les motifs de conflits sont et resteront multiples. Au nombre de ces causes multiples de conflits futurs, il y a l'appropriation des ressources (énergétiques, alimentaires, technologiques) et la course à l'acquisition de la technologie nucléaire. Au nombre des prédictions des guerres de demain, David mentionne également « *les conflits de contournement* »[51] par lesquels, les grandes puissances seront de plus en plus attaquées de biais, c'est-à-dire sur leurs « *vulnérabilités civiles* », par des entités plus faibles.

Pascal Boniface et Dominique David font partie de ceux qui considèrent que la disposition humaine à la violence, et avec elle la tendance aux conflits et aux guerres, est loin de s'estomper. La guerre demeure. Aujourd'hui, elle a simplement changé de visage ; elle est devenue moins interétatique et plus intraétatique.

S'il est vrai que les guerres sont encore loin d'avoir disparu du paysage humain, il n'en demeure pas moins vrai qu'elles sont de moins en moins nombreuses et meurtrières. Globalement, le monde est de moins en moins instable et en insécurité. Aux constats de Boniface et David s'opposent de nombreuses données statistiques « *unanimes pour constater une réduction du nombre de conflits, un moindre recours à la violence politique sous toutes ses formes (génocide, terrorisme, coups d'Etat, etc.), une plus grande retenue dans l'usage de la force qui se traduit par une baisse du nombre des victimes et une plus grande efficacité des processus de paix* »[52] et donc de

---

étrangère n° 3, Automne 2013, p. 56.

[51] Dominique David, *op.cit.*, p. 57.

[52] Jean-Jacques Roche, « *Le silence des armes ou la paix importune* » in *Politique étrangère* n° 3, Automne 2013, p. 41. Dans ce même numéro, Michel Liégeois fait observer qu'en dépit des critiques justifiées dont elle fait l'objet, « *il serait erroné de conclure à l'inefficacité, voire l'iniquité du maintien de la paix tel que pratiqué par l'ONU. Les missions de paix de l'ONU font désormais partie intégrante de la boîte à outils du maintien de la paix et de la sécurité internationale, et l'on voit mal comme s'en passer* »

l'ONU. Cette évolution générale d'une pacification en cours du monde toucherait également l'Afrique. « *Certes les guerres y sont plus meurtrières, la population civile y paie un fort tribut. Mais les guerres y sont désormais moins nombreuses que durant la dernière décennie du XXe siècle (10 contre 15) et le nombre des victimes y a également décru de 24 %.* »[53]

La controverse entre les tenants d'une persistance des conflits et des guerres et ceux d'une pacification en cours du monde démontre, en réalité, que la construction et la consolidation de la paix ne sauraient être une essence, mais une existence. Si la paix reste toujours menacée, ce qu'elle est loin d'être une œuvre réalisée une fois pour toutes. Bien au contraire, elle est une œuvre toujours à réaliser et qui, de ce fait, nous soumet à un labeur exigeant et vigilant de tout instant. La paix est une valeur qui, pour se réaliser et s'enraciner durablement dans les sociétés, doit faire continuellement l'objet, par les individus, les peuples et les gouvernements, d'un plébiscite quotidien.

Comme dit un adage africain, « *l'homme est le remède de l'homme.* » Cet homme qui fait la guerre est en même temps celui qui a en lui les ressources nécessaires pour faire la paix. L'homme est ainsi le premier instrument de la construction et de la pérennisation de la paix. C'est cet optimisme anthropologique qui a présidé, dans le prolongement de l'ONU, à la création de l'UNESCO et qui est exprimé ainsi : « *...les guerres prenant naissance dans l'esprit des hommes, c'est dans l'esprit des hommes que doivent être élevées les défenses de la paix.* »[54] La vocation fondamentale de l'UNESCO est, en effet, de construire la paix, par la promotion et le développement de

---

(cf. « *Quel avenir pour les casques bleus et le maintien de la paix ?* », p.68).

[53] Jean-Jacques Roche, *op.cit.*, p. 42.

[54] Préambule de l'Acte constitutif de l'UNESCO in *Textes fondamentaux*, UNESCO, Paris, 2018, p. 5. Pour rappel, en tant qu'institution spécialisée de l'ONU, l'Organisation des Nations Unies pour l'éducation, la science et la culture (UNESCO) a été créée le 16 novembre 1945, à Londres (Angleterre).

l'éducation, de la culture, des sciences, de la communication et de l'information.

En tant qu'organisme spécialisé des Nations Unies, l'UNESCO, par son action, démontre que la construction de la paix et de la sécurité par le Système des Nations Unies va au-delà des actions de bons offices de diplomatie préventive et de médiation ou de mobilisation des Casques bleus, en cas d'urgence humanitaire ou de nécessité d'interposition entre belligérants.

L'ONU, ses organismes spécialisés avec elle, est depuis longtemps consciente que la paix et la sécurité dans le monde dépendent aussi d'un certain nombre de conditions socio-économiques. La paix n'est pas que l'absence de la guerre ; c'est aussi le développement socioéconomique et politique. Il y a péril en la paix là où sévissent le chômage, le manque de libertés publiques et politiques, d'infrastructures de base en matière de santé, d'éducation, la méconnaissance des droits de l'homme et la pauvreté. Construire la paix, ce n'est pas que prévenir les guerres, c'est aussi œuvrer à l'épanouissement des individus et au développement des sociétés. Cette vision globale de la construction de la paix du Système des Nations Unies est, depuis septembre 2015, portée par le *Programme de développement durable à l'horizon 2030 : Transformer notre monde.* « *Plan d'action pour l'humanité, la planète et la prospérité* ». Ledit programme vise « *aussi à renforcer la paix partout dans le monde dans le cadre d'une liberté plus grande.* »[55] L'ONU et ses agences spécialisées sont ainsi toutes engagées à la mise en œuvre de la paix dans le monde. L'UNESCO a, pour sa part, été désignée agence chef de file de la mise en œuvre de l'Objectif de développement durable 4 :

---

[55] Cf. Résolution A/RES/70/1 adoptée par l'Assemblée générale des Nations Unies le 25 septembre 2015.

« *Assurer à tous une éducation équitable, inclusive et de qualité et des possibilités d'apprentissage tout au long de la vie.* »[56]

Il ne fait aucun doute que l'éducation est la clé de voûte de la réalisation des Objectifs de développement durable. Par l'éducation, l'homme se transforme lui-même et transforme son milieu. Il n'y a nulle part d'épanouissement humain au sens large, sans éducation. C'est elle qui est à la base de notre socialisation et de notre développement. Par l'éducation, nous faisons non seulement l'apprentissage moral et éthique de notre humanité mais nous nous rendons également, de générations en générations, maîtres et possesseurs de la nature pour notre bien-être matériel, économique et social.

La foi en la capacité transformatrice de l'éducation, l'Organisation des Nations pour l'éducation, la science et la culture (UNESCO) l'a proclamé dès sa création dans son *Acte constitutif* par ce passage désormais proverbial : « *Les guerres prenant naissance dans l'esprit des hommes, c'est dans l'esprit des hommes que doivent être élevées les défenses de la paix.* »

Par l'éducation, nous pouvons bâtir les fondations de la paix dans l'esprit humain ; par elle, nous pouvons permettre audit esprit d'habiter un corps sain et faire en sorte que cet ensemble esprit-corps s'épanouisse dans un environnement social et naturel favorable. L'éducation nous permet tout simplement de développer nos facultés, de nous rendre meilleurs et de vivre mieux.

Cette importance de l'éducation est suggérée dans l'expression « *culture de la paix* ». Dans cette expression, le mot « *culture* » peut très bien alors être entendu au sens de l'état d'un esprit instruit et formé en matière de paix, et donc éduqué. Le terme « *éducation* » connote, en effet, l'instruction et la formation, l'acquisition du savoir et du savoir-faire. Au-

---

[56] A ce sujet, un cadre d'action, dit « *Education 2030* », « *Vers une éducation inclusive et équitable de qualité et un apprentissage tout au long de la vie pour tous* », a été adopté à Incheon (République de Corée), en mai 2015.

delà du sens étroit d'enseignement des savoirs, l'éducation est acquisition du savoir-être au sens profond d'acquisition de la valeur morale. L'éducation est, en effet, d'abord l'acquisition des valeurs qui doivent s'incarner et se manifester au quotidien. Eduquer, en ce sens, c'est apprendre à apprendre à être humain. Être humain, c'est mettre en œuvre des valeurs en les incarnant. La « *culture de la paix* » est alors le résultat de l'œuvre d'élévation des défenses de la paix dans l'esprit humain, c'est-à-dire d'éducation à la paix, au sens d'acquisition, à la fois, du savoir, du savoir-faire et du savoir-être en matière de paix. Eduquer à la culture de la paix est, en conséquence, éveiller la curiosité intellectuelle en vue de l'acquisition des lumières en matière de paix ; lesquelles lumières doivent se muer en habilités pratiques ; lesquelles habilités doivent aboutir, à leur tour, en attitudes et comportements, en manières d'être et de vivre.

L'expression « *culture de la paix* » désigne, en conséquence chez un individu, son accoutumance non seulement à penser mais également à être, à agir et à vivre en paix avec lui-même et avec son environnement social et naturel. Dans un tel cas, l'expression « *culture de la paix* » laisse entendre que chez un tel individu, la paix est son être : je me pacifie donc je suis. Dire que la paix est notre être, c'est aussi simplement affirmer que notre être est de persévérer à la fois dans un désir et une volonté soutenues de pacification avec nous-même et avec notre milieu social et naturel. Il s'agit ainsi de cultiver la paix en soi pour la répandre alentour : se pacifier pour être pacifiant ; je me pacifie donc je suis pacifiant. En ce sens, l'emploi du terme « *culture* » renvoie, dans cette expression « *culture de la paix* », « *significativement à une métaphore : il s'agit de cultiver la paix comme on cultive une plante pour lui permettre de s'enraciner et de porter ses fruits.* »[57] Dans ce cas, nous devons être pour nous-même mais aussi avec les autres, et pour tous, des jardiniers de la paix. Pour prolonger cette métaphore, la

---

[57] Anaisabel Prera-flores et Patrice Vermeren, *op. cit.*, p.p. 33-34.

plante à cultiver n'est pas autre chose que le sujet persévérant dans son être, dans son désir et sa volonté de pacification de soi.

Cependant, pour donner à cette culture de paix de soi plus de solidité, il est possible d'introduire une autre métaphore, celle de la taille, de la sculpture d'une pierre. On cultive alors la paix comme on cisèle, sculpte une pierre brute afin de la transformer en une statue, en une œuvre esthétiquement et artistiquement belle et inspirante.

Toutefois, qu'on retienne la métaphore de la culture d'une plante ou celle de la sculpture d'une pierre, dans les deux cas, le terme « *culture* » connote nécessairement une sorte de pratique, d'exercice intellectuel et spirituel auquel l'individu se soumet comme l'on se soumet à l'exercice physique. La culture de la paix est de la sorte à l'esprit humain, ce que l'éducation physique est au corps : une pratique hygiénique[58]. L'aspiration à la paix étant la chose du monde la mieux partagée, pour l'esprit humain, s'exercer à la paix est dans sa nature. En cultivant la paix, l'esprit humain s'emploie, en définitive, à réaliser simplement sa nature, à persévérer dans son être.

Nous convier à prendre conscience que la paix est notre être individuel et collectif et nous encourager à persévérer dans cet être, telle est l'ambition de l'UNESCO. C'est bien pourquoi elle a enrichi son corpus sémantique et doctrinaire par la création de ce concept de « *culture de la paix* ». Dans les lignes qui suivent, nous mettrons en relief principalement la genèse et la maturation historiques de ce concept et les programmes, outils et ressources conçus par l'UNESCO pour sa mise en œuvre dans le monde et en Afrique, singulièrement.

---

[58] Nous sommes en cela en accord avec ce qu'écrivent Thomas D'Ansembourg et David Van Reybrouck : « *Se maintenir en état de paix intérieure malgré les chocs, frustrations et frictions de la vie, c'est également une question d'hygiène mentale, comme se brosser les dents est une question d'hygiène physique.* » Cf. *La paix ça s'apprend ! Guérir de la violence et du terrorisme*, Editions Acte Sud, 2016, p. 12.

N'ayant pas la qualité de fonctionnaire de l'UNESCO, n'étant pas mandaté non plus à quelque titre que ce soit par cette dernière, le présent ouvrage ne présente pas, en conséquence, la position de cette Organisation sur le sujet.

I – CULTURE DE LA PAIX : NAISSANCE DU CONCEPT EN TERRE AFRICAINE

L'œuvre de construction de la paix de l'UNESCO est, depuis la fin des années 80, dorénavant associée au concept de « *culture de la paix.* » Ce dernier est né en Afrique[59], dans le cadre d'un « *Congrès international sur La Paix dans l'esprit des hommes* » ; congrès organisé conjointement à Yamoussoukro (Côte d'Ivoire), du 26 juin au 1er juillet 1989, par le Gouvernement ivoirien et l'UNESCO.

Occasion pour l'UNESCO de réaffirmer son rôle dans la construction de la paix et la spécificité de son action conformément à sa vocation constitutive, le Congrès de Yamoussoukro visait à « *mettre l'accent sur les tendances prometteuses pour la paix, plutôt que de dresser l'inventaire des obstacles à la paix ou de reprendre les causes des conflits, déjà traités de manière exhaustive...* »[60]

Les travaux dudit congrès étaient structurés et circonscrits autour de deux thèmes principaux : (i) la paix entre les hommes et (ii) la paix dans le contexte des relations entre l'homme et un environnement de qualité.

---

[59] Né en Afrique certes, mais inspiré d'une initiative éducative dénommée « *Cultura de paz* » développée au Pérou (1986) par le père Felipe MacGregor.

[60] UNESCO, *Rapport final. Congrès international sur La Paix dans l'esprit des hommes*, 26 juin-1er juillet 1989, Yamoussoukro, Côte d'Ivoire, p. 5. Disponible en ligne : https://unesdoc.unesco.org/ark:/48223/pf0000092670_fre.

1 .1 La déconstruction du mythe de la violence en l'homme et la possibilité de la paix entre les hommes

Aux fins d'envisager la possibilité d'une paix entre les hommes, les congressistes s'étaient préalablement attachés à déconstruire le mythe d'une prédétermination ou prédestination biologique et génétique de la violence chez l'homme.

Cette déconstruction s'était faite par l'analyse du *Manifeste de Séville sur la violence*[61]. Ce manifeste a été rédigé et adopté, en mai 1986, par dix-sept (17) spécialistes, de diverses disciplines des sciences naturelles et des sciences sociales et humaines, réunis à l'initiative de la Commission nationale espagnole pour l'UNESCO.

A travers cinq propositions, l'objectif de ce document est justement de dissiper certains mythes sur la violence et la guerre (obstacles à l'instauration de la paix dans l'esprit des hommes, des femmes et des enfants), en soulignant qu'il n'existe aucune preuve biologique pouvant justifier la violence et la guerre chez l'homme. La guerre et la violence organisée sont des phénomènes sociaux ; elles découlent de la culture et non de la nature.

Au-delà de l'aspect proprement biologique et génétique, le *Manifeste de Séville* prend position dans le débat philosophique suscité par la question suivante : qu'est-ce que l'homme ? Se demander si oui ou non l'homme est déterminé biologiquement à la violence, c'est évidemment questionner la nature humaine. Cette dernière est-elle naturellement bonne ou mauvaise ? L'homme est-il foncièrement bon ou méchant ?

Ce questionnement sur l'homme et sa nature foncière a été abordé par les philosophes occidentaux du XVIIe et XVIIIe siècle (tels que Hobbes, Locke, Pufendorf, Hume et Rousseau), à travers la notion d'état de nature ; état de nature entendu comme « *celui dans lequel se trouvent les hommes avant*

---

[61] Cf. Annexe 3.

l'institution du gouvernement civil, c'est-à-dire, lorsqu'ils ne sont encore soumis à aucune autorité politique. »[62] S'ils sont tous d'accord pour poser l'état de nature comme prémisse, hypothèse première à la réflexion sur la société telle qu'elle est aujourd'hui, ces philosophes se divisent, cependant, lorsqu'il s'agit de décider si cet état de nature est un état de guerre ou de paix.

Pour Thomas Hobbes, cet état de nature est un état de « *guerre de tout homme contre tout homme.* »[63] Autrement dit, à l'état de nature, « *l'homme est un loup pour l'homme* », « *tout homme est l'ennemi de tout homme.* » Certes, cette guerre de tout homme contre tout homme n'est pas toujours effective. Les hommes à l'état de nature ne passent pas leur temps à se battre, à s'entretuer. Hobbes veut plutôt signifier que la guerre est, en l'homme, une disposition, une inclinaison, une tendance. La nature humaine est disposée à la guerre ; la Nature porte les hommes « *à s'attaquer et à se détruire les uns les autres.* »[64] Si les hommes ne s'attaquent pas continuellement et quotidiennement, ils sont disposés à le faire à la moindre occasion. S'ils ne sont pas effectivement toujours en guerre ; ils le demeurent potentiellement en permanence. La guerre de tous contre tous à l'état de nature, c'est donc la méfiance de tout homme contre tout homme. Comme la guerre, la méfiance est donc une tendance humaine naturelle. A celui qui en douterait, Hobbes dit : « *Qu'il observe donc lui-même quand, partant en voyage, il s'arme et cherche à être bien accompagné, quand, allant se coucher, il ferme ses portes à clef, quand même dans sa maison, il verrouille ses coffres ; et cela alors qu'il sait qu'il y a des lois et des agents de police armés pour venger tout tort*

---

62 Robert Derathé, *Jean-Jacques Rousseau et la science politique de son temps*, Paris, Editions PUF, 1950, p. 126.

63 Thomas Hobbes, *Léviathan*, Chapitre XIII, traduction originale de M. Philippe Folliot, Professeur de philosophie au Lycée Ango, Dieppe, Normandie, 23 novembre 2002, p. 110. En ligne : http://www.catallaxia.free.fr/Hobbes%20-%20leviathan.pdf.

64 *Idem*, p. 109.

qui lui sera fait. Quelle opinion a-t-il de ses compatriotes, quand il se promène armé, de ses concitoyens, quand il ferme ses portes à clef, de ses enfants et de ses domestiques, quand il verrouille ses coffres ? N'accuse-t-il pas là le genre humain autant que je le fais par des mots ? »[65]

Pour Jean-Jacques Rousseau, l'état de nature est au contraire un état de paix. « *L'homme [y] est naturellement pacifique et craintif, au moindre danger son premier mouvement est de fuir ; il ne s'aguerrit qu'à force d'habitude et d'expérience. L'honneur, l'intérêt, les préjugés, la vengeance, toutes les passions qui peuvent lui faire braver les périls et la mort, sont loin de lui dans l'état de nature. Ce n'est qu'après avoir fait société avec quelque homme qu'il se détermine à en attaquer un autre...* »[66] Selon Rousseau, « *l'erreur de Hobbes et des philosophes est de confondre l'homme naturel avec les hommes qu'ils ont sous les yeux, et de transporter dans un système un être qui ne peut subsister que dans un autre.* »[67] L'homme naturel dont parlent Hobbes et les philosophes, c'est-à-dire Locke et Pufendorf, est en réalité l'homme civil déjà dénaturé par des siècles de civilisation et de vie en société. Ils parlent de l'homme naturel, mais en réalité ils peignent l'homme civil en attribuant à celui-là les sentiments et les passions de celui-ci.

Pacifique, l'homme naturel de Rousseau l'est parce qu'il est naturellement bon. La seule passion caractéristique de l'homme à l'état de nature est la bonté. Constituée de l'instinct de conservation (ou amour de soi) et de la pitié, la bonté de l'homme à l'état de nature ne vise rien d'autre que le bien de l'homme lui-même. C'est en ce sens que Rousseau dit : « *nos premiers devoirs sont envers nous ; nos sentiments primitifs se concentrent en nous-mêmes ; tous nos mouvements naturels se*

---

[65] Thomas Hobbes, *op.cit.*

[66] Jean-Jacques Rousseau, *Que l'état de guerre nait de l'état social* in *Œuvres complètes*, tome III, Paris, Editions Gallimard, Collection « Bibliothèque de la Pléiade », 1964, p. 601.

[67] *Idem*, p. 611.

rapportent d'abord à notre conservation et à notre bien-être. »[68] Ce resserrement sur soi auquel nous sommes poussés naturellement n'a rien du repli égoïste. Il ne souligne aucun rapport antipathique ou sympathique avec les autres ; il n'y a aucune considération morale dans ce resserrement sur soi de l'homme naturel. En tant qu'instinct de conservation ou amour de soi, la bonté pour l'homme à l'état de nature est uniquement souci de sa propre conservation. Par instinct de conservation, l'homme naturel peut être, comme l'animal, sujet à des actes dits violents, s'il ne peut fuir ; cependant, cet instinct de conservation a ceci de particulier qu'il sait se refréner dès que l'homme naturel est hors de danger, c'est-à-dire dès que sa vie est sauve et son bien-être restauré. La bonté de l'homme à l'état de nature est, en ce sens, la capacité d'user instinctivement « *comme il faut, quand il faut et pas plus qu'il ne faut, des penchants et des facultés qui ont pour fin le bien inscrit* »[69] dans son être même. Il y a donc naturellement en l'homme une sorte de système de sécurité interne qui l'empêchera non seulement d'exercer une violence gratuite, mais également d'aller plus loin, trop loin dans la violence.

Si l'amour de soi ou instinct de conservation resserre l'homme en lui-même ; la pitié, cette autre composante de la bonté naturelle, est ce par quoi l'homme s'ouvre aux autres. « *Sentiment obscur et vif dans l'homme Sauvage, développé, mais faible dans l'homme Civil* »[70], la pitié ou la commisération ouvre l'homme naturel à autrui parce qu'elle est la capacité à s'identifier instinctivement à celui qui souffre, à se mettre à sa place. Elle explique ainsi la répugnance naturelle de l'homme face au mal et la spontanéité qui le conduit à porter secours à

---

[68] Jean-Jacques Rousseau, *Emile* in *Œuvres complètes*, tome IV, Paris, Editions Gallimard, Collection *« Bibliothèque de la Pléiade »*, 1969, p. 329.

[69] Henri Gouhier, *Les méditations métaphysiques de Jean-Jacques Rousseau*, Paris, Librairie Jean Vrin, 1970, p. 26.

[70] Jean-Jacques Rousseau, *Discours sur l'origine, et les fondements de l'inégalité parmi les hommes in Œuvres complètes*, tome III, Paris, Editions Gallimard, Collection « Bibliothèque de la Pléiade », 1964, p. 155.

ses semblables. « *Il est donc bien certain que la pitié est un sentiment naturel, qui modérant dans chaque individu l'activité de l'amour de soi même, concourt à la conservation mutuelle de toute l'espèce [...] C'est elle qui, dans l'état de Nature, tient lieu de Loi, de mœurs, et de vertu, avec cet avantage que nul n'est tenté de désobéir à sa douce voix.* »[71].

Pour Rousseau, par la pitié, l'homme à l'état de nature fait instinctivement et spontanément l'expérience de la solidarité foncière des hommes et de l'humanité véritable. La prédisposition humaine, selon Hobbes, à la guerre est ainsi remise en cause. « *L'homme est un être naturellement bon, aimant la justice et l'ordre ; [...] il n'y a point de perversité originelle dans le cœur humain [...], les premiers mouvements de la nature sont toujours droits.* »[72] Les vices et la perversité imputés à l'homme lui viennent du dehors, de la société ; c'est cette dernière qui corrompt l'homme.

En d'autres termes, Rousseau ne nie pas l'existence de la méchanceté et de la violence qui peut en découler, chez l'homme ; il en conteste le caractère inné et naturel pour en souligner le caractère social et civilisationnel. D'où, entre autres formules rousseauistes, la suivante : « *l'homme est né libre, et*

---

[71] Jean Jacques Rousseau, *Discours sur l'inégalité*, op.cit., p.156.

[72] Jean-Jacques Rousseau, *Lettre à Christophe de Beaumont* in *Œuvres complètes*, tome IV, Paris, Editions Gallimard, Collection « *Bibliothèque de la Pléiade* », 1969, p. 935. Si l'homme est naturellement bon, c'est qu'il ne peut être violent à l'égard de son semblable, il ne peut être prédisposé à guerroyer. L'autre argument que Rousseau utilise contre la théorie hobbesienne de la guerre de tous contre tous, c'est que, selon lui, l'état de nature est un état de dispersion, d'isolement. L'existence de l'homme naturel est celle d'un solitaire qui n'a pas même pas conscience de son identité humaine et de cette communauté d'identité avec ses semblables. Un homme isolé ne peut pas faire la guerre. La guerre suppose au préalable une cohabitation avec ses semblables, des rapports sociaux et donc une société. Sur le plan pédagogique, éducatif, la conséquence de l'affirmation de la bonté naturelle est la pratique d'une « *éducation négative* » consistant non pas à guérir chez l'enfant des prétendus vices innés, qui au demeurant n'existent pas, mais en réalité de les empêcher de naître, d'entrer du dehors dans le cœur de l'enfant.

partout il est dans les fers. »[73] Lorsqu'il impute l'origine et la responsabilité du mal et de la violence à la société, il faut entendre la société mal organisée. « *Tous [les] vices [qui lui sont attribués] n'appartiennent pas tant à l'homme, qu'à l'homme mal gouverné* »[74] écrit et précise Rousseau. Les institutions sociales et politiques sont à l'origine de la violence chez l'homme. Rousseau laisse ainsi entendre que, par un autre ordre social et politique, l'homme peut être conduit à renoncer à la violence, à retrouver et recouvrer sa nature foncière et (nous ajouterons dans le contexte précis) à cultiver la paix.

Avant Jean-Jacques Rousseau, en Occident, la bonté naturelle de l'homme avait déjà été défendue, en Orient, par Mencius, penseur confucéen de l'Antiquité chinoise. « *La nature humaine va au bien comme l'eau coule vers le bas. Il n'est d'être humain qui n'ait en lui la bonté, comme il n'est d'eau qui descende [...] On peut conduire l'homme au mal, mais [...] en faisant violence à sa nature* »[75] dit Mencius. Cet énoncé de Mencius se situe dans le cadre non seulement d'un débat où son contradicteur affirme que la nature humaine est indifférente au bien ou au mal (c'est-à-dire qu'elle n'est ni bonne ni mauvaise), mais également dans le cadre d'une tradition confucéenne dans laquelle on a d'abord considéré la nature humaine à la fois bonne et mauvaise[76].

Pour prouver la bonté naturelle de l'homme, à la différence de Rousseau, Mencius n'éprouve pas le besoin de recourir à

---

[73] Jean-Jacques Rousseau, *Du Contrat social* in *Œuvres complètes*, tome III, Paris, Editions Gallimard, Collection « *Bibliothèque de la Pléiade* », 1964, p. 351.

[74] Jean-Jacques Rousseau, *Préface de Narcisse* in *Œuvres complètes*, tome II, Paris, Editions Gallimard, Collection « *Bibliothèque de la Pléiade* », 1964, p. 969.

[75] *Mencius*, (6.A.2.), traduction du chinois, présenté et annoté par André Lévy, Paris, Editions Payot et Rivages, 2008, p. 214.

[76] Cf. François Jullien, *Fonder la morale. Dialogue de Mencius avec un philosophe des Lumières*, Paris, Editions Grasset & Fasquelle, 1995, p. 56.

l'histoire hypothétique de l'homme naturel. Il part plutôt de l'homme tel qu'il est en société, des exemples précis tirés du quotidien de ce dernier pour démontrer qu'il est naturellement enclin au bien, que la bonté habite foncièrement son cœur. L'un de ces exemples est la réaction spontanée du roi Xuan de Qi, voyant un bœuf apeuré qu'on menait au sacrifice, demande qu'on épargne cette bête : « *Laissez-la aller ! [...] Je ne peux souffrir de la voir frémir comme un innocent marchant à la mort.* »[77]

Pour Mencius, il n'y a aucun doute : c'est parce qu'il sait instinctivement compatir que le roi n'a pas pu supporter le spectacle de la bête apeurée. Cette réaction de compassion face à la souffrance d'autrui, quand bien même cet autre serait un animal, témoigne de la bonté foncière du roi.

Pour prouver à nouveau cette pitié naturelle, témoignage de notre bonté foncière, Mencius prend un autre exemple ; la réaction tout aussi instinctive et spontanée qui nous pousserait à secourir un enfant qui serait en danger : « *toute personne qui apercevrait aujourd'hui un petit enfant sur le point de tomber dans un puits, éprouverait en son cœur panique et douleur, non pas parce qu'il connaîtrait ses parents, non pas pour acquérir une bonne réputation auprès des voisins ou amis, ni parce qu'il détesterait l'entendre pleurer.* »[78] Cette réaction instinctive et désintéressée, qui serait celle de toute personne saine d'esprit, montre à suffisance, selon Mencius, que la tendance au bien est innée, immanente en l'homme. L'homme est naturellement bien disposé à l'égard de son semblable.

Par ces deux exemples, Mencius veut, par ailleurs, souligner que par l'irruption, à un moment ou à un autre, dans notre conscience, de la pitié ou sentiment de la compassion, nous expérimentons la « *solidarité radicale des existences* » (François Jullien). La pitié nous faire sentir d'abord et elle nous

---

[77] *Mencius*, *op. cit.*, (1.A.7.), p. 42.

[78] *Idem* (2.A.6.), p. 85.

fait comprendre ensuite (si nous questionnons notre agir instinctif) que nous ne sommes pas une entité isolée ; notre destin est lié à celui de nos semblables et à celui des autres êtres de la création. Toutes les existences sont interdépendantes. Le sentiment de la transindividualité de l'existence est constitutif de notre être et fonde la bonté naturelle de l'homme. Ces exemples fonctionnent comme des arguments que Mencius utilise pour montrer que l'homme possède en lui des bourgeons de la moralité qui ne demandent qu'à être cultivés, par l'éducation, pour émerger. Après avoir affirmé la bonté naturelle de l'homme, Mencius aboutit à la même conclusion que Rousseau : c'est la pression de l'environnement social qui corrompt l'homme.

Chez Kant, l'opposition entre la « *bonté naturelle* » de Rousseau et celle de Mencius et la « *guerre de tous contre tous* » de Hobbes fait l'objet d'une synthèse ; synthèse qui est désignée par l'expression « *insociable sociabilité* ». L'insociable sociabilité est, selon Kant, « *l'inclination à entrer en société, inclination qui est cependant doublée d'une répulsion générale à le faire, menaçant constamment de désagréger cette société.* »[79] Autrement dit, la nature humaine est, à la fois, vouée à la paix et belligène. Il y a en l'homme une double postulation : l'une qui en fait un être social et l'autre qui en fait un être asocial. Du point de vue de Kant, l'antagonisme entre ces deux postulations est, paradoxalement, porteur de progrès et sert le dessein de la nature qui est de réaliser la paix par l'instauration de la société civile des nations soumise au droit cosmopolitique.

En déconstruisant, à travers le *Manifeste de Séville*, le mythe d'une prétendue violence innée en l'homme, en indiquant notamment qu'il est scientifiquement incorrect de prétendre que « *nous ayons hérité de nos ancêtres les animaux une*

---

[79] Cité par Marc Belissa et Florence Gauthier, « *Kant, le droit cosmopolitique et la société civile des nations* » in *Annales historiques de la Révolution française*, Juillet-septembre 1999, en ligne : http://ahrf.revues.org/271.

propension à faire la guerre » ; de « *dire que la guerre ou toute forme de comportement violent soit génétiquement programmée dans la nature humaine* » ou de « *dire que la guerre est un phénomène instinctif* », les congressistes de Yamoussoukro ont soutenu implicitement les thèses philosophiques de Rousseau et Mencius[80] d'une nature humaine foncièrement bonne et indiquaient, conséquemment et clairement, leur foi en une possibilité réelle d'une paix entre les hommes. Si l'homme n'est pas naturellement violent, s'il n'a pas en lui des gènes qui l'inclinent à la violence, c'est qu'il est foncièrement bon. S'il est foncièrement bon, c'est qu'il a en lui les capacités nécessaires de mettre en œuvre cette valeur accueillante et reliante qui est la paix. La dénonciation du mythe de la violence innée en l'homme a pour corollaire l'affirmation d'un certain optimisme anthropologique ; lequel est, à son tour, ce sans quoi la possibilité d'une paix entre les hommes est inenvisageable. C'est cet optimisme anthropologique que le *Manifeste de Séville* souligne en concluant aussi : « *la même espèce qui a inventé la guerre est également capable d'inventer la paix.* »

---

[80] Si nous en croyons Pablo Servigne et Gauthier Chapelle pour qui l'entraide est l'autre loi de la jungle, les intuitions philosophiques de Mencius et de Rousseau sur le caractère inné de la pitié seraient justifiées anthropologiquement du fait que « *la tendance à l'entraide spontanée [soit] un trait commun à toutes les sociétés (ce que les anthropologues appellent un trait universel). On serait donc tenté d'y voir un comportement inné, une sorte d'instinct ou de « nature humaine »...* » (cf. Pablo Servigne et Gauthier Chapelle, *L'entraide, l'autre loi de la jungle*, Paris, Editions Les Liens qui Libèrent, 2019, p. 92). Cependant, à l'appui des recherches dans le domaine de l'épigénétique, nous ne saurons soutenir que la pitié ou l'entraide soit uniquement le fait de la nature ou de la culture : le comportement humain, en la matière, est héritier d'une interaction continue entre patrimoine génétique et environnement. Autrement dit, il n'est pas possible de distinguer en l'humain ce qui relèverait uniquement de la nature ou de l'inné et ce qui relèverait spécifiquement de la culture ou de l'acquis. « *L'épigénétique montre que l'inné et l'acquis sont indissociables, profondément entrelacés depuis la naissance (et même avant)* » (cf. Pablo Servigne et Gauthier Chapelle, *L'entraide, l'autre loi de la jungle*, Paris, Editions Les Liens qui Libèrent, 2019, p. 280).

En réfutant l'idée d'une nature humaine foncièrement belligène, le *Manifeste de Séville* reconnait la cohabitation en l'homme de la capacité à la guerre et de la capacité à la paix. Cette double capacité humaine n'est pas un legs de la nature, mais une invention de la culture. Le manifeste ne nie pas la réalité de la violence. Il souligne que cette dernière est le fait de la culture[81], de l'homme lui-même. Si la violence est le fait de la culture, c'est qu'elle est réversible : elle peut toujours être retournée en son contraire. Cet homme par qui la violence advient peut également la faire cesser. En créant la violence, la culture est, dans le même temps, en capacité d'instaurer la paix.

Au-delà de Rousseau et de Mencius, le *Manifeste de Séville*, en soulignant cette double potentialité humaine à la guerre et à la paix, est philosophiquement plus proche de David Hume. Pour ce penseur, l'homme naît à la fois égoïste et altruiste et la société peut l'amener à devenir l'un ou l'autre.

La thèse défendue par le *Manifeste de Séville*, selon laquelle il est scientifiquement incorrect de prétendre que « *nous ayons hérité de nos ancêtres les animaux une propension à faire la guerre* » ; de « *dire que la guerre ou toute forme de comportement violent soit génétiquement programmée dans la nature humaine* » ou de « *dire que la guerre est un phénomène instinctif* », est aujourd'hui corroborée par les recherches dans le domaine de l'évolution. Ces recherches remettent, en effet, en cause notre vision hémiplégique d'un règne animal soumis

---

[81] Que la violence soit le fait de la culture et non de la nature peut être attestée, par ailleurs, par le comportement au combat de la majorité des soldats chez qui l'agression et la violence ne sont jamais spontanées. En effet, si nous en croyons le colonel Michel Goya, spécialiste de la guerre moderne et du comportement au combat, sous le feu de l'ennemi, dans leur grande majorité, les soldats « *s'obstinent à rater leur cible, tirent en l'air, s'abstiennent de tirer, voire se blottissent dans un coin en tremblant. Les vrais guerriers [...] qui ont des réflexes de combat et de violence extrême, ne représentent qu'une infime minorité des effectifs. Et même s'ils possèdent probablement de solides prédispositions physiques et psychiques, ils doivent subir au préalable des entrainements intensifs pour arriver à des tels niveaux d'agression* » (Pablo Servigne et Gauthier Chapelle, *op. cit.*, 2019, p. 106).

exclusivement à la loi du plus fort, à la violence. Certes, la violence, sous le règne de la loi du plus fort, est un fait de la jungle, c'est-à-dire du règne animal et de l'ensemble du vivant. Mais il existe une autre loi de la jungle, à savoir : l'entraide. « *L'entraide a été à l'origine de la complexité de la vie telle que nous la connaissons : l'apparition de cellules, de cellules à noyau, de la respiration, de la photosynthèse, des organismes multicellulaires, des sociétés, des sociétés de sociétés... Virtuellement, toutes les espèces présentes sur terre sont impliquées dans une ou plusieurs interactions mutuellement bénéfiques. Omniprésente dans le monde vivant, l'entraide est ce qui fait émerger le vivant [...] L'entraide participe [...] à la création de diversité et donne les armes pour survivre.* »[82] L'histoire de l'évolution dans le monde du vivant démontre que les organismes qui survivent le mieux aux conditions difficiles de leur environnement ne sont pas les plus forts mais les plus coopératifs. Cette coopération à l'œuvre dans le monde du vivant n'implique pas uniquement les organismes de la même espèce ; des individus d'espèces différentes s'entraident allègrement pour survivre.

Partie prenante de ce monde du vivant, l'homme est, de toutes les espèces vivantes, la plus encline à l'entraide. La disposition humaine à l'entraide est la conséquence d'une interaction, au long cours de l'évolution de notre espèce, de la nature et de la culture, de l'inné et de l'acquis. « *Le milieu hostile et la compétition entre les groupes ont donné à notre espèce [humaine] l'opportunité d'exploiter à fond [des] capacités à fonctionner ensemble, qui sont allées de pair avec des aptitudes à inhiber les comportements antisociaux. Les groupes les plus coopératifs ont été sélectionnés, transmettant ainsi aux futures générations des attributs et des cultures prosociaux.* »[83]

---

[82] Pablo Servigne et Gauthier Chapelle, *L'entraide, l'autre loi de la jungle*, *op. cit.*, p.p. 289-290.

[83] *Idem*, p. 287.

Du point de vue de l'évolution, les individus de l'espèce humaine ont donc été programmés moins à s'entretuer et à faire sécession qu'à s'entraider et à faire société. Tout l'enjeu d'une possibilité de paix entre les hommes, comme envisagé par les congressistes de Yamoussoukro, est, en conséquence, de cultiver cette tendance à faire société en prenant conscience que la violence ne sert pas notre destinée humaine.

1 .2 La paix ou l'harmonisation des relations entre l'homme et son environnement

En posant les conditions de possibilité d'une paix entre les hommes par la dénonciation du pessimisme anthropologique de la violence innée en l'homme, le Congrès de Yamoussoukro a, en même temps, vu qu'il est impératif de poser les jalons d'une réflexion pour l'harmonisation des relations entre l'homme et son environnement naturel. La paix sociale, ou la paix entre les hommes, n'est pas la paix totale si elle ne se prolonge pas en une paix écologique, entendue comme un meilleur équilibre entre l'homme et son environnement naturel ainsi qu'à la protection de ce dernier. Construire la paix, c'est aussi prendre conscience de l'interconnexion de la société humaine et de la nature, et agir en conséquence.

Penser la paix écologique, c'est, préalablement, reconnaître la gravité de la violence exercée par l'homme sur la nature et les conséquences dramatiques de cette action, telles que l'accroissement du taux de CO_2 dans l'atmosphère et les changements climatiques, la diminution de la couche d'ozone, l'appauvrissement de la diversité biologique, la dégradation et l'érosion des sols et la pollution urbaine et industrielle sous toutes ses formes, au niveau global ; la déforestation et la désertification, le transfert des déchets toxiques en provenance des pays industrialisés, l'installation d'industries polluantes, au niveau des pays en développement, en particulier.

Au nombre des facteurs déclencheurs de cette violence humaine sur la nature, les congressistes ont, entre autres, mis en relief « *les modes de vie des pays du nord qui engendrent surconsommation, surexploitation des ressources et gaspillage* »[84] et « *l'attitude de domination de l'homme vis-à-vis de la nature et de ses ressources qui prévaut le plus souvent, bien que dans certaines civilisations, notamment dans les civilisations africaines, une autre conception de ces rapports ait prévalu.* »[85]

Au titre des mesures à prendre pour la sauvegarde de l'environnement naturel, le Congrès a évoqué, entre autres, la nécessité de privilégier les politiques préventives plutôt que curatives moins coûteuses ; le recours à la science et à la technologie, notamment pour les pays en développement qui doivent être renforcés en capacités suffisantes pour leur permettre de faire face aux graves problèmes environnementaux qu'ils rencontrent ; et la nécessité pour ces mêmes pays d'améliorer ou de créer des systèmes de prévision et d'alerte en matière de sécheresse, d'inondation, de séisme.

Il n'en demeure pas moins vrai que toutes ces mesures ne pourront jamais avoir un impact réel et durable tant qu'elles seront toujours inspirées par la même « *attitude de domination de l'homme vis-à-vis de la nature et de ses ressources.* » La paix écologique n'adviendra que si l'attitude de l'homme à l'égard de la nature change ; ce changement d'attitude ne sera possible que si l'homme se convertit à de nouvelles valeurs, si sa conception des rapports avec la nature évolue. C'est en ce sens qu'il faut comprendre l'appel d'un des congressistes à appliquer le principe de non-violence, promu par Gandhi, aux relations de l'homme avec la nature.

Relevée par les congressistes de Yamoussoukro, cette attitude occidentale de domination de l'homme à l'égard de la nature et de ses ressources peut être, à la suite de Pierre Hadot[86],

---

84 UNESCO, *Rapport final. Congrès international sur La Paix dans l'esprit des hommes, op. cit.*, p. 32.

85 UNESCO, *idem.*

86 Cf. Son ouvrage, *Le voile d'Isis. Essai sur l'histoire de l'idée de nature*, Paris, Editions Gallimard, Collection Folio Essais, 2004. Sur la référence au mythe de Prométhée pour qualifier l'attitude humaine de domination de la

qualifiée de « *prométhéenne* ». A en croire le mythe grec, fils du Titan Japet, Prométhée est celui qui vola aux dieux le secret du feu pour en faire don aux hommes dans le but de les voir pourvus pour améliorer leur vie. Pour le punir de ce larcin, le Titan sera condamné par Zeus à voir son foie rongé chaque jour par un vautour. Prométhée est le symbole de l'hybris, de la démesure, de la folie humaine à vouloir défier les dieux, du refus de l'homme de se contenter de sa condition mortelle.

A l'égard de « *la Nature [qui] aime à se cacher* » (Héraclite), l'attitude prométhéenne consistera alors à lui faire violence afin qu'elle dévoile ce qu'elle nous cache. Parce qu'elle se cache et soustrait par la même occasion ses secrets, la nature est considérée par l'homme comme une ennemie, hostile et jalouse, qu'il faut soumettre. Cet esprit prométhéen de l'homme à vouloir affirmer, sur la nature, son pouvoir, sa domination, ses droits se manifeste très tôt dès l'Antiquité. Pierre Hadot cite, à ce sujet, l'extrait suivant d'un traité hippocratique, de la fin du Ve siècle avant notre ère, *De l'art* : « *Quand la nature se refuse à livrer de son plein gré les signes [cliniques], l'art a trouvé les moyens de contrainte par lesquels la nature, violentée sans dommage, les laisse échapper ; puis, libérée, elle dévoile, à ceux qui connaissent les choses de l'art, ce qu'il faut faire.* »[87]

Contraindre la nature par la violence, la torturer afin qu'elle nous livre ses secrets, sera aussi la mission que Francis Bacon, fondateur de la science expérimentale moderne, assignera à la connaissance scientifique. « *Les secrets de la nature se révèlent plutôt sous la torture des expériences que lorsqu'ils suivent leur cours naturel* »[88] déclare Francis Bacon. Pour lui, comme d'ailleurs pour tous les scientifiques d'obédience chrétienne de son époque, le XVIIe siècle, il s'agit pour le genre humain de

---

nature avec les conséquences écologiques, sociales et économiques qu'elle peut engendrer, il faudrait également citer l'ouvrage de Hans Jonas, le *Principe de responsabilité* (1979).

[87] Pierre Hadot, *op. cit.*, p.p. 131-132.

[88] Cité par Pierre Hadot, *idem*, p. 132.

recouvrer, par le biais de la science, ses droits sur la nature ; droits octroyés par Dieu. En effet, dans la *Bible*, Dieu dit : « *Faisons l'homme à notre image, selon notre ressemblance, et qu'il domine sur les poissons de la mer, sur les oiseaux du ciel, sur le bétail, sur toute la terre, et sur tous les reptiles qui rampent sur la terre.* »[89] Et, après avoir créé Adam et Eve, Dieu leur donne un pouvoir discrétionnaire sur la nature, en ces termes : « *Soyez féconds, multipliez, remplissez la terre, et l'assujettissez ; et dominez sur les poissons de la mer, sur les oiseaux du ciel, et sur tout animal qui se meut sur terre.* »

Il y a, dans ces extraits bibliques, une séparation, une distinction soulignée entre l'homme et la nature, d'une part ; et une affirmation d'une prééminence, d'une préséance de l'homme sur la nature, d'autre part. Distinct et bénéficiant d'un statut supérieur par rapport à la nature, l'homme est ainsi mandaté à en être le maître et le possesseur[90]. Il serait donc dans la nature de l'homme, et dans sa vocation, de maîtriser et posséder la nature, mais également de la dominer en disposant à sa guise de ses ressources. Il y a, dans cette conception chrétienne des relations entre l'homme et la nature et dans l'attitude qui en découle, une décristallisation éthique de la nature. Celle-ci cesse d'avoir une dimension morale aux yeux de l'homme prométhéen. C'est donc ce dernier qui a engendré la civilisation moderne occidentale et l'essor, depuis

---

[89] Genèse 1, versets 26 et 28.

[90] L'expression « *maître et possesseur de la nature* » est empruntée à René Descartes. Ce dernier comparant, dans son *Discours de la méthode pour conduire sa raison et chercher la vérité dans les sciences* (Sixième partie, Librairie de la Bibliothèque nationale, Paris, 1894, p. 102), la « *physique* » à la « *philosophie spéculative* » soutient que la connaissance et l'usage de celle-là contrairement à celle-ci peuvent être employés à « *nous rendre comme maîtres et possesseurs de la nature. Ce qui n'est pas seulement à désirer pour l'invention d'une infinité d'artifices qui feraient qu'on jouirait sans aucune peine des fruits de la terre et de toutes les commodités qui s'y trouvent, mais principalement aussi pour la conservation de la santé, laquelle est sans doute le premier bien et le fondement de tous les autres biens de cette vie...* » Descartes fait donc l'apologie et la promotion de la science pour le bien-être et le bien-vivre des hommes.

mondialisés, de la science et de l'industrie et qui est, en conséquence, responsable des méfaits environnementaux qui menacent dorénavant la survie même du genre humain.

A l'attitude de l'homme prométhéen s'oppose celle de l'homme orphique, en référence à Orphée, héros mythique grec et patron des poètes et des musiciens. « *Alors que l'attitude prométhéenne est inspirée par l'audace, la curiosité sans limites, la volonté de puissance et la recherche de l'utilité, l'attitude orphique est, au contraire, inspirée par le respect devant le mystère* »[91] de la nature. « *L'attitude orphique se représente [...] les secrets de la nature sur le modèle des mystères d'Eleusis, objets d'une révélation progressive.* »[92] L'homme orphique est respectueux de la « *pudeur de la Nature* » (Nietzsche), la Nature toujours encline à se cacher.

Oubliée, marginalisée et déconsidérée en Occident, l'attitude orphique a encore cours dans de nombreuses civilisations non occidentales. C'est cette attitude que traduit l'adresse suivante, d'un chef indien au président des Etats-Unis Franklin Pierce, en réponse à une offre d'achat d'une vaste région indienne : « *[...] Nous faisons partie de la terre et elle fait partie de nous [...] Il n'y a pas d'endroit tranquille dans les villes de l'homme blanc. Il n'y a pas d'endroit pour écouter le déploiement du feuillage au printemps ou le bruissement des ailes d'un insecte [...] Que vaut la vie si un homme ne peut pas entendre le cri solitaire de la chouette ou le bavardage des grenouilles autour de la mare le soir ? [...] L'air est précieux pour l'homme rouge, car toutes choses partagent le même souffle – les animaux, les arbres, l'homme –, tous partagent le même souffle [...] Qu'est l'homme sans les animaux ? S'ils disparaissaient tous, l'homme mourrait d'une grande solitude spirituelle. Car tout ce qui arrive aux animaux finit par arriver à l'homme. Toutes les choses sont connectées [...] Enseignez à vos enfants ce que nous avons enseigné aux nôtres, que la terre est notre mère. Tout ce qui*

---

[91] Pierre Hadot, *op. cit.*, p. 136.

[92] *Idem.*

arrive à la terre arrivera aux fils de la terre. Si les hommes crachent sur la terre, ils crachent sur eux-mêmes [...] Tout ce qui arrive à la terre arrivera aux fils de la terre. L'homme n'a pas tissé la toile de la vie ; il n'en est qu'un simple fil [...] La terre Lui est précieuse et blesser la terre revient à se retourner contre son Créateur [...] Contaminez votre lit et vous suffoquerez un jour dans vos propres détritus. »[93]

Cet hymne émouvant, qui aurait pu inspirer les Congressistes de Yamoussoukro, en faveur de la préservation de la terre, de l'environnement naturel, dans l'intérêt de l'humanité, souligne qu'il existe un continuum entre l'homme et la nature. L'homme est la nature et la nature est l'homme. Il y a une interconnexion, une interdépendance entre l'homme et la nature, c'est-à-dire qu'il n'est pas possible de dissocier la question sociale de la question environnementale, écologique. Il y a dans cette conception, une cristallisation éthique et ontologique de la nature ; celle-ci recouvre la dimension morale et divine que le christianisme lui refuse.

A ce texte du chef indien Seattle, le poème, « Le Souffle des ancêtres », de Birago Diop fait écho : « *Ecoute plus souvent / Les choses que les êtres, / La voix du feu s'entend, / Entends la voix de l'eau. / Ecoute dans le vent / Le buisson en sanglot : / C'est le souffle des ancêtres. / Ceux qui sont morts ne sont jamais partis / Ils sont dans l'ombre qui s'éclaire / Et dans l'ombre qui s'épaissit, / Les morts ne sont pas sous la terre / Ils sont dans l'arbre qui frémit, / Ils sont dans le bois qui gémit, / Ils sont dans l'eau qui coule, / Ils sont dans la case, ils sont dans la foule / Les morts ne sont pas morts.* »[94]

Nous déduisons de ce poème que la nature au sens de l'environnement naturel (mais également social), c'est, pour les

---

[93] Extrait d'une lettre datant du début des années 1850 du Chef indien Seattle de la tribu des Suwamish au Président des Etats-Unis Franklin Pierce. Cf. *Psychologies*, n° 96 mars 1992, p.p. 26-27.

[94] Birago Diop, « *Le Souffle des ancêtres* » in *Leurres et Lueurs*, Paris, Editions Présence Africaine, 1960.

Africains, le « *souffle des ancêtres* ». La vénération, le respect des ancêtres (qui ne sont jamais morts) devient celui des éléments de la nature (et de la nature elle-même) symboles d'une transmutation des ancêtres et d'un autre cours de leur vie dans l'invisible, le monde post-mortem, mais également dans le monde visible. Passés de l'autre côté de cette vie, les ancêtres poursuivent leur existence, mais en ayant désormais un autre statut, celui des esprits et des génies : esprit ou génie de l'eau, de l'arbre, de la terre, etc. La nature devient ainsi sacrée, pour l'Africain, parce qu'elle est le lieu de vie, la demeure des mânes, ancêtres-esprits-génies.

C'est ainsi que s'explique la sanctuarisation, dans l'Afrique ancienne et encore aujourd'hui, de certains espaces forestiers. Birago Diop traduit, par le raccourci-condensé du vers, la vision des Africains selon laquelle la nature est un prolongement de notre environnement humain et social. Qui offense la nature met en péril l'existence humaine et l'ordre social. De cette conception de la nature naît une relation non de domination, mais de connivence et d'osmose entre mère nature et l'homme. Le chef indien et le poète africain ont en commun une vision identique de la nature opposée à la vision chrétienne et cartésienne qui, en créant une coupure entre l'homme et la nature, veut faire de celui-là, le maître et le possesseur de celle-ci.

Il y a donc, comme le soulignait Joseph Ki-Zerbo, deux attitudes humaines envers la nature : « *la première consiste à appréhender, à saisir, par la main ou l'outil, à prendre et comprendre la nature comme un objet utilitaire ou agréable ordonné à l'homme comme un moyen par rapport à une fin. La seconde approche, elle, répudie la sécession à l'égard de la nature dont on se considère comme un associé, voire une partie intégrante en tant que microcosme en symbiose dans un macrocosme. L'être humain apparaît alors comme un sujet parmi une multitude d'autres sujets dont il doit négocier, par des procédures appropriées (religieuses, éthiques, symboliques, etc.) la cohabitation et l'alliance.* »[95]

Au regard du rôle et du statut assignés à l'homme par chacune d'elles, ces deux attitudes sont caractéristiques de deux types d'humanismes : l'humanisme individuel de la césure et l'humanisme transindividuel de la symbiose. Le premier fait de l'homme, dans la chaîne des individus et des éléments, un individu distinct supérieur et dominant. Le second fait de l'homme un individu comme les autres, mais qui n'a d'existence réelle que dans sa relation respectueuse aux autres individus et éléments de la création : un humanisme insulaire, parcellaire contre un humanisme continent, du tout.

L'humanisme continent ou transindividuel de la symbiose est ce qui caractérise l'*Ubuntu*, l'humanisme africain. D'origine sud-africaine, le terme « *ubuntu* » condense le proverbe Zoulou suivant : « *Umuntu ngumuntu ngabantu* », « *une personne est une personne à travers les autres personnes* »[96] ou « *un individu dépend des autres pour être une personne.* »[97] Le concept « *ubuntu* » explicite l'impensé de ce proverbe, c'est-à-dire la pensée morale, cosmologique et ontologique implicite qu'il véhicule. Pour ceux qui ont entrepris de rendre raison de cet impensé, l'Ubuntu est « *l'attention que porte un être humain à un autre : la gentillesse, la courtoisie, la considération et la bienveillance dans les relations entre les*

---

95 Joseph Ki-Zerbo cité par Michel Sauquet et Martin Vielajus, *L'intelligence interculturelle : 15 thèmes à explorer pour travailler au contact d'autres cultures*, Paris, Editions Charles Léopold Mayer, 2014, p. 62.

96 Nicole Koulayan, « *Mondialisation et dialogue des cultures : l'ubuntu d'Afrique du Sud* » in *Hermès*, 2008/2 n° 51, p. 183. En ligne : https://www.cairn.info/revue-hermes-la-revue-2008-2-page-183.htm.

97 Felix Murove Munyaradzi, « *L'Ubuntu* » in *Diogène*, 2011/3 n° 235-236, Paris, Editions P.U.F., p. 46. En ligne : https://www.cairn.info/revue-diogene-2011-3-page-44.htm.

gens ; un code de comportement, une attitude vis-à-vis des autres et de la vie... »[98]

Fait écho à ce proverbe Zoulou, le proverbe suivant du groupe linguistique Gisir du Gabon : « *Mutu kane mutu nandi* », « *l'homme n'a de recours que l'homme.* » Autre proverbe Gisir en lien avec le précédent : « *A u vevili vike muvuli* », « *Qui n'apprécie pour compagnie que sa solitude est inhumain.* » Le concept qui découlerait de ces proverbes est le suivant : « *Bumutu.* » « *Bumutu* » désigne l'humanité. Faire preuve de « *Bumutu* », d'humanité, c'est d'abord aimer la compagnie de ses semblables les hommes ; on ne peut pas être un homme tout seul, on ne saurait l'être qu'en relation avec d'autres hommes. Bumutu est, à ce titre, la prise de conscience de l'importance du groupe humain comme terreau dans lequel l'individu prend racine pour s'épanouir. La communauté sociale est l'élément fertilisant de l'épanouissement individuel. Et l'individu doit également œuvrer à fertiliser le milieu social. Bumutu est, en conséquence, la conscience de l'interdépendance humaine et l'attitude et le comportement qui tendent à l'entretenir, à la cultiver. En ce sens, faire preuve de Bumutu, c'est savoir être solidaire et fraternel.

Face à la primauté de l'individualisme occidental, l'Ubuntu et le Bumutu privilégient celle de « *la rationalité relationnelle* », c'est-à-dire l'affirmation selon laquelle « *qu'en tant qu'êtres humains, nous dépendons d'autrui pour atteindre un bien-être optimal [...] C'est dans la réalité de notre dépendance et interdépendance mutuelle que nous accédons à la plénitude de notre humanité.* »[99] Autrement dit, pour l'Ubuntu et le Bumutu, l'altérité est mon bonheur.

L'humanisme africain postule une exigence de solidarité humaine radicale que traduit cet autre adage Gisir « *guifumbe*

---

[98] S. Samkange et M.T. Samkange cité par Felix Murove Munyaradzi, *op.cit.*, p. 47.

[99] Felix Murove Munyaradzi, *idem*, p.45.

sa pangue », « *la fraternité n'a pas de frontières.* » Ici, le terme « *guifumbe* » désigne le clan en tant qu'élément distinctif de la parenté communautaire. Littéralement, « *guifumbe sa pangue* » veut dire que la parenté clanique n'a pas de limites, pas de frontière ; c'est-à-dire que la reconnaissance de la qualité humaine ne doit pas être réservée uniquement à nos consanguins ou à notre parentèle clanique. Le sentiment d'appartenance clanique communautaire ne doit pas nous enchainer ; il ne doit pas être exclusif. Tout en appartenant à un clan, il faut toujours être en capacité de se décloisonner, pour embrasser dans un élan solidaire tout humain quel qu'il soit : c'est cela le Bumutu ou l'Ubuntu.

Pour saisir la profondeur et la portée de l'Ubuntu et du Bumutu, il faut garder à l'esprit que l'exigence de solidarité qu'ils sous-tendent inclut également les morts. D'où l'importance des ancêtres chez les Africains. « *En fait, les ancêtres sont censés vivre dans la proximité des vivants et en relation constante avec ceux-ci. Ils sont vénérés au sens où l'on doit respect aux aînés* »[100] et constituent ainsi la base de la moralité. Bases de la moralité, les ancêtres sont la racine lointaine qui vivifie les existences des individus présents et fonde l'humanité d'aujourd'hui.

Par-delà les êtres humains vivants et morts, l'exigence de solidarité radicale de l'Ubuntu et du Bumutu implique aussi la nature en tant que manifestation et incarnation des morts qui ne sont pas morts, des esprits et génies avec lesquels les vivants toujours cohabitent et auxquels ces derniers ont toujours recours comme boussole pour assumer au mieux leur condition terrestre. La nature est ainsi un prolongement de l'homme lui-même, une métamorphose humaine. S'il brutalise la nature, l'homme se nuit à lui-même.

---

[100] Kwasi Wiredu, « *L'ancrage de la pensée africaine et les conditions du dialogue interculturel* » in *Pour une pensée africaine émancipatrice*, Alternatives Sud, Vol. X (2003), 4, Centre Tricontinental, Paris, Editions L'Harmattan, p. 57.

En appelant à une prise de conscience du « *destin commun de l'humanité, de manière à favoriser la mise en œuvre de politiques communes qui garantissent la justice dans les rapports entre êtres humains ainsi qu'une relation harmonieuse entre l'humanité et la nature* »[101], les congressistes de Yamoussoukro appelaient implicitement alors à un nouvel humanisme. Ce nouvel humanisme, qui pourrait être fécondé par l'Ubuntu et le Bumutu, réconcilierait l'homme prométhéen et l'homme orphique.

L'avènement de la pandémie mondiale de la COVID-19, partie de Chine en décembre 2019, est venu nous rappeler brutalement l'impérieuse nécessité de nous convertir, en effet, à ce nouvel humanisme respectueux de la nature et favorable à l'instauration des relations symbiotiques, ou tout au moins et simplement harmonieuses, entre cette dernière et l'humanité, dans l'intérêt de l'humanité elle-même.

S'il est vrai que la pandémie de la COVID-19 a pour origine un virus hébergé par le pangolin[102], il y a là comme la réalisation de la prédiction du Chef indien Seattle[103].

Cette prédiction est d'autant plus vérifiée qu'il est aujourd'hui scientifiquement établi que l'émergence d'un certain nombre de nouvelles épidémies, qui menacent de plus en plus l'humanité, est la résultante « *de l'anéantissement des écosystèmes, dont*

---

[101] Cf. « *Déclaration de Yamoussoukro* » in UNESCO, Rapport final. *Congrès international sur La Paix dans l'esprit des hommes, op. cit.*, p.p. 56.

[102] Le pangolin est porteur d'un coronavirus proche du SARS-CoV-2, à la source de la crise sanitaire que le monde connaît en ce moment. Mammifère le plus braconné au monde, selon l'Union internationale pour la conservation de la nature (UICN), un pangolin est retiré de la vie sauvage toutes les cinq minutes. Et selon les scientifiques, à l'exemple de la Covid-19, 75 % des maladies nouvelles qui affectent aujourd'hui les humains sont des zoonoses, c'est-à-dire des pathologies transmises par les animaux. Cf. Marie-Béatrice Baudet, Laurence Caramel et Youenn Gourlay, « *Sur la piste de la pangolin connection* » in *Le Monde* du Mardi 21 avril 2020, n° 23415, p.p. 20-21.

[103] Cf. p.p. 67-68.

souffrent en particulier les zones tropicales, où ils sont détruits pour faire place à des monocultures intensives industrielles. L'émergence de ces maladies découle aussi de la manipulation et du trafic de la faune et de la flore sylvestres, souvent menacées d'extinction. »[104]

L'anéantissement des écosystèmes impacte la biodiversité ou la diversité biologique dont on sait l'importance en tant que fondement de la vie sur Terre et dont la diminution est « *lourde de menaces entraînant très schématiquement les invasions d'espèces exogènes, l'émergence de maladies, la perte de productivité des écosystèmes, engendrant une chute de la production agricole dans certaines régions et donc une réduction des espaces forestiers, aggravant en retour la diminution de la biodiversité et les changements climatiques, bouleversant à nouveau la biodiversité...* »[105]

L'appel des congressistes de Yamoussoukro à un nouvel humanisme qui ne sépare pas la société humaine de la nature et qui prolonge celle-là dans celle-ci est toujours actuel. Il convie l'ensemble de l'humanité à renouer avec la conception holistique du monde des « *gens de l'écosystème* »[106], ceux qui en symbiose avec leur environnement, à l'instar de plusieurs communautés amérindiennes et africaines, savaient et savent encore tirer leur subsistance de l'écosystème dans lequel ils vivaient et vivent encore, tout en ne bouleversant pas « *les principes de fonctionnement et les conditions de reproduction* » dudit écosystème.

---

[104] Marina Aizen, « *Les épidémies couvent sous les cendres des* forêts » in *Courrier international n° 1534*, du 26 mars au 1er avril 2020, p. 14.

[105] Yann Guillaud, *Biodiversité et développement durable*, Paris, Editions UNESCO/Karthala, 2007, p. 178.

[106] Par opposition aux « *gens de la biosphère* » qui, dans une démarche non symbiotique, « *tirent leur existence de l'utilisation de l'ensemble de la biosphère, sans avoir aucun lien avec l'écosystème qui produit ces ressources* » (cf. Yann Guillaud, *idem*, p.p. 134-136).

Ce qui fait aujourd'hui le mieux écho à cette philosophie des « *gens de l'écosystème* » est la notion de « *développement durable.* » Celui-ci, selon la définition du *Rapport Brundtland*, est « *un développement qui répond aux besoins du présent sans compromettre la capacité des générations futures de répondre aux leurs. Deux concepts sont inhérents à cette notion : le concept de « besoins », et plus particulièrement des besoins des plus démunis, à qui il convient d'accorder la plus grande priorité, et l'idée des limitations que l'état de nos techniques et de notre organisation sociale imposent sur la capacité de l'environnement à répondre aux besoins actuels et à venir...* »[107]

En invitant à un changement de paradigme en matière de vision idéologique du développement, la notion de « *développement durable* », dans sa mise en œuvre par exemple dans le cadre des parcs naturels régionaux en France et les réserves de biosphères de l'UNESCO[108], réconcilie l'exigence de reproduction de la nature avec les besoins des sociétés humaines tout en ne faisant pas de la logique économique une fin en soi.

Pour les congressistes de Yamoussoukro, il est implicitement évident que le concept de culture de la paix, qu'ils venaient de créer, avait déjà partie liée avec la notion de « *développement durable* »[109] que le *Rapport Brundtland « Notre avenir à tous »* (1988) propulsait, un an auparavant, au-devant de la scène internationale, en prévision de la tenue du *Sommet de la Terre de 1992.*

---

[107] Cité par Yann Guillaud, *op.cit.*, p. 33.

[108] C'est de cette expérience de mise en œuvre de stratégie de développement durable réconciliant développement et environnement dont témoigne l'ouvrage de Yann Guillaud déjà cité. Les réserves de biosphère de l'UNESCO participent de la mise en œuvre du *Programme sur l'Homme et la biosphère* de l'UNESCO dont la vocation est la conservation de la biodiversité dans le cadre d'un développement humain durable.

[109] Notion que l'UNESCO s'est appropriée depuis et promeut dans le cadre de l'éducation au développement durable.

1 .3 ***La Déclaration de Yamoussoukro ou le rappel de la vocation de l'UNESCO***

Comme il est de tradition, le « *Congrès international sur La Paix dans l'esprit des hommes* » de Yamoussoukro s'était achevé par la lecture et l'adoption d'une déclaration dite « *Déclaration de Yamoussoukro sur la paix dans l'esprit des hommes.* »[110]

Constituée de deux parties, cette déclaration résume d'abord les débats et met en relief les points d'accord des congressistes et appelle ensuite à l'action en esquissant un programme pour la paix dont la coordination de la réalisation est confiée à l'UNESCO.

Selon cette déclaration, « *la paix est essentiellement le respect de la vie. La paix est le bien le plus précieux de l'humanité. La paix est plus que la fin des conflits armés. La paix est un comportement. La paix est une adhésion profonde de l'être humain aux principes de liberté, de justice, d'égalité et de solidarité entre les êtres humains. La paix est aussi une association harmonieuse entre l'humanité et l'environnement.* »

Au titre de l'appel à l'action, la déclaration invite les Etats, les organisations intergouvernementales et non gouvernementales, les communautés scientifiques, éducatives et culturelles du monde, ainsi que tous les particuliers, à « *contribuer à la construction d'une nouvelle vision de la paix par le développement d'une culture de la paix, sur le fondement des valeurs universelles du respect de la vie, de liberté, de justice, de solidarité, de tolérance, des droits de l'homme et d'égalité entre femmes et hommes.* »

En soulignant que la « *paix est plus que la fin des conflits armés* » et en appelant à une « *culture de la paix* » sur le fondement d'un certain nombre de principes et de valeurs

---

[110] Cf. UNESCO, *Rapport final. Congrès international sur La Paix dans l'esprit des hommes*, *op. cit.*, p.p. 53-57.

universelles, la *Déclaration de Yamoussoukro* inaugure une vision, à la fois, positive et holistique de la paix que l'UNESCO n'aura de cesse, dorénavant, de promouvoir.

Positive, cette vision nouvelle de la paix l'est parce que celle-ci n'est plus définie uniquement négativement comme l'absence ou la fin de la guerre ; holistique, elle l'est parce que la paix n'est plus seulement la consolidation des liens entre les hommes mais également « *une association harmonieuse entre l'humanité et l'environnement.* » Avec le congrès de Yamoussoukro, l'UNESCO renouvelle sa vocation en promouvant une vision globale et inclusive de la paix qui prend en compte non seulement la prévention et la résolution des violences et des conflits, mais également le développement humain au sens large.

La *Déclaration de Yamoussoukro* se distingue, par ailleurs, en liant la paix au concept de « *comportement* », lorsqu'elle dit : « *la paix est un comportement.* »

Selon Anne-Marie Toniolo, « *comportement* » est un concept très souvent « *utilisé avec peu de précautions définitoires.* » Du point de vue de l'éthologie et de la psychologie qui offrent la possibilité d'en préciser la nature, « *le comportement ne se réduit pas à un état ou une série d'états telle une succession de points qui définirait la trajectoire d'une conduite toute tracée. Il contient de l'incertitude [...] Il n'est jamais complètement inscrit dans le présent de son actualisation. Il n'accède à la conscience que lorsqu'il se manifeste, c'est-à-dire lorsqu'il émerge. Et il n'attend pas toujours qu'on le mette en œuvre pour se produire. Il est ainsi plus un donné qu'un construit. Il est pétri de ce hasard et sa complexité n'est pas la simple reformulation de notre ignorance.* »[111]

---

[111] Anne-Marie Toniolo, « *Le comportement : entre perception et action, un concept à réhabiliter* » in *L'Année psychologique*, 2009/1, Vol. 109, p.p. 155-193. En ligne : https://www.cairn.inforevue-l-annee-psychologique1-2009-1-page-155.htm.

Nous retiendrons de cette définition qu'il existe dans le comportement individuel en soi une part de conduite imprévisible et inconsciente. La linéarité n'est pas consubstantielle au comportement et nous pourrions en conclure qu'il demeure toujours, comme objet d'étude, un mystère à sonder pour l'analyste extérieur et même pour le sujet lui-même[112].

Dans le contexte de la *Déclaration de Yamoussoukro*, le concept « *comportement* » n'a pas fait l'objet d'une définition préalable. Cependant, il peut être entendu comme une conduite, une manière d'agir incarnant et témoignant en actions du « *respect de la vie* », de l'« *adhésion profonde de l'être humain aux principes de liberté, de justice, d'égalité et de solidarité entre les êtres humains* », de tolérance, des droits de l'homme et de la conscience de la nécessaire « *association harmonieuse entre l'humanité et l'environnement.* »

A ce titre, c'est la culture de la paix qui est et doit être aussi considérée comme un comportement. En mettant en relief le concept de comportement, la *Déclaration de Yamoussoukro* suggère qu'il existe une sorte de trajectoire toute tracée, une linéarité qui va des principes et valeurs à la conduite. Le comportement est ainsi toujours la manifestation, l'émergence en actions d'une adhésion à des principes et à des valeurs. De ce point de vue, la guerre, le conflit ou la violence est aussi un comportement. Pour que la paix soit un comportement, il faut qu'il y ait eu en amont une adhésion de l'individu à certains principes et valeurs précis et différents que la déclaration énumère. Avant d'être un comportement, la paix est d'abord une intimité des individus avec certains principes et valeurs.

En retenant le concept de « *comportement* » pour définir la paix, les congressistes de Yamoussoukro ont voulu attirer l'attention sur l'idée que la possibilité et la réalisation de la

---

112 Cette idée du comportement mystère pour soi, pour le sujet agissant, est attestée par Mencius.

paix, c'est d'abord l'individu. Dans son *Acte constitutif*, l'UNESCO a conscience « *qu'une paix fondée sur les seuls accords économiques et politiques des gouvernements ne saurait entraîner l'adhésion unanime, durable et sincère des peuples...* » Autrement dit, au-delà des gouvernements, l'œuvre de construction de la paix dans le monde doit nécessairement impliquer les peuples. La *Déclaration de Yamoussoukro* va plus loin en considérant qu'il faut, au-delà des peuples, d'abord partir de l'implication de l'individu. La paix dépend d'abord et essentiellement du comportement de l'individu en interaction avec d'autres individus en société. La paix dépend de nos comportements individuels. En mettant ainsi l'accent sur le comportement individuel, la *Déclaration de Yamoussoukro* en appelle implicitement à une préalable conversion morale et spirituelle des individus qui doivent passer d'une culture de la violence et de la guerre à une culture de la paix.

En mettant en avant le comportement moral et spirituel de l'individu comme fondement de la paix, la *Déclaration de Yamoussoukro* prolonge l'*Acte constitutif* de l'UNESCO, notamment lorsque ce dernier affirme : « *Les guerres prenant naissance dans l'esprit des hommes, c'est dans l'esprit des hommes que doivent être élevées les défenses de la paix.* » Elever les défenses de la paix dans l'esprit des hommes, c'est inculquer à cet esprit humain des principes et des valeurs. Ce passage très connu de l'*Acte constitutif* de l'UNESCO met en évidence l'importance de l'éducation et de la formation. Toutefois, l'éducation et la formation à la paix ne sont rien si elles ne se transforment pas en autoéducation et en autoformation de l'individu. L'œuvre d'incarnation des principes et des valeurs peut certes être amorcée par l'éducation et la formation ; mais elle ne saurait se réaliser réellement et complètement que par la volonté propre du sujet éduqué et formé. L'éducation et la formation nous offrent des outils pour apprendre à être humain, mais nous le devenons véritablement par nous-mêmes en mettant en œuvre inlassablement et quotidiennement ces outils. Autrement dit, l'éducation et la formation font de nous des femmes et des hommes de paix incomplets, imparfaits et donc appelés à se compléter, à se parfaire par eux-mêmes par leur comportement quotidien. L'éducation et la formation nous font connaître et même déclamer les principes et les valeurs ; elles ne nous les font pas incarner et exister. La femme ou l'homme de paix est sa propre œuvre. Tel est le sens de cette définition de la paix selon laquelle elle est « *un comportement* » ; et telle est l'originalité de la *Déclaration de Yamoussoukro*.

Si la paix est un comportement au sens où la femme ou l'homme pacifiste est sa propre œuvre, c'est que la paix doit être d'abord et essentiellement un état intérieur, un état d'esprit. Avant qu'elle ne soit vue et même vécue comme une réalité extérieure à l'individu, la paix est envisagée et vécue comme une réalité propre au sujet. En ce sens, la *Déclaration de Yamoussoukro* invite à une pacification antérieure de soi ; pacification de soi qui serait, ainsi, résolution ou prévention de conflits intrapsychiques, c'est-à-dire harmonisation intérieure du sujet.

Platon nous donne un aperçu symbolique desdits conflits intrapsychiques et, en conséquence, de cette exigence de paix intérieure comme fondement à la paix extérieure ou sociale, lorsqu'il nous convie à harmoniser en nous les relations des trois constituants de l'âme : l'élément rationnel, l'élément concupiscible et l'élément irascible.

Harmoniser, en nous, les relations entre ces trois entités consisterait à permettre, notamment, que l'élément irascible se soumette à l'élément rationnel afin que tous les deux, réellement, instruits « *de leur rôle et exercés à le remplir, [commandassent] à l'élément concupiscible, qui occupe la plus grande place dans l'âme, et qui, par nature, est au plus haut point avide de richesses ; [qu'ils] le [surveillassent] de peur que, se rassasiant des prétendus plaisirs du corps, il ne s'accroisse, ne prenne vigueur, et, au lieu de s'occuper de sa propre tâche, ne tente de les asservir et de les gouverner –*

ce qui ne convient point à un élément de son espèce – et ne bouleverse toute la vie de l'âme. »[113]

Harmoniser ainsi ces éléments constitutifs de l'âme en leur faisant jouer uniquement le rôle qui convient à chacun, c'est, pour Platon, établir en soi la justice, entendue comme une mise en ordre de son intériorité. En effet, « *la justice est, ce semble, quelque chose de tel, à cela près qu'elle ne régit pas les affaires extérieures de l'homme, mais ses affaires intérieures, son être réel et ce qui le concerne réellement, ne permettant à aucune des parties de l'âme de remplir une tâche étrangère, ni aux trois parties d'empiéter réciproquement sur leurs fonctions. Elle veut que l'homme règle bien ses vraies affaires domestiques, qu'il prenne le commandement de lui-même, mette de l'ordre en lui et gagne sa propre amitié ; qu'il établisse un parfait accord entre les trois éléments de son âme, comme entre les trois termes d'une harmonie [...] et que, les liant ensemble, il devienne de multiple qu'il était absolument un [...] ; qu'alors seulement il s'occupe, si tant est qu'il s'en occupe, d'acquérir des richesses, de soigner son corps, d'exercer son activité en politique ou dans les affaires privées, et qu'en tout cela il estime et appelle belle et juste l'action qui sauvegarde et contribue à parfaire l'ordre qu'il a mis en lui, et sagesse la science qui préside à cette action ; qu'au contraire il nomme injuste l'action qui détruit cet ordre, et ignorance l'opinion qui préside à cette dernière action.* »[114]

Chez Platon, l'âme en paix c'est l'âme juste. Ainsi, l'homme ou la femme qui a réussi à établir, en lui ou en elle, la justice intérieure, la paix intérieure est seul(e) légitime et capable d'œuvrer à la promotion et à la réalisation de la justice et de la paix dans la cité. Avant de pacifier mes rapports avec autrui, ordonner les rapports sociaux, il faut au préalable me pacifier moi-même, mettre en ordre mon propre chaos intérieur.

---

[113] Platon, *La République*, Livre IV/441e–442d, traduction de Robert Baccou, Paris, Editions GF Flammarion, 1966, p. 195.

[114] Platon, *idem*, 442e-444d, p.p. 196-197.

L'individu pacifié en lui-même est la graine de semence de l'art de vivre en paix en société, telle est la leçon de Platon.

Les conflits intrapsychiques auxquels nous sommes, chacun de nous, confrontés sont aussi divers et variés. Cependant, nous partageons une exigence commune qui est celle de nous soumettre, chacun à sa manière avec les moyens qui lui sont propres et pour soi-même d'abord, à un travail d'écologie intérieure. C'est en ce sens également que la paix est un comportement, comme le définit la *Déclaration de Yamoussoukro*.

L'autre originalité de cette déclaration est l'accent mis sur l'idée de la paix « *association harmonieuse entre l'humanité et l'environnement* » en réaction à « *la dégradation de l'environnement, due au fait de l'homme, telle que la détérioration des ressources naturelles, les changements climatiques, la désertification, la destruction de la couche d'ozone, la pollution, mettant en danger toute forme de vie sur la terre.* »

Considérant que « *les individus et les sociétés ont droit à un environnement de qualité, élément essentiel à la paix* », les congressistes ont encouragé « *une action concertée à l'échelon international, en vue de gérer et de protéger l'environnement et faire en sorte que les activités menées sous l'autorité ou le contrôle d'un Etat quel qu'il soit ne portent atteinte ni à la qualité de l'environnement d'autres Etats ni à la biosphère.* »

Si la paix est interaction des comportements des individus, elle est aussi, en ce sens, devoir de solidarité, exigence de coopération non seulement entre les individus, mais également entre peuples, entre nations, entre Etats. La *Déclaration de Yamoussoukro* réitère l'importance de cette vertu de la paix qu'est la solidarité, la coopération, notamment lorsqu'elle dit : « *l'humanité ne peut assurer son avenir que par la coopération ; une coopération qui respecte la primauté du droit, tient compte du pluralisme, garantit plus de justice dans les échanges économiques internationaux et s'appuie sur la participation de toute la société civile à la construction de la paix.* »[115]

Levain de la paix, la solidarité, la coopération est la raison d'être de l'UNESCO, comme l'atteste son *Acte constitutif* qui en appelle à une « *paix [...] établie sur le fondement de la solidarité intellectuelle et morale de l'humanité* », ou au resserrement de la « *collaboration entre nations* » par l'éducation, la science et la culture, pour la contribution au « *maintien de la paix et de la sécurité* » dans le monde. En réitérant cet appel de l'*Acte constitutif* de l'UNESCO, la *Déclaration de Yamoussoukro* laisse entendre que promouvoir la culture de la paix, c'est apprendre à devenir compétent en solidarité, en coopération. Pour l'UNESCO et les congressistes de Yamoussoukro, il y a eu prise de conscience que le comportement solidaire, coopératif est ce par quoi nous pouvons venir à bout de la violence et de la guerre.

En effet, l'UNESCO est, depuis sa création, convaincue qu'appeler à la solidarité et à la coopération de l'humanité, c'est prévenir les guerres, y compris ces « *guerres de demain* » dont parle Pascal Boniface. Les guerres naissent du comportement compétitif et surtout dominant et agressif, c'est-à-dire de la mise en action de la loi du plus fort, fameuse loi de la jungle qui a pour conséquence la guerre de tous contre tous.

Parce qu'il est source de stress, d'épuisement, d'accentuation des différences et de césure, le comportement compétitif,

---

[115] Cf. UNESCO, *Rapport final. Congrès international sur La Paix dans l'esprit des hommes*, *op. cit.*, p.p. 54-55. En rappelant l'importance de la coopération, l'UNESCO réitère sa foi dans les vertus du multilatéralisme. D'ailleurs, tout le Système des Nations Unies a été créé sur cette foi ; le multilatéralisme est la raison d'être de l'ONU et de ses agences spécialisées. En conséquence, nous ne sommes pas étonné de la proclamation par l'Assemblée générale de l'ONU, en sa soixante-treizième session au point 15 de l'ordre du jour portant « *culture de la paix* », d'une *Journée internationale du multilatéralisme et de la diplomatie au service de la paix* (cf. Résolution A/73/L.48) ; journée célébrée le 24 avril et dont 2019 a été la première édition.

dominant et agressif ne sied pas, en réalité, à notre espèce et encore moins au monde du vivant, comme le démontrent Pablo Servigne et Gauthier Chapelle dans leur ouvrage rafraichissant et inspirant[116]. Si elle ne veut pas périr, l'humanité n'a pas d'autre choix que de passer d'une culture de la violence et de la césure à une culture de la paix et de la reliance, c'est-à-dire à une culture de la coopération. « *La prospérité humaine s'explique avant tout par la coopération sociale, c'est-à-dire par notre capacité à agir ensemble en vue de résoudre nos problèmes et de réaliser nos désirs. L'homme est un animal coopératif.* »[117]

Promues par l'UNESCO, et rappelées par les congressistes de Yamoussoukro, la solidarité et la coopération constituent ce

---

[116] *L'entraide, l'autre loi de la jungle, op. cit.*

[117] Eloi Laurent, *L'impasse collaborative. Pour une véritable économie de la coopération*, Paris, Editions Les liens qui libèrent, 2018, p. 10. Au sens que lui donne Eloi Laurent, la coopération est « *bien autre chose que la simple aptitude à mettre en commun ses forces ou ses neurones pour survivre et procréer* » (p. 36) ; elle désigne plutôt « *la capacité distinctive des humains à s'associer pour apprendre et connaître* » (p. 36). En cela, la coopération se distingue de la solidarité qui est « *une contrainte de fait liée à l'appartenance à un groupe* » (p. 34) et de la collaboration qui est « *un choix utilitariste limité à la survie et à la reproduction* » (p. 34). Les animaux et les hommes ont en partage la solidarité et la collaboration ; seule la coopération est le propre de l'homme. Cependant, notre époque est davantage marquée par une dévitalisation sociale du fait d'une prédominance de la collaboration sur la coopération : telle est la thèse d'Eloi Laurent. L'*Acte constitutif* de l'UNESCO ne distingue pas la solidarité, la collaboration de la coopération. En appelant les Nations du monde à « *un esprit de mutuelle assistance* », ledit acte emploie indistinctement ces termes (et les verbes associés) comme des synonymes évoquant tous la même invitation faite aux peuples et aux nations du monde à s'associer dans la commune production et le partage des connaissances et des savoirs nécessaires pour abattre les barrières de l'ignorance et des préjugés qui sont souvent sources de désaccords et de guerres afin de construire les ponts de la compréhension mutuelle et du rapprochement des cultures pour la paix. Autrement dit, l'*Acte constitutif* de l'UNESCO en appelle à la solidarité, à la collaboration, à la coopération de l'humanité, au sens où Eloi Laurent entend cette dernière notion, comme « *une quête de connaissance partagée* » (p. 74) en vue de faire face au défi du bien vivre-ensemble.

sans quoi il n'y a point d'évolution sociale et politique de l'humanité. L'existence de l'UNESCO est fondée sur cette croyance en la vertu de la solidarité et de la coopération[118].

L'homme étant, simultanément, capable de comportement violent et de comportement pacifique, de compétition égoïste et de solidarité humanisante, l'UNESCO est consciente, depuis longtemps, qu'il faut toute la force de l'éducation pour en faire un animal véritablement coopératif. D'où l'adoption par la Conférence générale de l'UNESCO, l'assemblée générale de ses Etats membres, à sa dix-huitième session (en novembre 1974) de la « *Recommandation sur l'éducation pour la*

---

[118] A l'épreuve de la COVID-19, c'est encore à cette vertu de la solidarité et de la coopération internationales que l'UNESCO en appelle par la création d'une Coalition mondiale pour l'éducation pour assurer la Continuité Scolaire (cf. lien électronique : https://fr.unesco.org/news/lunesco-associe-organisations-internationales-societe-civile-secteur-prive-coalition-assurer), d'une part ; et par le lancement d'un projet de Recommandation sur une science ouverte qui sera adoptée par la Conférence générale de l'UNESCO en 2021 (cf. lien électronique : https://fr.unesco.org/news/contexte-du-covid-19-lunesco-mobilise-122-pays-science-ouverte-cooperation-renforcee), d'autre part. Considérant l'impact des fermetures d'établissements dues à la COVID-19 sur 87% de la population scolaire et étudiante mondiale, l'objectif de la coalition « *Continuité Scolaire* » est « *d'aider les États à développer les meilleures solutions d'enseignement à distance et à atteindre les enfants et les jeunes les plus à risque.* » L'idée d'une science ouverte sous-entend : « *(i) la mutualisation des connaissances et des efforts en soutien à la fois à la recherche scientifique et à la réduction du déficit de connaissance entre pays ; (ii) la mobilisation des décideurs, chercheurs, innovateurs, éditeurs, de la société civile pour permettre l'accès libre aux données scientifiques, aux résultats de la recherche, aux ressources éducatives et aux infrastructures de recherche ; (iii) le renforcement des liens entre la science et les décisions politiques, afin de répondre aux besoins de la société ; (iv) l'ouverture de la science à la société y compris quand les frontières se ferment.* » Le projet de Recommandation y relatif a été présenté par l'UNESCO, le 30 mars 2020, à l'occasion d'une réunion virtuelle des représentants des ministères en charge des sciences du monde entier. Sur 122 pays, l'Afrique était représentée par 25 pays : Angola ; Bénin ; République Centrafricaine ; Comores ; République Démocratique du Congo ; Eswatini ; Ethiopie ; Gabon ; Gambie ; Ghana ; Guinée ; Guinée Equatoriale ; Kenya ; Libéria ; Ile Maurice ; Mozambique ; Namibie ; Nigeria ; Rwanda ; Seychelles ; Sierre Leone ; Afrique du Sud ; Togo ; Ouganda et Zambie.

compréhension, la coopération et la paix internationales et l'éducation relative aux droits de l'homme et aux libertés fondamentales. » Les êtres humains ne naissent pas compréhensifs, coopératifs et pacifiques ; ils le deviennent par l'action transformatrice de l'éducation. Les Etats soucieux de prévenir les violences et les guerres, en leur sein et entre eux, doivent alors concevoir et mettre en œuvre des systèmes éducatifs attentifs à la construction et à la consolidation de la paix.

Dans le cadre de la mise en œuvre de cette *Recommandation de 1974* par ses Etats membres, l'UNESCO est, désormais, plus attentive à encourager la promotion et la mise en œuvre de l'éducation à la citoyenneté mondiale (ECM). Cette question est, en effet, une des priorités programmatiques du Secteur Education de l'Organisation pour la période 2014-2021.

L'éducation à la citoyenneté mondiale est un concept inspiré par l'*Initiative mondiale pour l'éducation avant tout* (GEFI)[119] du Secrétaire général des Nations Unies ; initiative lancée en 2012. A l'occasion du lancement officiel du GEFI, Monsieur Ban Ki-moon, alors Secrétaire général, déclarait : « *Nous devons encourager la citoyenneté mondiale. L'éducation ne doit pas seulement apprendre à lire, écrire et compter. Elle doit aussi former des citoyens et assumer pleinement le rôle central qu'elle peut jouer en aidant les gens à créer des sociétés plus justes, plus pacifiques et plus tolérantes.* »[120]

Tout le monde comprend, à l'évidence, l'importance et la nécessité de construire des sociétés plus justes, plus pacifiques et plus tolérantes ; le fait que l'éducation soit un des moyens pour y parvenir fait aussi consensus. Cependant, force est de constater que la question de l'éducation à la citoyenneté

---

[119] Cette initiative a défini trois priorités, à savoir : 1) Scolariser tous les enfants ; 2) Améliorer la qualité de l'apprentissage et 3) Promouvoir la citoyenneté mondiale.

[120] Cf. UNESCO, *Education à la citoyenneté mondiale. Préparer les apprenants aux défis du XXIe siècle*, Paris, 2015, p. 12.

mondiale est encore loin de faire l'objet d'une définition consensuelle de ce qu'elle doit être et de ce qu'elle doit promouvoir.

Le désaccord porte d'abord sur la notion de « *citoyenneté mondiale.* » Cette notion reste encore fort contestée et l'expression « *citoyen du monde* » (qui en découle) est diversement interprétée[121]. Ce qui est, entre autres, contesté, c'est la légitimité juridique et politique de l'expression « *citoyenneté mondiale* » dans la mesure où il n'y a de citoyenneté qu'en république, c'est-à-dire rattachée à un Etat particulier. S'il n'y a pas d'Etat mondial, il ne peut y avoir de citoyenneté mondiale. D'ailleurs, comme le constate Barbara Delcourt, « *il apparaît que l'action internationale en faveur de la citoyenneté se concentre sur la promotion de la citoyenneté dans un cadre strictement national et sous une acception très formelle et limitée* »[122] ; ce qui la conduit alors à parler de « *mirages de la citoyenneté mondiale.* » La citoyenneté mondiale est donc un mirage parce qu'il ne peut y avoir juridiquement de citoyens du monde, ou citoyens mondiaux.

Quoiqu'ils n'aient pas d'existence juridique et politique, les citoyens mondiaux ne sont pas une abstraction : ils existent concrètement ; ce sont de nombreux individus de nationalités diverses qui ont en commun, par exemple, l'identification « *aux valeurs humanistes de respect de la dignité humaine, de justice sociale et de solidarité internationale* » et qui agissent par le biais de la pléthore toujours grandissante d'ONGs du Nord et Sud. En somme, les citoyens mondiaux sont les activistes transnationaux

---

[121] Cf. A ce sujet le résumé qui est dans l'ouvrage : UNESCO, *Education à la citoyenneté mondiale. Préparer les apprenants aux défis du XXIe siècle, op.cit.*, p. 15.

[122] Barbara Delcourt, « *Les mirages de la citoyenneté mondiale* » in *L'état des citoyennetés en Europe et dans les Amériques*, sous la direction de Jane Jenson, Bérengère Marquès-Pereira et Éric Remacle, Editions les Presses de l'Université de Montréal, 2007, p. 191.

et internationaux, « *individus cosmopolites exprimant de nouvelles formes de citoyenneté post-nationales.* »[123]

En nous fondant sur cet activisme transnational et international des individus de plus en plus nombreux, nous définirons la citoyenneté mondiale comme « *un mode de l'agir et non de l'être.* »[124] La communauté des citoyens mondiaux est une communauté d'actions et non d'identités. S'il est vrai qu'on ne peut jamais juridiquement et politiquement naître citoyen mondial ; on peut le devenir par volonté d'action sous-tendue par une conscience cosmopolitique.

Il est clair que, dans la majorité des cas, la citoyenneté mondiale ne relève pas d'une revendication juridique et politique, mais d'une posture éthique individuelle. En tant que posture éthique, la citoyenneté mondiale « *renvoie davantage à un sentiment d'appartenance à une communauté plus large et à une humanité commune, et encourage ainsi un « regard mondial » qui relie l'échelle locale à l'échelle mondiale et l'échelle nationale à l'échelle internationale. Elle est également un moyen de comprendre, d'agir et de se situer par rapport aux autres et à l'environnement dans le temps et dans l'espace –*

---

[123] Sobhi Tawil, « *Le concept de citoyenneté mondiale : un apport potentiel pour l'éducation multiculturelle ?* », article en ligne sur le site *de la Revue internationale d'éducation de Sèvres* : https://journals.openedition.org/ries/3501. L'existence de ces activistes transnationaux et internationaux donne raison à Louis Lourme. Ce dernier, en liant la citoyenneté mondiale au cosmopolitisme, défend la thèse selon laquelle la modernité politique permet dorénavant de penser la citoyenneté mondiale comme citoyenneté politique à part entière. La perspective de la citoyenneté mondiale comme citoyenneté politique serait consécutive à la démocratisation de la conscience cosmopolitique ; démocratisation qui est une des caractéristiques de la période contemporaine. Cf. son ouvrage : *Le nouvel âge de la citoyenneté mondiale*, Paris, Editions PUF, 2014, p. 10 et p. 41.

[124] Cf. Etienne Tassin cité par Juste Joris Tindy-Poaty, « *L'éducation des citoyens ou le choix de la grande semaille* » in *L'Envol*, Revue africaine de philosophie, lettres et pédagogie, n° 3, 2011, p. 38. Etienne Tassin évoque non pas la citoyenneté mondiale mais la citoyenne au sens juridique et politique en lien avec un Etat particulier. Voir son article « *Identités nationales et citoyenneté politique* » in *Esprit*, n° 198, Janvier 1994, p.p. 97-111.

moyen qui repose sur des valeurs universelles par son respect de la diversité et du pluralisme. Dans ce contexte, la vie de chaque individu a des conséquences sur les décisions quotidiennes qui relient l'échelle mondiale à l'échelle locale, et vice versa. »[125]

Il découle de cela, pour l'UNESCO, une définition de l'éducation à la citoyenneté mondiale qui met en relief trois dimensions conceptuelles de base interdépendantes et intégrées au processus d'apprentissage[126] :

La dimension cognitive : faire acquérir aux apprenants des connaissances, une compréhension et un esprit critique des questions mondiales ainsi que les liens et l'interdépendance unissant les pays et les différentes populations ;

La dimension socioémotionnelle : amener les apprenants à avoir un sentiment d'appartenance commune à l'humanité, à partager des valeurs et des responsabilités, à cultiver l'empathie, la solidarité et le respect des différences et de la diversité ;

La dimension comportementale : amener les apprenants à agir de manière responsable au niveau local, national et mondial pour un monde plus pacifique et durable.

A partir de ces trois dimensions conceptuelles, l'éducation à la citoyenneté mondiale peut être contextualisée.

Le concept d'éducation à la citoyenneté mondiale laisse entendre que la paix ne peut être fondée durablement dans l'esprit des hommes et des femmes qu'en encourageant le respect de tous, en suscitant un sentiment d'appartenance à une humanité commune et en aidant les apprenants à devenir des citoyens du monde, responsables, actifs, engagés.

---

[125] Cf. UNESCO, *Education à la citoyenneté mondiale. Préparer les apprenants aux défis du XXIe* siècle, *op. cit.*, p. 15.

[126] Cf. UNESCO, *idem*, p. 18 et également le lien électronique suivant : https://fr.unesco.org/themes/ecm/definition.

Ainsi, être citoyen du monde ou apprendre à le devenir, ce n'est pas revendiquer une identité juridique et politique, mais adopter une manière d'être et d'habiter quotidiennement le monde et d'agir en sa faveur tout en étant certes un citoyen géographiquement, juridiquement et politiquement situé. Est citoyen du monde, celui qui agit localement tout en pensant universellement, c'est-à-dire tout en se sentant solidaire et partie prenante de l'humanité tout entière.

L'approche de l'UNESCO en matière d'éducation à la citoyenneté mondiale (ECM) est :

(i) holistique : elle s'adresse au contenu et aux acquis de l'apprentissage, à la pédagogie et à l'environnement d'apprentissage dans les situations d'éducation formelle, non formelle et informelle ;

(ii) transformatrice : elle permet aux apprenants de se transformer et de transformer la société ;

(iii) axée sur la valeur, par la promotion de valeurs universellement partagées comme la non-discrimination, l'égalité, le respect et le dialogue ;

(iv) un des éléments d'un engagement plus large en faveur de la qualité et de la pertinence de l'éducation.

Le plaidoyer de l'UNESCO en matière d'éducation à la citoyenneté mondiale s'appuie sur sa longue expérience en matière d'éducation à la paix et aux droits de l'homme (PHRE), qui restent des domaines d'action spécifiques de l'Organisation. L'UNESCO estime que l'éducation aux droits de l'homme et la promotion d'une culture de la paix et de la non-violence renforcent la qualité de l'éducation.

En promouvant l'éducation à la citoyenneté mondiale, l'UNESCO s'intéresse à la promotion de l'éducation au développement durable (EDD). L'éducation à la citoyenneté mondiale et l'éducation au développement durable sont pour l'Organisation des approches qui se renforcent mutuellement, possédant des points communs et des caractéristiques spécifiques. Ces deux approches accordent la priorité à la pertinence et au contenu de l'éducation, afin que l'éducation contribue à construire un monde durable et dans la paix. Elles mettent en avant toutes les deux la nécessité de favoriser l'acquisition des connaissances, des compétences, des valeurs, des attitudes et des comportements permettant aux individus de prendre des décisions éclairées et d'assumer un rôle actif aux niveaux local, national et mondial.

Ce que la *Recommandation de 1974*, l'éducation à la citoyenneté mondiale (ECM) et l'éducation au développement durable (EDD) soulignent, c'est qu'il ne peut y avoir de paix possible, au niveau local, national et international, sans préalablement, des individus compétents en solidarité et en coopération, faisant ainsi écho à la *Déclaration de Yamoussoukro*. L'individu, chacun de nous, doit, en effet, constituer la pierre d'angle de la construction de la culture de la paix, suggère, en substance, la *Déclaration de Yamoussoukro*. Toutefois, la culture de la paix, en tant que compétence en solidarité et en coopération, ne va pas de soi. Elle est un comportement qui non seulement s'apprend, mais se renforce aussi dans un environnement où les interactions solidaires et coopératives sont promues et encouragées par la pratique quotidienne des individus et des institutions. Nul ne peut être solidaire et coopératif tout seul ; nous ne pouvons l'être qu'avec nos semblables, et les uns avec les autres. En d'autres termes, la culture de la paix, c'est une manière individuelle d'être et d'agir en solidarité et en coopération, stimulée et consolidée par le milieu social.

II – CULTURE DE LA PAIX : EVOLUTION ET NORMALISATION PROGRESSIVES DU CONCEPT A L'UNESCO ET A L'ONU[127]

Après sa naissance à Yamoussoukro, le concept de « *culture de la paix* » fera l'objet, pendant plusieurs années et à travers diverses décisions et résolutions, d'une maturation progressive d'abord à l'UNESCO et ensuite à l'ONU. Cette maturation aboutira, entre autres, à l'institutionnalisation de sa définition et à sa mise en œuvre sous forme d'activités et de programmes concrets.

2.1 A l'UNESCO

A l'UNESCO, le passage de l'énonciation conceptuelle à la mise en pratique programmatique de la culture de la paix s'amorcera en **1992**, à l'occasion de sa première inscription à l'ordre du jour du Conseil exécutif[128], réuni en sa 140e

---

[127] Pour une lecture détaillée de ce processus historique, voir l'ouvrage en ligne (*Early History of the Culture of Peace* : http://culture-of-peace.info/history/page3.html) de David Adams et, subsidiairement, la brochure *L'UNESCO s'engage à promouvoir une culture de la paix* (2002), publication en ligne : https://unesdoc.unesco.org/ark:/48223/pf0000126398_fre?posInSet=1&queryId=601fdafc-b635-4b91-894d-b11c55f18103.

[128] L'UNESCO est constituée de trois (3) organes : la Conférence générale, le Conseil exécutif et le Secrétariat. Le Conseil exécutif, sorte de Conseil d'administration de l'Organisation, veille à l'exécution par le Secrétariat des décisions prises par la Conférence générale. Le Conseil exécutif est statutairement constitué de cinquante-huit (58) Etats membres élus par la Conférence générale et se réunit deux fois par an en session ordinaire. Instance suprême de l'Organisation, la Conférence générale rassemble l'ensemble de ses Etats membres et de ses membres associés ; elle se réunit, une fois tous les deux ans, en session ordinaire afin de déterminer « *l'orientation et la ligne de conduite générale de l'Organisation.* » Le Secrétariat désigne l'ensemble du personnel de l'UNESCO qui a, à sa tête, le Directeur général, « *plus haut fonctionnaire de l'Organisation.* » Ce dernier

session[129], inscription sous la forme d'une proposition de « *Programme pour une culture de la paix au service de l'action de maintien de la paix de l'ONU.* ».

L'objectif dudit programme était de contribuer aux efforts de consolidation de la paix des Nations Unies en cicatrisant « *les plaies sociales de la guerre par des activités locales de réconciliation et de coopération dans des pays où le Conseil de sécurité mène déjà des opérations de maintien de la paix ou dans lesquels on peut s'attendre à ce qu'il le fasse en raison de la montée de la violence.* »

Inspirées des conclusions d'une mission de l'UNESCO envoyée en El Salvador, les activités envisagées pour la mise en œuvre dudit programme étaient les suivantes : « *éducation formelle et informelle pour la paix, développement de la tolérance, de la coopération et de la participation à tous les niveaux, mise en œuvre de pratiques démocratiques et de politiques sociales à l'échelon local, de nouveaux modes de communication et de programmes culturels axés en particulier sur la jeunesse.* »

En **avril 1993**, aura lieu la deuxième inscription de la question de la culture de la paix à l'ordre du jour du Conseil exécutif de l'UNESCO, réuni en sa 141e session[130], sous le titre : « *Programme d'action pour promouvoir une culture de paix* » ; inscription en application de la décision 140 EX/5.4.2 invitant le Directeur général à lui présenter, à la 141e session du Conseil exécutif, un programme d'action comportant des activités concrètes à entreprendre.

« *formule des propositions en vue des mesures à prendre par la Conférence et le Conseil et prépare, afin de le soumettre au Conseil, un projet de programme de travail pour l'Organisation, accompagné des prévisions budgétaires correspondantes.* »

[129] Cf. Document 140 EX/28 du 14 août.

[130] Cf. Document 141 EX/16 du 7 avril.

Cette nouvelle proposition de programme d'action pour promouvoir une culture de la paix se donnera trois objectifs : 1) susciter « *une prise de conscience chez les particuliers et dans les organisations concernées, par un processus de participation à des tâches précises transcendant les conflits* » ; 2) entreprendre « *deux ou trois projets pilotes destinés à créer un climat favorable à la réconciliation dans les pays déchirés par la guerre ou les affrontements civils et où ont été menées ou sont menées des opérations de maintien de la paix des Nations Unies* » ; et 3) étendre, à long terme, le programme « *à des situations conflictuelles dans d'autres pays, y compris pour prévenir les conflits ou consolider la paix une fois celle-ci revenue* » et à l'échelle mondiale par des « *activités éducatives et [des] campagnes d'information [...] sur le rôle des jeunes en tant que messagers transnationaux de la culture de paix.* »

En **septembre 1993**, la question de la culture de la paix est inscrite pour la troisième fois à l'ordre du jour du Conseil exécutif de l'UNESCO, réuni en sa 142e session[131] ; inscription en application de la décision 141 EX/5.4.2 par laquelle le Conseil exécutif a invité le Directeur général à lui présenter un programme d'action révisé comportant des activités concrètes à entreprendre pour promouvoir une culture de paix.

Il va de soi que l'exposé des motifs accompagnant ce programme d'action révisé, pour la promotion d'une culture de la paix, présenté à nouveau au Conseil exécutif reprend la définition du concept énoncée à Yamoussoukro.

Cependant, il est intéressant de noter que le document 142 EX/13 ajoute qu'« *une culture de paix ne peut se développer que si la qualité de vie de toute la population est satisfaisante - ce qui passe par une large participation de la population à un développement humain endogène* » et que la « *culture de paix ne se prête pas à une définition rigide et on ne peut pas non plus l'imposer de l'extérieur. Il faut l'entendre comme un*

---

[131] Cf. Document 142 EX/13 du 9 septembre.

processus qui émane de la population elle- même et se déroule différemment dans chaque pays, selon son histoire, ses cultures et ses traditions. Néanmoins, il est évident qu'une culture de paix doit être fondée sur la reconnaissance de la valeur fondamentale de la paix et sur le règlement pacifique des conflits. »

Cette précision du concept de la culture de la paix a pour objectif d'ouvrir la voie à la définition et à la mise en œuvre d'autant de programmes nationaux qu'il y a des pays différents culturellement et socialement parlant. Aussi, quand bien même le programme d'action révisé présenté au Conseil exécutif est inspiré de l'expérience pilote d'un programme relatif à une culture de paix mis en œuvre, la même année 1993[132], par l'UNESCO en El Salvador, le document précise qu'« *il convient de souligner que les programmes destinés à d'autres pays peuvent varier en fonction des particularités de leur histoire, de leur culture et de leurs traditions.* »

Après trois inscriptions à l'ordre du jour des travaux de différentes sessions du Conseil exécutif, la question de la culture de la paix sera inscrite pour la première fois, en **octobre 1993**, à l'ordre du jour de la Conférence générale de l'UNESCO, réunie en sa 27e session[133], sous le titre :

---

[132] Plus précisément officiellement le 28 avril 1993 dans le cadre de la tenue d'un *Forum national de réflexion sur l'éducation et la culture de la paix*. Pour rappel, El Salvador, le plus petit pays d'Amérique centrale avec une superficie totale de 20 742 km2, a été, de 1980 à 1992, en proie à une sanglante guerre civile. Approuvé par le Conseil exécutif à sa 142e session et par la Conférence générale à sa 27e session, le programme national pour une culture de la paix mis en œuvre à El Salvador, dans l'intérêt de la réconciliation nationale, était fondé sur un processus de recherche du consensus et de participation de toutes les parties au conflit et avait retenu un certain nombre d'activités, sous forme d'une série de 23 projets répartis en quatre catégories : citoyenneté démocratique et développement humain, rétablissement et développement de l'identité nationale dans une culture de la paix, apprentissage et pratique d'une culture de la paix et un ensemble de thèmes et projets transversaux portant sur l'information, la communication de masse et la formation d'animateurs.

[133] Cf. Document 27 C/126 du 27 octobre.

« *Programme d'action pour promouvoir une culture de paix.* » Cette inscription fait suite à la décision 142 EX/5.4.1 du Conseil exécutif par laquelle celui-ci transmettait, à la Conférence générale, le document 142 EX/13 relatif à la culture de paix en y annexant un résumé de ses débats sur ce document. Ce texte, soumis à la Conférence générale sous la côte 27 C/126 du 27 octobre 1993, est une entière reprise du document 142 EX/13 soumis au Conseil exécutif en septembre 1993.

Tout en soulignant « *les liens indissociables entre, d'une part, une culture de la paix et, d'autre part, une culture de la démocratie et le respect des droits de l'homme, mais aussi le développement et l'élimination de la pauvreté* », la Conférence générale, en sa 27e session, fera un très bon accueil au projet de programme d'action présenté en lui allouant une provision budgétaire pour le biennium 1994-1995.

Sous le titre « *Programme pour une culture de la paix : des programmes nationaux à un projet de portée mondiale* », le Conseil exécutif sera à nouveau saisi de la question de la culture de la paix en **1994**, dans le cadre de la tenue de sa 145e session[134] ; saisine en application de la décision 144 EX/4.1, partie 1, par laquelle le Conseil exécutif avait prié le Directeur général de lui présenter à sa 145e session un rapport indicatif définissant les modalités envisagées par l'UNESCO pour l'élaboration, le financement et la mise en œuvre des programmes nationaux pour une culture de la paix et contenant un projet de portée mondiale sur le même sujet.

Le document 145 EX/15 du 18 août 1994 soumis au Conseil exécutif rappellera qu'à la demande de ce dernier et de la Conférence générale, il avait déjà été créé, sous l'autorité directe du Directeur général de l'UNESCO, « *une Unité du Programme pour une culture de la paix par une décision qui a pris effet le 1er février 1994*[135]. *Cette Unité a été chargée de*

---

[134] Cf. Document 145 EX/15 du 18 août.

[135] Nous préjugeons que cette date du 1er février est plutôt fautive, si nous en croyons à la fois un des acteurs de cette Unité de programme, David Adams

s'acquitter d'un certain nombre de fonctions, parmi lesquelles l'élaboration de programmes nationaux et sous- régionaux, la mise au point d'une méthodologie pour la promotion d'une culture de la paix, la définition d'une approche intégrée des activités [...] de l'UNESCO dans ce domaine et la coordination de ces activités avec celles du système des Nations Unies et des organisations intergouvernementales et non gouvernementales. »

En somme, la mission essentielle de cette Unité du Programme de l'UNESCO pour une culture de la paix consistera à élaborer et à répandre la notion de culture de la paix, à travers le monde.

En conséquence, en dehors du suivi de la mise en œuvre du Programme national pour une culture de la paix en El Salvador, cette Unité, entre 1993 et 1996, s'est employée, en collaboration avec différents secteurs et programmes de l'Organisation, à définir et réaliser ou envisager d'autres programmes nationaux : au Mozambique, au Burundi, au Kenya, en Afrique du Sud, au Congo, au Soudan, en Somalie, aux Philippines, en Bosnie, en Haïti.

De tous ces projets de programmes nationaux, deux sortent du lot : ceux mis en œuvre en El Salvador et au Mozambique. Par ses résultats encourageants, le premier aura servi de catalyseur non seulement pour l'appropriation, par les hautes instances de l'UNESCO (Conseil exécutif et Conférence générale), du concept de culture de la paix, mais également dans la conception de son opérationnalisation par le biais de programmes nationaux concrets. Le second, même s'il n'a pas connu la même envergure que le premier, faute de financement, s'est matérialisé par quelques activités et initiatives majeures.

(cf. son ouvrage en ligne l'ouvrage en ligne (*Early History of the Culture of Peace* : http://culture-of-peace.info/history/page3.html) et le document 28 C/123 du 20 septembre 1995 qui font état d'une Note du Directeur général de l'UNESCO créant cette unité en date du 11 février 1994.

Bien qu'envisagés avec enthousiasme à la suite du projet pilote d'El Salvador, les programmes nationaux pour une culture de la paix n'ont pas connu de développement escompté par manque de volonté politique et d'appui financier des Etats membres considérés.

Du **16 au 18 février 1994**, à San Salvador (El Salvador), se tiendra le premier *Forum international sur une culture de la paix*. Cet évènement aura été l'occasion de l'évaluation du modèle du programme national d'El Salvador, d'une part ; et celui d'une précision de la définition du concept de culture de la paix, d'autre part. Concernant cette précision conceptuelle, les conclusions du forum international étaient les suivantes :

- une culture de la paix vise à faire en sorte que les conflits inhérents aux rapports humains soient résolus de façon non violente ;

- la paix et les droits de l'homme sont indivisibles et sont l'affaire de chacun ;

- l'édification d'une culture de la paix est une tâche comportant de multiples dimensions qui exige la participation des citoyens à tous les niveaux ;

- une culture de la paix doit contribuer au renforcement des processus démocratiques ;

- la mise en œuvre d'un projet pour une culture de la paix exige une mobilisation pleine et entière de tous les services éducatifs, tant formels qu'informels, et de tous les moyens de communication ;

- une culture de la paix requiert l'apprentissage et l'utilisation de nouvelles techniques de gestion et de résolution pacifique des conflits ;

- une culture de la paix doit s'inscrire dans le cadre d'un développement humain durable, endogène et équitable ; elle ne peut être imposée de l'extérieur.

Par ailleurs, sur la base des données d'expérience de terrain, non seulement concernant El Salvador et d'autres pays d'Amérique latine, mais aussi le Cambodge, le Mozambique, l'Inde, l'Egypte, l'Angola, le Bélarus, Israël, la Palestine et les Philippines, ce premier *Forum international sur une culture de la paix*, organisé en El Salvador, avait aussi été l'opportunité de proposer des principes de base pour la conception et la mise en œuvre des programmes nationaux.

En **1995**, la culture de la paix fait l'objet d'une seconde inscription à l'ordre du jour de la Conférence générale de l'UNESCO, réunie en sa 28e session[136], sous le titre « *Rapport sur l'action du programme pour une culture de la paix* » ; inscription en application de la résolution 5.1 (alinéas (a) et (b) du paragraphe B) adoptée par la Conférence générale à sa 27e session.

Le document 28 C/123 rend compte des activités novatrices entreprises en faveur d'une culture de la paix, au cours de l'exercice biennal écoulé, par I'UNESCO et certains de ses Etats membres.

A cette 28e session, la Conférence générale adoptera « *la promotion d'une culture de la paix [comme] un objectif directeur essentiel de la Stratégie à moyen terme de l'UNESCO pour 1996-2001* » ; invitera « *le Directeur général à accroître le soutien intellectuel et technique apporté aux Etats membres aux fins des initiatives et programmes nationaux pour une culture de la paix dans les domaines de compétence de l'UNESCO* » ; reconnaîtra « *les initiatives des Etats membres en faveur d'une culture de la paix* » et en recommandera le développement.

Cette décision de la Conférence générale en sa 28e session aura pour conséquence la mise en œuvre du projet transdisciplinaire « *Vers une culture de la paix* » (**1996-2001**),

---

136 Cf. Document 28 C/l23 du 20 septembre.

conformément au document 28 C/4. Des ONG, des associations, des jeunes et des adultes, des réseaux de médias, des radios communautaires et des chefs religieux travaillant pour la paix, la non-violence et la tolérance participent de plus en plus activement à favoriser une culture de paix à l'échelle mondiale.

Depuis cette décision de la Conférence générale, en sa 28e session, la question de la culture de la paix deviendra par la suite, pour cette instance, une question d'importance récurrente, comme l'illustreront les *Stratégies à moyen terme* de l'Organisation pour 2001-2007 (document 31 C/4)[137] et pour 2008-2013 (document 34 C/4)[138].

Pour ce qui concerne les objectifs stratégiques, relatifs à la culture de la paix, énoncés par ces différentes *Stratégies à moyen terme*, ils seront, bien entendu, traduits en activités de programme et en activités intersectorielles concrètes. Ce sera le cas du « *Programme d'action intersectoriel et interdisciplinaire pour une culture de la paix et de la non-violence* » (2012-2013), consécutif à la mise en œuvre de l'Axe d'action 2 (Promouvoir une culture de la paix et de la non-violence par des activités

---

[137] On peut lire dans ledit document stratégique ce qui suit : « *L'engagement qu'a pris l'UNESCO de promouvoir une culture de la paix dans tous ses domaines de compétence conserve toute sa pertinence et est même plus que jamais d'actualité pour inspirer l'action des organisations internationales, des États, de la société civile et des citoyens face aux conflits internes ou inter-États qui se prolongent ou qui éclatent et à l'apparition de nouveaux types de risques sociaux auxquels les populations civiles paient un lourd tribut et qui aggravent la vulnérabilité de bien des sociétés.* »

[138] Il est stipulé dans ce document que « *l'UNESCO contribue à l'édification de la paix, à l'élimination de la pauvreté, au développement durable et au dialogue interculturel par l'éducation, les sciences, la culture, la communication et l'information.* » A ce titre, un des objectifs primordiaux du 34 C/4 était de « *promouvoir la diversité culturelle, le dialogue interculturel et une culture de la paix* » et un des 14 objectifs stratégiques de programme présentés comme intersectoriels était plus précisément libellé comme suit : « *démontrer l'importance des échanges et du dialogue entre les cultures pour la cohésion sociale et la réconciliation, en vue de l'instauration d'une culture de la paix.* »

portant sur les droits de l'homme, la démocratie, la réconciliation, le dialogue et la philosophie, et en incluant tous les partenaires politiques et sociaux, en particulier les jeunes) de la Priorité sectorielle biennale 2 du Grand programme III (Sciences humaines et sociales). Ce programme a été adopté par la Conférence générale à sa 36e session, dans le cadre du Programme et budget pour 2012-2013[139].

En lien avec la lutte contre les discours de haine en ligne et sur les réseaux sociaux, l'année **2019** a été marquée, concernant l'engagement de l'UNESCO en faveur de la culture de la paix, par la proclamation par la Conférence générale, en sa 40e session, de la Semaine mondiale de l'éducation aux médias et à l'information (EMI). Cette semaine doit être célébrée chaque année du 24 au 31 octobre. Elle a pour objectif « *d'envoyer un message fort sur le besoin de développer davantage l'éducation aux médias et à l'information et de renforcer l'esprit critique du public (connaissances, qualifications, état d'esprit et valeurs éthiques) vis-à-vis de l'information, des médias et de la technologie, en leur donnant les moyens de participer à la vie civique et sociale, de se protéger en ligne, de s'exprimer, d'accéder au développement économique et de lutter contre la désinformation.* »

Dans sa résolution (40 C/28 du 3 septembre 2019), la Conférence générale encourage « *les États membres, les organismes des Nations Unies et leurs mandants, ainsi que d'autres organisations intergouvernementales, fondations et organisations nationales, régionales ou internationales, de même que la société civile, et notamment les organisations non gouvernementales, les associations locales et les particuliers, à célébrer comme il convient la Semaine mondiale de l'éducation aux médias et à l'information, de la façon que chacun considère la plus appropriée, y compris en menant des activités d'éducation et de sensibilisation.* » Elle invite ensuite la Directrice générale de l'UNESCO à « *porter cette résolution à*

---

[139] Cf. Document 36 C/5.

l'attention du Secrétaire général de l'Organisation des Nations Unies, afin que la Semaine mondiale de l'éducation aux médias et à l'information soit également entérinée par l'Assemblée générale, à sa 75e session, en septembre 2020. »

2.2 A l'ONU

Au regard de l'importance de la notion de tolérance dans la promotion et la mise en œuvre d'une culture de la paix au quotidien, nous dirons que le concept de culture de la paix fait, en réalité, d'abord une entrée indirecte et implicite à l'ONU, à l'occasion de l'adoption le 18 décembre **1992** par l'Assemblée générale de la résolution 47/142 portant *Année des Nations Unies pour la tolérance*.

Par cette résolution, l'Assemblée générale de l'ONU entérine la proposition de l'UNESCO de proclamer l'année 1995, « *Année des Nations Unies pour la tolérance.* »

Pour la mise en œuvre de cette proposition, l'Assemblée générale des Nations Unies adoptera d'autres résolutions, en l'occurrence les résolutions 48/126 du 20 décembre **1993** et 49/213 du 23 décembre **1994**, dans lesquelles elle proclame 1995, *Année des Nations Unies pour la tolérance*, et réaffirme son appui à cette année.

1995, *Année des Nations Unies pour la tolérance* sera marquée, entre autres, par l'adoption par la Conférence générale de l'UNESCO d'une *Déclaration de principes sur la tolérance*[140] ; et de la création d'un Prix UNESCO-Madanjeet Singh pour la promotion de la tolérance et de la non-violence récompensant des activités significatives dans le domaine scientifique, artistique, culturel ou de la communication visant la promotion d'un esprit de tolérance et de non-violence.

Un an après, en **1996**, l'Assemblée générale des Nations Unies proclamera, par la résolution 51/95 du 12 décembre 1996,

---

[140] Cf. La troisième partie du présent ouvrage.

le 16 novembre de chaque année, Journée internationale de la tolérance.

La même année **1996**, l'entrée explicite et directe du concept de culture de la paix se fera à la faveur de l'adoption de la résolution 50/173 de l'Assemblée générale des Nations Unies qui consacre la « *Décennie des Nations Unies pour l'éducation dans le domaine des droits de l'homme* » et rappelle l'objectif de celle-ci qui est de se diriger, notamment sur la base d'un projet transdisciplinaire de l'UNESCO, « *vers une culture de la paix* » (1996-2001).

L'année suivante, en **1997**, les adoptions successives des résolutions 51/101 sur « *Une culture de la paix* » et 51/104 sur la « *Décennie des Nations Unies pour l'éducation dans le domaine des droits de l'homme : vers une culture de la paix* » mais également de la résolution 52/15 (20 novembre) proclamant l'année 2000 « *Année internationale de la culture de la paix* », marquent significativement une avancée vers une normalisation du concept de « *culture de la paix.* »

En **1998**, l'Assemblée générale de l'ONU adopte la résolution 52/13 du 15 janvier ; résolution portant définition de la « *culture de la paix, consistant en des valeurs, des attitudes et des comportements qui reflètent et favorisent la convivialité et le partage fondés sur les principes de liberté, de justice et de démocratie, tous les droits de l'homme, la tolérance et la solidarité, qui rejettent la violence et inclinent à prévenir les conflits en s'attaquant à leurs causes profondes et à résoudre les problèmes par la voie du dialogue et de la négociation et qui garantissent à tous la pleine jouissance de tous les droits et les moyens de participer pleinement au processus de développement de leur société.* »

Cette définition de la culture de la paix vient prolonger, enrichir et condenser, à la fois, celle énoncée d'abord neuf ans auparavant par la *Déclaration de Yamoussoukro* et ensuite précisée à l'occasion de la tenue du *Forum international sur une culture de la paix* (16-18 février 1994, San Salvador - El Salvador).

La définition de la résolution 52/13 enrichit celle de Yamoussoukro en ajoutant une nouvelle notion, celle d'« *attitude* » et surtout en faisant reposer dorénavant la culture de la paix sur le triptyque : valeurs-attitudes-comportements.

Par « *valeur* », nous entendons ce qui est le plus estimé ou désiré par un sujet ou par une communauté sociale. Dans le contexte qui est celui de la culture de la paix, il faut entendre par « *valeur* », ce qui est le plus communément désiré, par une communauté, comme fondement de son « *bien vivre-ensemble.* »

Le terme « *attitude* » désigne alors la situation de pensée et de volonté, l'état d'esprit que nous adoptons vis-à-vis de la valeur.

Le mot « *comportement* », quant à lui, signifie la conduite que nous adoptons au quotidien pour faire exister concrètement la valeur, pour lui donner corps et consistance en la sortant du monde des idées et des bonnes intentions.

Ce triptyque, « *valeur-attitude-comportement* », veut dire que la culture de la paix est une valeur qui doit être non seulement désirée et pensée, mais également et surtout incarnée.

En mettant en relief fondamentalement les valeurs, les attitudes et les comportements, cette définition de la culture de la paix montre que la paix, avant d'être sociale et civile, est d'abord individuelle ; avant d'être extérieure, la paix est intérieure. Si au commencement du monde était le verbe ; au commencement de la paix, il y a nécessairement l'individu, chacun de nous. Une société pacifiée n'est que la conséquence d'une pacification des esprits et des comportements des individus. Pour être, dans nos foyers, dans nos quartiers, dans nos pays et dans le monde, des agents pacificateurs, il faut préalablement se pacifier soi-même. En somme, comme nous y invitait Mahatma Gandhi, soyons avant tout le changement que nous voulons voir dans le monde. En tant que transformation sociale, la paix résulte de la transformation personnelle.

Il est à noter que, comparativement à celle de la *Déclaration de Yamoussoukro*, la définition de la culture de la paix par la résolution 52/13 s'appauvrit en ce sens qu'elle ne reprend point la question de l'harmonisation des relations entre l'homme et son environnement naturel. Elle reste, toutefois, dans la tonalité, du dépassement de la paix négative et de la promotion d'une conception holistique de la paix, inaugurée par la *Déclaration de Yamoussoukro*.

Holistique, la définition de la culture de la paix par la résolution 52/13 l'est parce qu'elle suggère la promotion de plusieurs conceptions possibles de la paix[141].

En référence aux « *principes de liberté, de justice et de démocratie, tous les droits de l'homme* », au recours privilégié de « *la voie du dialogue et de la négociation* » et à la notion de participation citoyenne, la première conception suggérée est celle de **la paix selon la démocratie libérale**. La démocratie est la participation de tous aux décisions politiques et la résolution pacifique des problèmes et des différends sociaux par la voie du dialogue et de la négociation. Ce qui est alors sous-entendu est l'idée que l'instauration d'une gouvernance démocratique, au sein des Etats, est de nature à renforcer la paix et la stabilité et qu'il est peu probable que des Etats démocratiques se déclarent la guerre.

Par la mise en relief « *des valeurs, des attitudes et des comportements qui reflètent et favorisent [...] la tolérance et la solidarité...* », la deuxième conception connotée est celle de **la paix comme initiation au multiculturalisme**. Dans des sociétés de plus en plus caractérisées par leur diversité ethnique et culturelle, la paix ne peut être instaurée et renforcée que si chacun des individus sort de l'ignorance et de la méfiance des autres en acceptant leur différence et en vivant la diversité multiculturelle comme une richesse commune.

---

[141] Pour l'énumération des différentes conceptions de la paix qui va suivre, nous nous inspirons de la première partie de l'ouvrage suivant : *UNESCO, Le long chemin de la paix. Pour une culture de la prévention*, Paris, 2018.

Par l'allusion aux valeurs, attitudes et comportements « *qui rejettent la violence* », la définition de la culture de la paix par la résolution 52/13 fait la promotion de la **paix positive**. Cette dernière est définie, par J. Galtung, comme l'absence à la fois de violence structurelle et de violence culturelle. Celle-ci désigne « *les outils culturels servant à légitimer diverses formes de violence* » et celle-là désignant le « *préjudice causé à l'être humain par des structures et non par des acteurs.* » « *La violence structurelle renvoie à des conditions sociales, économiques et politiques ancrées dans des structures sociales inégales, injustes et non représentatives, qui alimentent systématiquement la violence, les inégalités et l'injustice ; cela peut être l'absence d'accès à des services sociaux exposant ainsi des personnes ou des groupes de personnes à la mort, à une santé précaire ou à la répression.* »[142]

Enfin, par l'idée de « *prévenir les conflits en s'attaquant à leurs causes profondes…* », la définition de la culture de la paix par la résolution 52/13 suggère la conception **d'une paix transformation des conflits et développement comme forme de répartition juste, équitable et inclusive des richesses nationales**.

La plupart des conflits naissent de la discrimination dans la répartition des richesses nationales. Changer le mode de répartition suffirait à venir à bout des conflits. Ainsi, tout conflit recèle en lui-même un potentiel de changement constructif qu'il faut exploiter pour le résoudre. La résolution du conflit devient alors simplement une transformation dudit conflit par l'exploitation positive de son déclencheur et catalyseur. Autrement dit, comme le soutient John Paul Lederach, concepteur de la notion de « paix juste », « *pour construire la paix, il convient de transformer les modes d'interaction négatifs*

---

142 UNESCO, *Le long chemin de la paix. Pour une culture de la prévention*, Paris, 2018, p. 30.

ou destructifs en relations et interactions positives ou constructives. »[143]

Tel que défini et adopté, en cette année 1998, par l'Assemblée générale de l'ONU, le concept de « *culture de la paix* » apparaissait davantage comme un instrument de promotion d'une culture de la prévention. Il est plus facile de prévenir le déclenchement ou la résurgence des conflits et des guerres que de restaurer la paix. Au titre de cette vocation préventive, le concept de culture de la paix annonçait l'avènement d'un autre concept, celui, tout aussi englobant, de « *pérennisation de la paix.* » Adopté en remplacement du concept de « *consolidation de la paix* », la pérennisation de la paix est définie, conjointement par l'Assemblée générale[144] et le Conseil de sécurité[145] de l'ONU, comme « *reposant en particulier sur la prévention des conflits et l'élimination de leurs causes profondes, le renforcement de l'état de droit aux échelles internationale et nationale et la promotion d'une croissance économique soutenue et durable, de l'élimination de la pauvreté, du développement social, du développement durable, de la réconciliation et de l'unité nationales, y compris grâce à un dialogue inclusif et à la médiation, de l'accès à la justice et à la justice transitionnelle, de la responsabilité, de la bonne gouvernance, de la démocratie, de la transparence des institutions, de l'égalité des sexes, et du respect et de la protection des droits de l'homme et des libertés fondamentales.* »

Cette même année, **1998**, la résolution 53/25 du 10 novembre proclamant la période 2001-2010 « *Décennie internationale de la promotion d'une culture de la non-violence et de la paix au profit des enfants du monde* » est adoptée.

---

143 UNESCO, *Le long chemin de la paix. Pour une culture de la prévention, op cit.*, p. 32.

144 Cf. Résolution 70/262 adoptée par l'Assemblée générale le 27 avril 2016.

145 Cf. Résolution 2282 adoptée par le Conseil de sécurité le 27 avril 2016.

« *Consciente que la tâche de l'Organisation des Nations Unies consistant à préserver les générations futures du fléau de la guerre exige une transition vers une culture de la paix caractérisée par des valeurs, attitudes et comportements qui reflètent et inspirent une interaction sociale et un esprit de partage fondés sur les principes de liberté, de justice et de démocratie, sur tous les droits de l'homme et sur la tolérance et la solidarité, une culture qui rejette la violence et s'emploie à prévenir les conflits en s'attaquant à leurs causes profondes pour résoudre les problèmes grâce au dialogue et à la négociation et qui garantit le plein exercice de tous les droits et les moyens de participer pleinement au processus de développement de la société* » et « *constatant qu'un préjudice et des souffrances énormes sont causés aux enfants par différentes formes de violence à chaque niveau de nos sociétés partout dans le monde et qu'une culture de la non-violence et de la paix favorise le respect de la vie et de la dignité de chaque être humain sans préjugé ni discrimination d'aucune sorte* », l'Assemblée générale des Nations Unies proclame cette Décennie internationale de la promotion d'une culture de la non-violence et de la paix au profit des enfants du monde en invitant : (i) « *le Secrétaire général à lui présenter, à sa cinquante-cinquième session, en consultation avec les États Membres, les organismes des Nations Unies et les organisations non gouvernementales concernés, un rapport et un projet de programme d'action visant à promouvoir la mise en œuvre de la Décennie aux niveaux local, national, régional et international, et à coordonner les activités de la Décennie* » ; (ii) « *les États Membres à prendre les mesures nécessaires pour que la pratique de la non-violence et de la paix soit enseignée à tous les niveaux de leurs sociétés respectives, y compris dans les établissements d'enseignement* » ; et (iii) « *les organismes compétents des Nations Unies, en particulier l'Organisation des Nations Unies pour l'éducation, la science et la culture et le Fonds des Nations Unies pour l'enfance, ainsi que les organisations non gouvernementales, les institutions et groupes religieux, les établissements d'enseignement et les artistes et les médias à appuyer activement la Décennie pour le bien de chaque enfant du monde.* »

En **1999**, l'Assemblée générale de l'ONU poursuit son engagement en faveur de la culture de la paix en adoptant la résolution 53/243 du 6 octobre portant « *Déclaration et Programme d'action sur une culture de la paix.* » Cette résolution met en relief huit domaines d'action :

(i) Renforcer une culture de la paix par l'éducation ;

(ii) Promouvoir un développement économique et social durable ;

(iii) Promouvoir le respect de tous les droits de l'homme ;

(iv) Assurer l'égalité entre les femmes et les hommes ;

(v) Favoriser la participation démocratique ;

(vi) Promouvoir la compréhension, la tolérance et la solidarité ;

(vii) Soutenir la communication participative et la libre circulation de l'information et des connaissances ;

(viii) Promouvoir la paix et la sécurité internationales.

En **2000**, est célébrée l'*Année internationale de la culture de la paix* ; célébration pour laquelle l'UNESCO joue le rôle d'Organisation chef de file sur décision de l'Assemblée générale des Nations Unies.

Cette célébration est marquée par un certain nombre d'initiatives :

- Une campagne de sensibilisation du public a été lancée, sur la base du *Manifeste 2000*, un engagement personnel rédigé par un groupe de lauréats du Prix Nobel de la Paix. Cet engagement personnel, en vue d'observer et de mettre en pratique dans la vie de tous les jours les principes universels d'une culture de la paix et de la non-violence, a été signé par plus de 75 millions de personnes (plus d'un pour cent de la population mondiale).

- Des actions en faveur d'une culture de la paix dans les huit domaines d'action fixés par les Nations Unies se sont déroulées sous la forme de multiples événements et projets à long terme.

- Des outils de communication et d'information ont été élaborés dans la perspective d'une meilleure interaction, comme la création d'un site Web interactif sur la culture de la paix, des directives à l'attention des Points focaux nationaux et internationaux pour la mise en œuvre de l'Année internationale, de même qu'un logo, du matériel et des outils de communication et d'autres réalisations.

L'*Année internationale de la culture de la paix* a eu comme résultat l'émergence d'un mouvement mondial, auquel ont participé des milliers d'organisations locales et nationales ainsi que plus de 75 millions de personnes, outre les Commissions nationales pour l'UNESCO[146] et les bureaux hors siège de l'UNESCO et quelque 200 ONG internationales.

---

[146] De tous les organismes spécialisés du Système des Nations Unies, l'UNESCO est le seul à avoir prévu dans son architecture institutionnelle, l'existence des Commissions nationales pour l'UNESCO. En effet, l'article VII, alinéa 1, de l'*Acte constitutif* de l'UNESCO dispose que « *Chaque Etat membre prendra les dispositions appropriées à sa situation particulière pour associer aux travaux de l'Organisation les principaux groupes nationaux qui s'intéressent aux problèmes d'éducation, de recherche scientifique et de culture, de préférence en constituant une commission nationale où seront représentés le gouvernement et ces différents groupes.* » Cette disposition de l'Acte constitutif est reprise et amplifiée par la Charte des Commissions nationales pour l'UNESCO qui rappelle et précise, entre autres, que « *Les commissions nationales ont pour fonctions d'associer aux activités de l'UNESCO les divers départements ministériels, les services, les institutions, les organisations et les particuliers qui travaillent à l'avancement de l'éducation, de la science, de la culture et de l'information, de manière à mettre tous les États membres en mesure : a) de contribuer au maintien de la paix et de la sécurité et de la prospérité commune de l'humanité en*

Selon le *Manifeste 2000*, la culture de la paix, c'est :

(i) « *respecter la vie et la dignité de chaque être humain sans discrimination ni préjugé* » ;

(ii) « *pratiquer la non-violence active, en rejetant la violence sous toutes ses formes : physique, sexuelle, psychologique, économique et sociale, en particulier envers les plus démunis et les plus vulnérables tels les enfants et les adolescents* » ;

(iii) « *partager mon temps et mes ressources matérielles en cultivant la générosité, afin de mettre fin à l'exclusion, à l'injustice et à l'oppression politique et économique* » ;

(iv) « *défendre la liberté d'expression et la diversité culturelle en privilégiant toujours l'écoute et le dialogue sans céder au fanatisme, à la médisance et au rejet d'autrui* » ;

(v) « *promouvoir une consommation responsable et un mode de développement qui tiennent compte de l'importance de toutes les formes de vie et préservent l'équilibre des ressources naturelles de la planète* » ;

(vi) « *contribuer au développement de ma communauté, avec la pleine participation des femmes et dans le*

---

participant aux activités de l'UNESCO qui visent à favoriser la connaissance et la compréhension mutuelles des nations, à imprimer une impulsion vigoureuse à l'éducation populaire et à la diffusion de la culture et à aider à la préservation, à l'avancement et à la diffusion du savoir ; b) de participer de manière croissante à l'action de l'UNESCO, en particulier à l'élaboration et à l'exécution de ses programmes. » Au regard de ces dispositions règlementaires émanant de l'Acte constitutif de l'UNESCO et de la Charte des Commissions nationales pour l'UNESCO, les Commissions nationales sont des Comités nationaux de coopération qui sont, à la fois, au service des Etats membres et au service de l'UNESCO.

respect des principes démocratiques, afin de créer, ensemble, de nouvelles formes de solidarité. »

Le même manifeste, notamment en son principe 5, complète bien la définition de la culture de la paix que nous devons à la résolution 52/13, en réintégrant l'exigence de l'harmonisation des relations entre l'homme et son environnement naturel ; exigence soulignée par la *Déclaration de Yamoussoukro*.

Proclamée en novembre 1998, la « *Décennie internationale de la promotion d'une culture de la non-violence et de la paix au profit des enfants du monde* » (2001-2010)[147] est

---

[147] Cette décennie fera l'objet, de la part de diverses entités, de plusieurs rapports dont deux rapports élaborés par la société civile (2005 et 2010), à l'initiative de la *Fondation Culture de la paix*, créée en 2000 par l'ancien Directeur général de l'UNESCO, Federico Mayor. Lesdits rapports rendent compte des activités entreprises dans le monde pour promouvoir une culture de la paix et de la non-violence, ainsi que les progrès réalisés pendant la première et la seconde moitiés de la Décennie internationale. Au titre de la région Afrique, 84 organisations nationales (du Bénin, Burundi, Cameroun, Côte d'Ivoire, République démocratique du Congo, Érythrée, Éthiopie, Gambie, Ghana, Guinée, Kenya, Malawi, Nigeria, Sénégal, Seychelles, Sierra Leone, Somalie, République sud-africaine, Tchad, Togo et Ouganda) ainsi que d'organisations régionales comme l'Organisation panafricaine des femmes et la Federation of African Women's Peace Networks (dont les organisations affiliées sont présentes dans de nombreux États) avaient contribué à l'élaboration du premier rapport, *Rapport mondial de la culture de la paix. Rapport de la société civile à mi-parcours de la Décennie de la Culture de Paix en vertu de l'invitation du paragraphe opératif 10 de la Résolution A/59/143 de l'Assemblée Générale* (cf. le lien en ligne : https://www.decade-culture-of-peace.org/fr/rapport.pdf). Pour ce qui est du second rapport, ce sont 136 organisations africaines qui ont participé à son élaboration ; organisations originaires des pays suivants : Burkina Faso, Burundi, Cameroun, Congo, Côte d'Ivoire, République démocratique du Congo, Érythrée, Éthiopie, Gambie, Ghana, Kenya, Libéria, Malawi, Namibie, Nigéria, Rwanda, Sénégal, Sierra Leone, Somalie, Afrique du Sud, Soudan, Swaziland, Tanzanie, Ouganda et Zambie. Cf. *Report on the Decade for a Culture of Peace. Final Civil Society Report on the United Nations International Decade for a Culture of Peace and Non-violence for the Children of the World (2001-2010)*. En ligne : https://www.decade-culture-of-peace.org/2010_civil_society_report.pdf.

effectivement lancée en **2001** avec pour Organisation chef de file, l'UNESCO, et la participation de l'ensemble du Système des Nations Unies, les Etats membres et la société civile, à travers des partenariats et des échanges d'informations.

Chacune des années de la Décennie est marquée par un thème prioritaire différent ; ceux des cinq premières années avaient déjà été définis, dans le cadre d'un événement précis des Nations Unies :

- 2001 : la compréhension, la tolérance et la solidarité, dans le cadre de l'Année du dialogue entre les civilisations ;
- 2002 : le développement économique et social durable, dans le cadre du Sommet mondial sur le développement durable, de l'Année internationale de l'écotourisme et de l'Année des Nations Unies pour le patrimoine culturel ;
- 2003 : la communication participative et la libre circulation de l'information et des connaissances, dans le cadre du Sommet mondial sur la société de l'information ;
- 2004 : le respect des droits de l'homme, dans le cadre de la conclusion de la « *Décennie des Nations Unies pour l'éducation dans le domaine des droits de l'homme* » ;
- 2005 : l'égalité entre les hommes et les femmes, dans le cadre du suivi de la quatrième Conférence mondiale sur les femmes (Beijing, 1995).

Participent également de la sensibilisation et de la promotion de la culture de la paix par l'ONU, les proclamations suivantes :

- **2005-2014** : *2e Décennie internationale des peuples autochtones*

Faisant suite à une première décennie internationale (1995-2004), proclamée par la résolution 59/174 du 20 décembre 2004 de l'Assemblée générale de l'ONU, cette seconde décennie relative aux peuples autochtones sera marquée notamment par l'adoption, le 13 septembre 2007 (cf. résolution 61/295), de la *Déclaration des Nations Unies sur les droits des peuples autochtones*.

Cette déclaration, en son article premier, rappelle et souligne que « *les peuples autochtones ont le droit, à titre collectif ou individuel, de jouir pleinement de l'ensemble des droits de l'homme et des libertés fondamentales reconnus par la Charte des Nations Unies, la Déclaration universelle des droits de l'homme et le droit international relatif aux droits de l'homme.* »

En vertu de son article 41, selon lequel « *les organes et les institutions spécialisées du système des Nations Unies et d'autres organisations intergouvernementales contribuent à la pleine mise en œuvre des dispositions de la présente Déclaration par la mobilisation, notamment, de la coopération financière et de l'assistance technique, [des] moyens d'assurer la participation des peuples autochtones à l'examen des questions les concernant* », l'UNESCO a adopté, en octobre 2017, une *Politique sur l'engagement auprès des peuples autochtones*[148]. L'objectif de cette politique est d'encadrer les activités de l'UNESCO, dans tous ses domaines de compétences, qui impliquent ou sont pertinents pour les peuples autochtones et présentent un bénéfice ou un risque pour ces derniers.

- **2010** : *Année internationale du rapprochement des cultures*

Proclamée par la résolution 62/90 adoptée le 17 décembre 2007 par l'Assemblée générale des Nations Unies, cette année,

---

[148] En ligne : https://unesdoc.unesco.org/ark:/48223/pf0000262748_fre?posInSet=3&queryId=074b0b57-f7d6-4f21-8aac-0772b88bb1bb.

qui s'inscrivait dans le mandat de l'UNESCO, a vu cette dernière désignée pour jouer le rôle de chef de file et de coordonnateur de sa célébration.

Prenant note avec satisfaction de « *l'action en faveur du dialogue interreligieux que mène l'Organisation des Nations Unies pour l'éducation, la science et la culture dans le cadre de ses efforts de promotion du dialogue entre les civilisations, les cultures et les peuples, ainsi que d'activités ayant trait à une culture de la paix* », l'Assemblée générale encourageait, en conséquence, entre autres, ses États Membres à « *examiner, selon qu'il conviendra, des initiatives visant à mettre en évidence des domaines d'action dans tous les secteurs et à tous les niveaux de la société en vue de promouvoir la tolérance, la compréhension, la coopération et les échanges interreligieux et interculturels...* »

La proclamation de cette année internationale du rapprochement des cultures constituait ainsi, pour l'UNESCO et l'ONU, l'aboutissement de la *Décennie internationale de la promotion d'une culture de la non-violence et de la paix au profit des enfants du monde*.

- **2011-2020** : *Décennie des Nations Unies pour la diversité biologique*

Consécutive à la résolution 65/161, adoptée par l'Assemblée générale le 20 décembre 2010, par laquelle il est réaffirmé « *la valeur intrinsèque de la diversité biologique, ainsi que sa valeur et celle de ses éléments constitutifs sur les plans environnemental, génétique, social, économique, scientifique, éducatif, culturel, récréatif et esthétique, compte tenu de leur importance pour le développement durable* », cette décennie a en vue de contribuer à la mise en œuvre du *Plan stratégique pour la biodiversité 2011-2020*. Sa proclamation et sa mise en œuvre sont l'opportunité pour l'Assemblée générale d'inviter (i) « *les pays qui ne l'ont pas encore fait à ratifier la Convention sur la diversité biologique*[149] *ou à y adhérer* » ; (ii) « *les parties à la Convention qui ne l'ont pas encore fait à envisager de ratifier le Protocole de Cartagena ou d'y adhérer* » ; (iii) « *les parties à la Convention à signer ou ratifier le Protocole de Nagoya, ou à y adhérer dès que possible* » ; (iv) « *les parties au Protocole de Cartagena à signer ou ratifier le Protocole additionnel de Nagoya-Kuala Lumpur, ou à y adhérer, dès que possible.* »

- **2013-2022** : *Décennie internationale du rapprochement des cultures.*

Suite logique de l'*Année internationale du rapprochement des cultures*, cette décennie a été proclamée par la résolution 67/L.44 adoptée le 11 décembre 2012 par l'Assemblée générale. « *Encourageant les activités destinées à promouvoir le dialogue entre les religions et les cultures de manière à renforcer la paix et la stabilité sociale, le respect de la diversité et l'estime mutuelle au sein des diverses communautés et à créer à l'échelle tant mondiale que régionale, nationale et locale, un environnement propice à la paix et à l'entente mutuelle* » et, entre autres, « *réaffirmant qu'il importe de soutenir les efforts visant à ce que toutes les parties prenantes, notamment les jeunes des deux sexes, participent réellement au dialogue entre les religions et les cultures qui est mené dans le cadre des initiatives prises dans ce sens à différents niveaux et qui vise à remettre en cause les idées reçues et à améliorer la compréhension mutuelle* », l'Assemblée générale invite, à nouveau, l'UNESCO à coordonner l'action du système des Nations Unies dans ce domaine.

---

149 « *Principal instrument international concernant la conservation et l'exploitation durable des ressources biologiques et le partage juste et équitable des avantages découlant de l'utilisation des ressources génétiques, notamment grâce à un accès approprié aux ressources génétiques et au transfert approprié des technologies correspondantes, sous réserve que tous les droits sur ces ressources et technologies soient respectés, et au moyen d'un financement adéquat* » rappelle ladite résolution 65/161.

- **2015-2024** : *Décennie internationale des personnes d'ascendance africaine.*

Adoptée par l'Assemblée générale le 23 décembre 2013 la résolution 68/237 instituant cette décennie réaffirme que « *tous les êtres humains naissent libres et égaux en dignité et en droits, qu'ils ont la capacité de participer de manière constructive au développement et au bien-être de la société dans laquelle ils vivent, et que toute doctrine de supériorité raciale est scientifiquement fausse, moralement condamnable, socialement injuste et dangereuse et doit être rejetée, à l'instar des théories qui prétendent poser l'existence de races humaines distinctes* » et souligne « *qu'en dépit des efforts déployés à cet égard des millions d'êtres humains continuent d'être victimes du racisme, de la discrimination raciale, de la xénophobie et de l'intolérance qui y est associée, y compris de leurs manifestations contemporaines, qui sont parfois violentes.* ».

Consécutive à la proclamation (cf. résolution 64/169 du 18 décembre 2009 de l'Assemblée générale) de l'année 2011, *Année internationale des personnes d'ascendance africaine*, cette décennie a pour thème : « *Personnes d'ascendance africaine : considération, justice et développement.* ».

L'Agence des Nations Unies désignée chef de file de la célébration de cette décennie est le Haut-Commissariat des Nations Unies aux droits de l'homme (HCDH).

- **2018-2028** : *Décennie internationale d'action sur le thème « L'eau et le développement durable. ».*

Lancée officiellement le 22 mars 2018 pour se clore le 22 mars 2028, dates de la *Journée mondiale de l'eau*, cette décennie a été proclamée par la résolution 71/222 adoptée, par l'Assemblée générale de l'ONU, le 21 décembre 2016.

La Décennie a pour « *objectif d'insister davantage sur le développement durable et la gestion intégrée des ressources en eau à des fins sociales, économiques et environnementales, et sur la mise en œuvre et la promotion des programmes et projets connexes, ainsi que sur le renforcement de la coopération et des partenariats à tous les niveaux afin de contribuer à la réalisation des objectifs et cibles relatifs à l'eau arrêtés au niveau international, y compris ceux qui figurent dans le Programme de développement durable à l'horizon 2030.* »

Elle fait suite à une précédente *Décennie internationale d'action sur le thème « L'eau, source de vie » (2005-2015).*

L'Agence chef de file désignée pour sa célébration est l'ONU-Eau.

- **2019-2028** : *Décennie Nelson Mandela pour la paix.*

Par sa résolution 64/13 du 10 novembre 2009, proclamant le 18 juillet de chaque année, *Journée internationale Nelson Mandela*, l'Assemblée générale de l'ONU a notamment dit « *avoir conscience des valeurs défendues par Nelson Mandela et de son dévouement au service de l'humanité, qu'il a manifesté par son action humanitaire dans les domaines du règlement des conflits, des relations entre les races, de la promotion et de la protection des droits de l'homme, de la réconciliation, de l'égalité entre les sexes, des droits des enfants et autres groupes vulnérables, et du progrès des communautés démunies et sous-développées, et [...] reconnaître la contribution que Nelson Mandela a apportée à la lutte pour la démocratie à l'échelle internationale et à la promotion d'une culture de paix dans le monde entier.* »

Au titre de cette reconnaissance, des valeurs incarnées et défendues par Nelson Mandela, l'Assemblée générale, « *notant que l'année 2018 marquera le centenaire de la naissance de feu Nelson Mandela* », a adopté le 22 décembre 2017, une autre résolution 72/243 par laquelle elle décidait « *de convoquer, un jour avant l'ouverture du débat général de sa soixante-treizième session, une réunion plénière de haut niveau, qui s'intitulera « Sommet de la paix Nelson Mandela » et consistera en une séance plénière d'ouverture, de 9 h 30 à 10 h 30, et une séance plénière, de 10 h 30 à 18 heures, et sera consacrée au thème de la paix mondiale en l'honneur du centenaire de la naissance de Nelson Mandela.* »

Faisant suite à ces résolutions, la *Décennie Nelson Mandela pour la paix* est proclamée, pour la période 2019-2028, par une *Déclaration politique* adoptée au Sommet de la paix Nelson Mandela par les chefs d'État et de gouvernement, représentants d'État et de gouvernement, réunis au Siège de l'Organisation des Nations Unies, le 24 septembre 2018.

Pendant cette période 2019-2028, tous les États Membres sont exhortés à « *redoubler d'efforts en faveur de la paix et de la sécurité internationales, du développement et des droits de l'homme.* »

Rappelons que l'Assemblée générale de l'ONU a consacré la reconnaissance mondiale de la grande exemplarité de Nelson Mandela par la création (cf. résolution 68/275 du 6 juin 2014) du *Prix Nelson Rolihlahla Mandela des Nations Unies* dont l'objet est de « *récompenser ceux qui consacrent leur vie au service de l'humanité en promouvant les buts et principes des Nations Unies et en honorant la vie et l'héritage extraordinaires de Nelson Mandela et son action au service de la réconciliation, de la transition politique et de la transformation sociale.* » Attribué pour la première fois en 2015, ce prix est décerné tous les cinq ans. Ses premiers lauréats sont le docteur Helena Ndume (Namibie) et S.E.M. Jorge Sampaio (Portugal).

Indépendamment de ces décennies internationales, la sensibilisation de l'opinion internationale à la culture de la paix par les Nations Unies et l'UNESCO se fait également à travers la proclamation d'un certain nombre de journées internationales.

En plus des journées internationales de la tolérance et Nelson Mandela déjà citées, nous pouvons répertorier les suivantes :

- **20 février** : *Journée mondiale de la justice sociale.*

Consécutive à l'adoption de la résolution 62/10 du 26 novembre 2007 de l'Assemblée générale, la proclamation de cette journée a été sous-tendue par les considérations suivantes : (i) « *le développement social et la justice sociale sont indispensables à l'établissement et au maintien de la paix et de la sécurité entre les nations et en leur sein même, et qu'inversement il ne saurait y avoir ni développement social ni justice sociale si la paix et la sécurité ne sont pas instaurées et si tous les droits de l'homme et libertés fondamentales ne sont pas respectés* » ; (ii) « *une croissance économique générale et soutenue, s'inscrivant dans le contexte d'un développement durable, est indispensable à la pérennité du développement social et de la justice sociale* » ; (iii) « *la mondialisation et l'interdépendance offrent, grâce aux échanges commerciaux, aux investissements et aux flux de capitaux ainsi qu'aux progrès technologiques, y compris les technologies de l'information, de nouvelles possibilités pour la croissance de l'économie mondiale et le développement ainsi que pour l'amélioration du niveau de vie dans le monde entier, mais que d'importants problèmes demeurent, à savoir graves crises financières, insécurité, pauvreté, exclusion et inégalité au sein des sociétés et entre elles, et que les pays en développement et quelques pays en transition continuent d'avoir beaucoup de mal à s'intégrer dans l'économie mondiale et à y participer pleinement* » ; et (iv) le renforcement de « *l'action que mène la communauté internationale pour éliminer la pauvreté, promouvoir le plein-emploi, faire en sorte que chacun puisse trouver un travail décent, et favoriser l'égalité des sexes et l'accès de tous au bien-être social et à la justice sociale.* »

- **8 mars** : *Journée internationale des femmes.*

Une des journées internationales les plus célèbres, cette journée tient sa proclamation de l'adoption par l'Assemblée générale de la résolution 32/142 du 16 décembre 1977, par laquelle elle invite tous ses Etats membres à « *proclamer, comme il conviendra en fonction de leurs traditions et coutumes historiques et nationales, un jour de l'année Journée des Nations Unies pour les droits de la femme et la paix internationale.* »

L'adoption de cette résolution instituant la Journée des Nations Unies pour les droits de la femme et la paix internationale se fonde notamment sur la considération selon laquelle « *la participation active des femmes, leur égalité avec les hommes et leur progrès sont nécessaires pour assurer la paix et le progrès social, instaurer le nouvel ordre économique international et garantir pleinement la jouissance des droits de la personne humaine et des libertés fondamentales.* »

Par l'adoption de cette résolution, l'Assemblée générale formalise officiellement une célébration que l'ONU avait déjà inaugurée le 8 mars 1975, à l'occasion de l'Année internationale de la femme.

L'inauguration de la célébration de cette journée était annonciatrice de l'adoption, en 1979, de la *Convention sur l'élimination de toutes les formes de discrimination à l'égard des femmes* (CEDEF) par l'Assemblée générale des Nations Unies. Souvent appelée la « *Charte des droits des femmes* », la CEDEF est le document international le plus complet visant à protéger les droits humains des femmes. Elle définit la signification de la discrimination à l'égard des femmes et établit les obligations juridiques qui s'appliquent aux pays qui en sont des parties (c'est-à-dire les États parties) pour mettre fin à une telle discrimination.

Bien que sa proclamation soit bien antérieure à l'émergence du concept de la culture de la paix, cette Journée internationale des femmes participe bien de sa sensibilisation et de sa promotion.

- **25 mars** : *Journée internationale de commémoration des victimes de l'esclavage et de la traite transatlantique des esclaves.*

« *Consciente que l'on ne sait que très peu sur la traite transatlantique des esclaves qui a été pratiquée pendant quatre cents ans et sur ses conséquences durables, ressenties dans le monde entier, et se félicitant de l'attention accrue accordée à cette question grâce à la commémoration du bicentenaire par l'Assemblée générale et de l'importance que lui ont accordée de nombreux États* », l'Assemblée générale, par la résolution 62/122 adoptée le 17 décembre 2007, a proclamé cette journée « *en appoint à la Journée internationale du souvenir de la traite négrière et de son abolition, instituée par l'Organisation des Nations Unies pour l'éducation, la science et la culture.* »

Elle a ensuite prié « *le Secrétaire général, agissant en collaboration avec l'Organisation des Nations Unies pour l'éducation, la science et la culture et s'appuyant sur les travaux engagés par cette dernière, en particulier sur son projet de la Route de l'esclave, de mettre en place un programme d'action éducative destiné à mobiliser notamment les établissements d'enseignement et la société civile vis-à-vis de la question du souvenir de la traite transatlantique des esclaves et de l'esclavage, afin qu'ils fassent bien connaître aux générations futures les causes, les conséquences et les enseignements de la traite transatlantique des esclaves, ainsi que les dangers du racisme et des préjugés.* »

- **5 avril** : *Journée internationale de la conscience.*

Proclamée par la résolution 73/329 de l'Assemblée générale des Nations Unies du 25 juillet 2019, cette journée a vocation à être « *un moyen de mobiliser régulièrement les efforts de la communauté internationale en faveur de la paix, de la tolérance, de l'inclusion, de la compréhension et de la solidarité, en vue de bâtir un monde viable reposant sur la paix, la solidarité et l'harmonie.* » A cet effet, l'Assemblée générale, entre autres, invite tous les « *Etats Membres à continuer d'agir en faveur d'une culture de la paix ancrée dans l'amour et la conscience afin de contribuer à la paix et au développement durable, notamment en collaborant avec les communautés et d'autres parties prenantes, en prenant des mesures de réconciliation et de solidarité et en incitant les êtres humains au pardon et à la compassion.* »

- **6 avril** : *Journée internationale du sport au service du développement et de la paix.*

Cette journée a été instituée, par la résolution 67/296 adoptée par l'Assemblée générale le 23 août 2013, en rappel de la mission et du rôle du « *Comité international olympique, énoncés dans la Charte olympique, qui consistent à mettre le sport au service de l'humanité, à promouvoir une société pacifique et des modes de vie sains en associant le sport à la culture et à l'éducation et à préserver la dignité humaine sans aucune forme de discrimination, et saluant les partenariats que celui-ci a instaurés avec de nombreux organismes des Nations Unies, notamment le Forum international sur le sport au service de la paix et du développement, organisé conjointement avec le Bureau des Nations Unies pour le sport au service du développement et de la paix* » et sur la prise de conscience que le « *Comité international paralympique s'emploie à présenter au grand public les réalisations d'athlètes ayant une infirmité et joue un rôle pivot pour ce qui est de changer la façon dont la société voit le sport pour les personnes handicapées.* »

- **24 avril** : *Journée internationale du multilatéralisme et de la diplomatie au service de la paix.*

Pour l'Assemblée générale, l'objectif de cette journée est de « *promouvoir les valeurs de l'Organisation des Nations Unies, de réaffirmer la confiance de nos peuples dans les buts et principes énoncés dans la Charte, de réaffirmer l'importance et la pertinence du multilatéralisme et du droit international et de progresser vers la réalisation de l'objectif commun consistant à parvenir à une paix pérenne et durable par la diplomatie.* »[150]

---

[150] Il faut souligner que la proclamation de cette journée s'est faite dans un contexte de remise en cause du multilatéralisme par des pays comme les États-Unis. Ces derniers, en se retirant de l'UNESCO, du Conseil des droits de

l'homme, des accords internationaux tels que l'Accord de Paris sur le climat, du Plan d'action sur le dossier nucléaire iranien et (récemment, en pleine crise due à la pandémie de la COVID-19) de l'OMS, semblent, en effet, privilégier l'unilatéralisme au multilatéralisme. Les États-Unis se sont d'ailleurs opposés à l'adoption de la résolution proclamant cette journée internationale. Le multilatéralisme est un moyen évident par lequel la communauté internationale peut véritablement se mobiliser en faveur de la paix et de la sécurité mondiales, et servir ainsi la cause de la culture de la paix. Les instances qui sont l'incarnation du multilatéralisme sont l'ONU et ses agences spécialisées. Cependant, ces instances ne sont rien et ne peuvent rien sans l'appui de leurs Etats membres ; ce qui revient à dire que le multilatéralisme, au sens d'une solidarité internationale soutenue en faveur de la paix et de la sécurité, doit d'abord et avant tout être l'expression d'une volonté politique forte des Etats membres de l'ONU et de ses agences spécialisées. Au lendemain de la Seconde Guerre mondiale, l'ONU et ses agences spécialisées sont nées de la volonté partagée de conjurer à jamais les affres de la guerre, par la solidarité morale et intellectuelle des Nations et des peuples. Cette volonté partagée de solidarité qui a présidé à leur naissance doit être la même qui doit leur insuffler l'énergie nécessaire pour remplir leur vocation. Or, à l'épreuve de la pandémie de la COVID-19, cette volonté politique convergente espérée et attendue de la communauté internationale d'agir de concert sous les auspices de l'ONU, et de l'OMS en particulier, semble être remise aux calendes grecques, par la décision du président américain Donald Trump de suspendre la contribution financière de son pays à l'OMS. Une telle décision est même de mauvaise augure pour l'après-COVID, si on en croit d'ailleurs l'analyse de Jean-Yves Le Drian, le ministre français des Affaires étrangères. Ce dernier, au sujet du monde d'après qui pourrait être marqué du sceau d'un élan de solidarité retrouvée de la communauté internationale, émet, en effet, des doutes : « *Je lis et j'entends que le monde d'après n'aurait rien à voir avec le monde d'avant. Je partage ce vœu, mais c'est de l'ordre de la prédiction. Ma crainte, c'est que le monde d'après ressemble furieusement au monde d'avant, mais en pire. Il me semble que nous assistons à une amplification des fractures qui minent l'ordre international depuis des années. La pandémie est la continuation, par d'autres moyens, de la lutte entre puissances. C'est d'abord la remise en cause déjà ancienne du multilatéralisme. Des acteurs majeurs se désengagent, comme l'illustre la décision américaine de suspendre sa contribution à l'Organisation mondiale de la santé [OMS], alors que c'est la seule organisation universelle capable de lutter contre la pandémie. D'autres s'engouffrent dans les brèches. Cette lutte, c'est aussi la systématisation des rapports de force qu'on voyait monter bien avant, avec l'exacerbation de la rivalité sino-américaine. C'est enfin l'extension de la compétition internationale, voire de l'affrontement, à tous les secteurs. Cela se poursuit, dans cette crise, sur le terrain de l'information...* » (cf. Entretien accordé au quotidien *Le Monde*, n° 23415, du mardi 21 avril 2020, p. 5).

Elle a été proclamée par la résolution 73/L.48 adoptée le 12 décembre 2018.

- **30 avril** : *Journée internationale du jazz.*

Proclamée par une résolution de la Conférence générale de l'UNESCO en sa 36e session[151], cette journée a pour objectif :

« (a) de créer et développer des moyens d'échange et de compréhension entre les cultures et d'utiliser ces moyens au service de la compréhension mutuelle et de la tolérance ;

(b) d'offrir un outil efficace supplémentaire aux niveaux international, régional, sous-régional et national pour favoriser le dialogue interculturel ;

(c) de sensibiliser le public au rôle du jazz dans la diffusion des valeurs universelles inhérentes au mandat de l'UNESCO ;

(d) de promouvoir le dialogue interculturel en vue de l'élimination des tensions raciales, d'encourager l'égalité entre les sexes et de renforcer le rôle des jeunes dans le changement social ;

(e) de reconnaître le jazz comme langue universelle de la liberté ;

(f) de promouvoir le progrès social en mettant particulièrement l'accent sur les pays en développement par la diffusion universelle du jazz associée aux nouvelles technologies et nouveaux outils de communication tels que les réseaux sociaux ;

(g) de contribuer aux initiatives de l'UNESCO visant à promouvoir la compréhension mutuelle entre les cultures, en mettant l'accent sur l'éducation des jeunes des communautés marginalisées. »

---

[151] Cf. Document 36 C/65 du 24 octobre 2011.

- **3 mai** : *Journée mondiale de la liberté de la presse.*

Proclamée par la décision 48/432 en date du 20 décembre 1993 de l'Assemblée générale, suivant une recommandation de la Conférence générale de l'UNESCO adoptée lors de sa 26e session en 1991, cette journée est inspirée de la *Déclaration de Windhoek* (1991) sur le pluralisme et l'indépendance des médias.

Selon cette déclaration, « *conformément à l'esprit de l'article 19 de la Déclaration universelle des droits de l'homme, la création, le maintien et le renforcement d'une presse indépendante, pluraliste et libre sont indispensables au progrès et à la préservation de la démocratie dans un pays, ainsi qu'au développement économique* » ; elle entend par presse indépendante « *une presse sur laquelle le pouvoir public n'exerce ni emprise politique ou économique ni contrôle du matériel et des équipements nécessaires à la production et à la diffusion de journaux, magazines et périodiques* » et par presse pluraliste « *la suppression des monopoles de tous genres et l'existence du plus grand nombre possible de journaux, magazines et périodiques reflétant l'éventail le plus large possible des points de vue de la communauté.* »

- **16 mai** : *Journée internationale du vivre-ensemble en paix.*

Cette journée a été instituée par la résolution 72/130, du 8 décembre 2017 de l'Assemblée générale, selon laquelle le « *vivre ensemble en paix, c'est accepter les différences, être à l'écoute, faire preuve d'estime, de respect et de reconnaissance envers autrui et vivre dans un esprit de paix et d'harmonie.* »

En proclamant cette journée, l'Assemblée générale entendait encourager « *les organisations de la société civile du monde entier à poursuivre et à multiplier les efforts qu'elles déploient et les activités qu'elles mènent pour promouvoir une culture de paix, comme envisagé dans la Déclaration et le Programme d'action en faveur d'une culture de paix.* »

- **21 mai** : *Journée mondiale de la diversité culturelle pour le dialogue et le développement.*

Sous-tendue par « *la nécessité de renforcer le potentiel de la culture en tant que moyen de parvenir à la prospérité, au développement durable et à la coexistence pacifique mondiale* » la proclamation de cette journée est la conséquence de l'adoption par l'Assemblée générale de l'ONU de la résolution 57/249 en date du 20 décembre 2002 ; proclamation faisant écho à l'adoption de la *Déclaration universelle de l'UNESCO sur la diversité culturelle*, en novembre 2001.

- **30 juillet** : *Journée internationale de l'amitié.*

« *Sachant que l'amitié entre les peuples, les pays, les cultures et les individus peut inspirer les efforts de paix et offre l'occasion de jeter des ponts entre communautés, en célébrant la diversité culturelle* » et « *convaincue qu'il importe d'associer la jeunesse et les futures élites aux activités collectives incitant à l'ouverture et au respect entre les différentes cultures, tout en encourageant la compréhension internationale, le respect de la diversité et une culture de paix, conformément à la Déclaration et au Programme d'action en faveur d'une culture de paix* », l'Assemblée générale a décidé de proclamer cette journée le 27 avril 2011 par l'adoption de la résolution 65/L.72.

- **15 septembre** : *Journée internationale de la démocratie.*

Cette journée est proclamée par la 62/7 adoptée par l'Assemblée générale le 8 novembre 2007. Par cette proclamation, l'Assemblée générale soulignait ainsi que « *la démocratie, le développement et le respect de tous les droits de l'homme et libertés fondamentales sont interdépendants et se renforcent mutuellement* » et réaffirmait en même temps que « *la démocratie est une valeur universelle qui suppose que les peuples choisissent leur propre système politique, économique, social et culturel, en exprimant librement leur volonté, et qu'ils aient voix au chapitre en ce qui concerne tous les aspects de leur existence.* »

- **21 septembre** : *Journée internationale de la paix.*

Le 7 septembre 2001 par l'adoption de la résolution 55/282, l'Assemblée générale proclamait cette journée en considérant qu'elle offrirait « *une occasion unique de faire cesser la violence et les conflits dans le monde entier et qu'il importe par conséquent de la faire connaître et observer le plus largement possible au sein de la communauté mondiale* » et conviait, en conséquence, « *tous les États Membres, les organismes des Nations Unies, les organisations régionales et non gouvernementales et les particuliers à célébrer comme il convient la Journée internationale de la paix, y compris au moyen d'activités d'éducation et de sensibilisation, et à œuvrer, de concert avec l'Organisation des Nations Unies, à l'établissement d'un cessez-le-feu mondial.* »

- **2 octobre** : *Journée internationale de la non-violence.*

« *Rappelant ses résolutions 53/243 A et B du 13 septembre 1999 contenant la Déclaration et le Programme d'action en faveur d'une culture de paix, 55/282 du 7 septembre 2001 relative à la Journée internationale de la paix et 61/45 du 4 décembre 2006 relative à la Décennie internationale de la promotion d'une culture de la paix et de la non-violence au profit des enfants du monde, 2001-2010, ainsi que ses autres résolutions pertinentes* », « *sachant que la non-violence, la tolérance, le plein respect de tous les droits de l'homme et de toutes les libertés fondamentales pour tous, la démocratie, le développement, la compréhension mutuelle et le respect de la diversité sont interdépendants et se renforcent mutuellement* » et « *réaffirmant la pertinence universelle du principe de non-violence, et souhaitant favoriser une culture de paix, de tolérance, de compréhension et de non-violence* », l'Assemblée générale proclame cette journée en adoptant le 15 juin 2007 la résolution 61/271.

- **10 décembre** : *Journée des droits de l'homme.*

Proclamée le 4 décembre 1950 par la résolution 423 de l'Assemblée générale, cette journée est célébrée aux fins de marquer l'anniversaire de la *Déclaration universelle des droits de l'homme*, proclamée le 10 décembre 1948. La célébration de la Journée des droits de l'homme est ainsi l'opportunité de faire connaître cette déclaration.

Il n'y a pas de culture de la paix possible là où persiste la méconnaissance des droits humains. En conséquence, bien que sa proclamation soit bien antérieure à l'émergence du concept de la culture de la paix, cette journée participe bien de sa sensibilisation et de sa promotion.

- **20 décembre** : *Journée internationale de la solidarité humaine.*

Proclamée par la résolution 60/209 (portant « *mise en œuvre de la première Décennie des Nations Unies pour l'élimination de la pauvreté (1997-2006)* ») adoptée par l'Assemblée générale le 22 décembre 2005, cette journée a vocation à souligner l'importance, dans le cadre des relations internationales, de la promotion d'une culture de solidarité et d'un esprit de partage pour lutter contre la pauvreté.

Son but est de rappeler également que le concept de solidarité est au fondement de la création des Nations Unies et définit son travail. En effet, la création des Nations Unies a rassemblé les peuples et les nations du monde pour promouvoir la paix, les droits de l'homme et le développement économique et social. L'organisation a été fondée sur la base du principe de sécurité collective qui s'appuie sur la solidarité entre ses membres pour « *maintenir la paix et la sécurité internationales.* »

Indépendamment des résolutions, ci-dessus, de l'Assemblée générale des Nations Unies, il faudrait aussi mentionner, comme contributives à la sensibilisation et à la promotion de la culture de la paix et participant à la progression, la maturation et l'appropriation dudit concept, celles du Conseil de sécurité des Nations Unies, à l'instar des suivantes :

- *Résolution 1325 (2000) du Conseil de sécurité*

Résolution relative au droit des femmes, à la paix et à la sécurité réaffirmant « *le rôle important que les femmes jouent dans la prévention et le règlement des conflits et dans la consolidation de la paix et soulignant qu'il importe qu'elles participent sur un pied d'égalité à tous les efforts visant à maintenir et à promouvoir la paix et la sécurité et qu'elles y soient pleinement associées, et qu'il convient de les faire participer davantage aux décisions prises en vue de la prévention et du règlement des différends.* »

- *Résolution 2250 (2015) du Conseil de sécurité*

Résolution relative à la jeunesse, à la paix et à la sécurité qui considère « *que les jeunes peuvent jouer un rôle important dans la prévention et le règlement des conflits et, singulièrement, pour ce qui est de la stabilisation, de la capacité d'intégration et de la réussite des activités de maintien et de consolidation de la paix* » et, en conséquence, doivent « *prendre une part active à l'instauration d'une paix durable et œuvrer à la justice et à la réconciliation.* »

Cette résolution 2250 est dorénavant complétée par la résolution 2419 (2018).

- *Résolution 2347 (2017) du Conseil de sécurité*

Première résolution à porter exclusivement sur la protection du patrimoine culturel et sur son rôle pour la paix et la sécurité, elle vient renforcer la Résolution 2199, adoptée en février 2015, pour lutter notamment contre le financement du terrorisme international, et qui interdit le commerce des biens culturels en provenance de Syrie et d'Iraq. Cette nouvelle résolution y ajoute la reconnaissance complète du rôle de la culture comme source de stabilité et d'inclusion, comme moteur de réconciliation et de résilience.

L'adoption de cette résolution est l'aboutissement des efforts menés par l'UNESCO au sein des Nations Unies afin de positionner et affirmer l'importance du patrimoine dans les efforts internationaux de construction de la paix et de maintien de la sécurité.

Indépendamment de ces résolutions du Conseil de sécurité, participent aussi à la promotion et à la construction d'une culture de la paix par l'ONU :

- L'*Initiative mondiale pour l'éducation avant tout* (GEFI), du Secrétaire général de Nations Unies, qui a été lancée en septembre 2012.

Pour le GEFI, « *l'éducation est le meilleur investissement que les nations puissent faire pour bâtir des sociétés prospères, saines et équitables. L'éducation libère le pouvoir de l'individu et de la société de résoudre les problèmes d'aujourd'hui, d'affronter les défis de demain et de vivre dans un monde débarrassé de la pauvreté.* »

Dans la perspective de l'échéance de la mise en œuvre des Objectifs du millénaire pour le développement (OMD), le but du GEFI était d'accélérer la réalisation des objectifs de l'« *Education pour tous* », visant à répondre aux besoins d'apprentissage de tous les enfants, jeunes et adultes en 2015 au plus tard, notamment en encourageant « *un mouvement mondial pour mettre une éducation de qualité, pertinente et transformative au cœur des agendas social, économique et de développement* » ; et en générant « *des fonds supplémentaires et suffisants pour l'éducation au moyen d'une action soutenue de plaidoyer à l'échelle mondiale.* »

Comme mentionné antérieurement, dans la première partie de cet ouvrage, le GEFI avait défini trois priorités : (i) Scolariser tous les enfants ; (ii) Améliorer la qualité de l'apprentissage et (iii) Promouvoir la citoyenneté mondiale.

- La *Stratégie antiterroriste mondiale des Nations Unies* et le *Plan d'action pour la prévention de l'extrémisme violent du Secrétaire général de l'ONU* (A/70/674).

Consacrée par la résolution 60/288 adoptée par l'Assemblée générale le 8 septembre 2006, la *Stratégie antiterroriste mondiale de l'Organisation des Nations Unies* affirme « *la détermination des États Membres à continuer de faire tout ce qui est en leur pouvoir pour résoudre les conflits, mettre fin à l'occupation étrangère, lutter contre l'oppression, éliminer la pauvreté, promouvoir une croissance économique soutenue, le développement durable, la prospérité dans le monde entier, la bonne gouvernance, les droits de l'homme pour tous ainsi que l'état de droit, améliorer la compréhension entre les cultures et assurer le respect de toutes les religions, valeurs religieuses, croyances et cultures.* »

Au titre du Plan d'action relatif à sa mise en œuvre, les États Membres de l'Organisation des Nations Unies, décidèrent : « *1. De condamner systématiquement, sans équivoque et vigoureusement le terrorisme sous toutes ses formes et dans toutes ses manifestations, quels qu'en soient les auteurs, les lieux et les buts, car il constitue une des menaces les plus graves contre la paix et la sécurité internationales ; 2. D'agir d'urgence pour prévenir et combattre le terrorisme sous toutes ses formes et dans toutes ses manifestations [...] ; 3. De reconnaître que la coopération internationale et toutes les mesures que nous prenons pour prévenir et combattre le terrorisme doivent être conformes aux obligations que nous impose le droit international, notamment la Charte des Nations Unies et les conventions et protocoles internationaux pertinents, en particulier les instruments relatifs aux droits de l'homme, le droit des réfugiés et le droit international humanitaire.* »

Sur le même sujet, l'Assemblée générale a adopté le 1er juillet 2016 la résolution 70/291 portant « *Examen de la Stratégie antiterroriste mondiale des Nations Unies* » par laquelle il est affirmé « *l'importance de l'éducation comme moyen de prévenir le terrorisme et l'extrémisme violent pouvant conduire au terrorisme, et [par laquelle l'Assemblée générale se félicite] de l'action menée par l'Organisation des Nations Unies pour l'éducation, la science et la culture auprès des États Membres en vue de la mise en œuvre de stratégies éducatives de prévention de l'extrémisme violent pouvant conduire au terrorisme.* »

Adoptée par l'Assemblée générale, au titre de la résolution 70/674, le 24 décembre 2015, le *Plan d'action pour la prévention de l'extrémisme violent* du Secrétaire général participe de la mise en œuvre de la *Stratégie antiterroriste mondiale des Nations Unies*.

Ledit *Plan d'action pour la prévention de l'extrémisme violent* met en relief, entre autres, les éléments structurels et conjoncturels propices à l'extrémisme violent, à savoir : (i) l'absence de perspectives socioéconomiques ; (ii) la marginalisation et la discrimination ; (iii) la mauvaise gouvernance et les violations des droits de l'homme et de l'état de droit ; (iv) les conflits prolongés et non réglés ; et (v) la radicalisation en prison.

Il faudrait aussi mentionner la *Déclaration sur le droit à la paix*, adoptée, à la majorité des Etats membres par l'Assemblée générale de l'ONU, le 19 décembre 2016, au titre de la résolution 71/189. « *Reconnaissant que le plein épanouissement d'une culture de paix est intrinsèquement lié à la réalisation du droit de tous les peuples, notamment des peuples colonisés ou soumis à d'autres formes de domination ou d'occupation étrangère, à disposer d'eux-mêmes, tel qu'il est consacré par la Charte des Nations Unies et énoncé dans les Pactes internationaux relatifs aux droits de l'homme, ainsi que dans la Déclaration sur l'octroi de l'indépendance aux pays et aux peuples coloniaux figurant dans sa résolution 1514 (XV) du 14 décembre 1960* » ; « *consciente que la paix n'est pas seulement l'absence de conflit, mais requiert aussi un processus positif, dynamique et participatif dans lequel le dialogue est encouragé, les conflits sont réglés dans un esprit de compréhension mutuelle et de coopération, et le développement socioéconomique est assuré* » ; « *rappelant en outre que la culture de la paix et l'éducation de tous en vue de la justice, de la liberté et de la paix sont indispensables à la dignité des êtres humains et constituent une obligation que toutes les nations doivent remplir dans un esprit d'assistance et de souci mutuels* » et « *réaffirmant qu'une culture de paix est un tout composé de valeurs, d'attitudes, de traditions, de comportements et de modes de vie [...] et qu'il convient d'encourager tous ces aspects par un climat national et international propice à la paix* », l'Assemblée générale de l'ONU, par cette déclaration, affirme que « *chacun a le droit de jouir de la paix dans un contexte où tous les droits de l'homme sont promus et protégés et où le développement est pleinement réalisé* » (article 1er) et que « *les États devraient respecter, mettre en œuvre et promouvoir l'égalité et la non-discrimination ainsi que la justice et la primauté du droit, et veiller à ce que chacun soit à l'abri de la peur et de la misère en tant que moyen de consolider la paix au sein des sociétés et entre elles* » (article 2).

Autre résolution décisive à citer, dans le long processus de maturation, de formalisation et de promotion du concept de la culture de la paix à l'ONU, la résolution 70/1 adoptée par l'Assemblée générale le 25 septembre 2015 portant « *Transformer notre monde : le Programme de développement durable à l'horizon 2030.* » Parmi les Objectifs de développement durable (ODD) qui constituent ce programme, figure l'ODD 16 qui invite à « *promouvoir l'avènement de sociétés pacifiques et inclusives aux fins du développement durable, assurer l'accès de tous à la justice et mettre en place, à tous les niveaux, des institutions efficaces, responsables et ouvertes à tous.* » Prenant en compte le potentiel transformateur de l'éducation, l'ODD 4, en sa cible 4.7, incite à « *faire en sorte que [d'ici 2030] tous les élèves acquièrent les connaissances et compétences nécessaires pour promouvoir le développement durable, notamment par l'éducation en faveur du développement et de modes de vie durables, des droits de l'homme, de l'égalité des sexes, de la promotion d'une culture de paix et de non-violence, de la citoyenneté mondiale et de l'appréciation de la diversité culturelle et de la contribution de la culture au développement durable.* »

III – CULTURE DE LA PAIX : ACTION NORMATIVE DE L'UNESCO

En tant qu'instance multilatérale, pour réaliser ses buts constitutifs, l'UNESCO a aussi une fonction normative, celle d'élaborer des règles communes à ses Etats membres. Ces règles définissent, sur des questions d'intérêt commun, un certain nombre d'objectifs collectifs à atteindre. A cet égard, ces normes sont censées mobiliser toute l'opinion internationale. Elles ont donc vocation à être mises en œuvre par chaque Etat membre et à impacter les législations, les politiques et les stratégies nationales.

L'accord des Etats membres sur ces normes internationales est formalisé par trois types d'instruments juridiques : la convention, la recommandation et la déclaration.

Conclue entre deux ou plusieurs Etats, la *convention*, synonyme de traité, est le seul instrument juridique contraignant. Elle est soumise à la ratification, à l'acceptation ou à l'adhésion des Etats. En ratifiant une convention, un État consent à être lié par elle. Lorsqu'un Etat adhère à une convention, il accepte d'en devenir partie. L'adhésion a le même effet juridique que la ratification et se produit en général lorsque la convention est déjà entrée en vigueur. La convention est adoptée à la majorité des deux tiers des membres de la Conférence générale de l'UNESCO.

Une convention contraint même ceux des Etats qui ne l'ont pas ratifiée ou n'envisagent pas de le faire.

Non sujette à ratification et donc dépourvue, en principe, de toute force obligatoire, la *recommandation* est un instrument juridique par lequel la Conférence générale formule des « *principes directeurs et les normes destinés à réglementer internationalement une question et invite les États membres à adopter, sous forme de loi nationale ou autrement, suivant les particularités des questions traitées et les dispositions constitutionnelles respectives des différents États, des mesures en vue de donner effet dans les territoires sous leur juridiction aux principes et normes formulés.* »[152] La recommandation est adoptée à la majorité simple.

Quoiqu'elle ne soit pas sujette à ratification, la recommandation, du simple fait de son adoption par l'organe suprême de l'UNESCO, entraîne des obligations même pour ceux des Etats qui n'ont pas voté en sa faveur et ne l'approuvent pas.

Les Etats sont tenus, à des dates fixées par la Conférence générale, de présenter des rapports sur les mesures, adoptées par eux, relatives à chaque convention en vigueur ainsi qu'à chaque recommandation adoptée.

Simple engagement moral ou politique, la *déclaration* est un instrument juridique qui lie les Etats sur le principe de la bonne foi. Comme la recommandation, elle énumère des principes universels, auxquels la communauté des États entend reconnaître la plus grande autorité et apporter le plus large soutien. Un bon exemple est celui de la *Déclaration universelle des droits de l'homme*, adoptée le 10 décembre 1948 par l'Assemblée générale des Nations Unies.

A ces trois instruments juridiques usités particulièrement à l'UNESCO, il faut ajouter la *résolution*[153], expression formelle de l'opinion ou de la volonté des organes de l'ONU. En tant que décision des organes de l'ONU, la résolution est contraignante ou non, selon sa nature. Elle l'est lorsqu'elle est adoptée par le Conseil de sécurité agissant notamment en vertu du Chapitre VII de la Charte des Nations Unies portant « *Action en cas de*

---

[152] Cf. Article 1.b du Règlement relatif aux recommandations aux États membres et aux conventions internationales prévues par l'article IV, paragraphe 4, de l'Acte constitutif.

[153] Cf. Celles citées dans la deuxième partie du présent ouvrage.

menace contre la paix, de rupture de la paix et d'acte d'agression. » De toute manière, les résolutions du Conseil de sécurité sont contraignantes conformément à l'article 25 de la Charte qui dispose : « *Les Membres de l'Organisation conviennent d'accepter et d'appliquer les décisions du Conseil de sécurité conformément à la présente Charte.* »

En plus des résolutions de l'ONU déjà citées dans la deuxième partie de cet ouvrage, nous allons dans cette partie mentionner quelques-uns[154] des principaux instruments juridiques internationaux élaborés par l'UNESCO au service de la culture de la paix et auxquels sont soumis, entre autres, les Etats africains.

Nous constaterons que certains de ces instruments sont bien antérieurs à la création et à la normalisation du concept de culture de la paix, cependant ils y contribuent.

- *Convention concernant la lutte contre la discrimination dans le domaine de l'enseignement* (décembre 1960)

Premier instrument juridique contraignant de l'UNESCO, cette convention promeut une éducation véritablement inclusive en énonçant des principes fondamentaux de non-discrimination et d'égalité des chances pour tous. Elle lutte, en conséquence, contre la discrimination entendue comme « *toute distinction, exclusion, limitation ou préférence qui, fondée sur la race, la couleur, le sexe, la langue, la religion, l'opinion politique ou toute autre opinion, l'origine nationale ou sociale, la condition économique ou la naissance, a pour objet ou pour effet de détruire ou d'altérer l'égalité de traitement en matière d'enseignement et, notamment : (i) d'écarter une personne ou un groupe de l'accès aux divers types ou degrés d'enseignement ; (ii) de limiter à un niveau inférieur l'éducation d'une personne ou d'un groupe ; (iii) d'instituer ou de maintenir*

[154] Il y a bien entendu, une grande part de subjectivité dans ce choix que nous assumons.

des systèmes ou des établissements d'enseignement séparés pour des personnes ou des groupes ; (iv) de placer une personne ou un groupe dans une situation incompatible avec la dignité de l'homme. »

Par le mot « *enseignement* », cette convention entend « *les divers types et les différents degrés de l'enseignement et recouvre l'accès à l'enseignement, son niveau et sa qualité, de même que les conditions dans lesquelles il est dispensé.* »

Adoptée le 14 décembre 1960, elle est entrée en vigueur le 22 mai 1962.

Vingt-six (26) Etats africains en sont parties[155], à savoir : Afrique du Sud (2000), Algérie (1968), Bénin (1963), Burkina Faso (2012), Congo (1968), Côte d'Ivoire (1999), Egypte (1962), Guinée (1964), Libéria (1962), Libye (1973), Madagascar (1964), Mali (2007), Maroc (1968), Maurice (1970), Niger (1968), Nigéria (1969), Ouganda (1968), République centrafricaine (1962), République-Unie de Tanzanie (1979), Rwanda (2000), Sénégal (1967), Seychelles (2010), Sierra Leone (1967), Togo (2012), Tunisie (1969), Zimbabwe (2006).

Outre cette convention, il existe également (sur le même sujet et avec un contenu identique) une *Recommandation* (1960). Ces deux instruments font l'objet d'un suivi conjoint avec la même obligation faite aux Etats de soumettre périodiquement des rapports à la Conférence générale de l'UNESCO, aux dates et sous la forme que cette dernière détermine.

A l'occasion de la 8e consultation (2011-2013) des Etats membres, dix (10) Etats africains ont soumis des rapports, parmi lesquels sept (7) Etats parties (Burkina Faso, Egypte, Maroc, Maurice, Nigéria, République Unie de Tanzanie et

---

[155] Au moment où ces lignes sont écrites, c'est-à-dire en 2019. Cf. www.unesco.org/eri/la/convention.asp?order=alpha&language=F&KO=12949.

Zimbabwe) et trois (3) Etats non parties (Ethiopie, Ghana et Lesotho).

- *Convention concernant la protection du patrimoine mondial, culturel et naturel* (novembre 1972)

Considérant, entre autres, que « *la dégradation ou la disparition d'un bien du patrimoine culturel et naturel constitue un appauvrissement néfaste du patrimoine de tous les peuples du monde* », le but de cette convention est d'encourager chaque Etat partie à prendre les mesures appropriées pour « *assurer l'identification, la protection, la conservation, la mise en valeur et la transmission aux générations futures du patrimoine culturel et naturel [...] situé sur son territoire.* »

« *Sont considérés comme « patrimoine culturel » :*

- *les monuments : œuvres architecturales, de sculpture ou de peinture monumentales, éléments ou structures de caractère archéologique, inscriptions, grottes et groupes d'éléments, qui ont une valeur universelle exceptionnelle du point de vue de l'histoire, de l'art ou de la science,*

- *les ensembles : groupes de constructions isolées ou réunies, qui, en raison de leur architecture, de leur unité, ou de leur intégration dans le paysage, ont une valeur universelle exceptionnelle du point de vue de l'histoire, de l'art ou de la science,*

- *les sites : œuvres de l'homme ou œuvres conjuguées de l'homme et de la nature, ainsi que les zones y compris les sites archéologiques qui ont une valeur universelle exceptionnelle du point de vue historique, esthétique, ethnologique ou anthropologique.* »

« *Sont considérés comme « patrimoine naturel » :*

- *les monuments naturels constitués par des formations physiques et biologiques ou par des groupes de telles formations qui ont une valeur universelle exceptionnelle du point de vue esthétique ou scientifique,*

- *les formations géologiques et physiographiques et les zones strictement délimitées constituant l'habitat d'espèces animale et végétale menacées, qui ont une valeur universelle exceptionnelle du point de vue de la science ou de la conservation,*

- *les sites naturels ou les zones naturelles strictement délimitées, qui ont une valeur universelle exceptionnelle du point de vue de la science, de la conservation ou de la beauté naturelle.* »

Adoptée le 16 novembre 1972, cette convention est entrée en vigueur le 17 décembre 1975.

Au nombre de cinquante-deux (52), ses Etats parties africains sont les suivants[156] : Afrique du Sud (1997), Algérie (1974), Angola (1991), Bénin (1982), Botswana (1998), Burkina Faso (1987), Burundi (1982), Cabo Verde (1988), Cameroun (1982), Comores (2000), Congo (1987), Côte d'Ivoire (1981), Djibouti (2007), Egypte (1974), Erythrée (2001), Eswatini (2005), Ethiopie (1977), Gabon (1986), Gambie (1987), Ghana (1975), Guinée (1979), Guinée équatoriale (2010), Guinée-Bissau (2006), Kenya (1991), Lesotho (2003), Libéria (2002), Libye (1978), Madagascar (1983), Mali (1977), Maroc (1975), Maurice (1995), Mauritanie (1981), Mozambique (1982), Namibie (2000), Niger (1974), Nigéria (1974), Ouganda (1987), République centrafricaine (1980), République démocratique du Congo (1974), République-Unie de Tanzanie (1977), Rwanda (2000), Sao Tomé-et-Principe (2006), Sénégal (1976), Seychelles (1980), Sierra Leone (2005), Soudan (1974), Soudan du Sud (2016), Tchad (1999), Togo (1998), Tunisie (1975), Zambie (1984), Zimbabwe (1982).

---

156 Cf. http://www.unesco.org/eri/la/convention.asp?KO=13055&language=F&order=alpha.

Quatrième dans l'ordre chronologique de leur adoption respective, la convention de 1972 est aussi la plus célèbre de toutes les conventions culturelles de l'UNESCO, du fait de l'existence de la liste du patrimoine mondial.

- *Convention pour la sauvegarde du patrimoine culturel immatériel* (octobre 2003)

Par « *patrimoine culturel immatériel* », cette convention entend « *les pratiques, représentations, expressions, connaissances et savoir-faire - ainsi que les instruments, objets, artefacts et espaces culturels qui leur sont associés - que les communautés, les groupes et, le cas échéant, les individus reconnaissent comme faisant partie de leur patrimoine culturel. Ce patrimoine culturel immatériel, transmis de génération en génération, est recréé en permanence par les communautés et groupes en fonction de leur milieu, de leur interaction avec la nature et de leur histoire, et leur procure un sentiment d'identité et de continuité, contribuant ainsi à promouvoir le respect de la diversité culturelle et la créativité humaine.* »

Ce « *patrimoine culturel immatériel* » se manifeste notamment dans les domaines suivants : (i) les traditions et expressions orales, y compris la langue comme vecteur du patrimoine culturel immatériel ; (ii) les arts du spectacle ; (iii) les pratiques sociales, rituelles et événements festifs ; (iv) les connaissances et pratiques concernant la nature et l'univers ; (v) les savoir-faire liés à l'artisanat traditionnel.

Les Etats-parties à la *Convention pour la sauvegarde du patrimoine culturel immatériel* sont encouragés à sauvegarder leur patrimoine culturel immatériel en prenant les « *mesures visant à assurer [sa] viabilité [...], y compris l'identification, la documentation, la recherche, la préservation, la protection, la promotion, la mise en valeur, la transmission, essentiellement par l'éducation formelle et non formelle, ainsi que la revitalisation [de ses] différents aspects.* »

Adoptée le 17 octobre 2003, cette convention est entrée en vigueur le 20 avril 2006.

Les Etats parties africains, au nombre de quarante-cinq (45)[157], sont : Algérie (2004), Bénin (2012), Botswana (2010), Burkina Faso (2006), Burundi (2006), Cabo Verde (2016), Comores (2013), Congo (2012), Côte d'Ivoire (2006), Djibouti (2007), Egypte (2005), Erythrée (2010), Eswatini (2012), Ethiopie (2006), Gabon (2004), Gambie (2011), Ghana (2016), Guinée (2008), Guinée équatoriale (2010), Guinée-Bissau (2016), Kenya (2007), Lesotho (2008), Madagascar (2006), Mali (2005), Maroc (2006), Maurice (2004), Mauritanie (2006), Mozambique (2007), Namibie (2007), Niger (2007), Nigéria (2005), Ouganda (2009), République centrafricaine (2004), République démocratique du Congo (2010), République-Unie de Tanzanie (2011), Rwanda (2013), Sao Tomé-et-Principe (2006), Sénégal (2006), Seychelles (2005), Soudan (2008), Soudan du Sud (2016), Tchad (2008), Togo (2009), Zambie (2006), Zimbabwe (2006).

- *Convention sur la protection et la promotion de la diversité des expressions culturelles (octobre 2005)*

Adoptée le 20 octobre 2005, cette convention, tout en « *affirmant que la diversité culturelle est une caractéristique inhérente à l'humanité* », et en étant « *consciente que la diversité culturelle constitue un patrimoine commun de l'humanité et qu'elle devrait être célébrée et préservée au profit de tous* », a pour objectifs : (i) de protéger et promouvoir la diversité des expressions culturelles ; (ii) de créer les conditions permettant aux cultures de s'épanouir et interagir librement de manière à s'enrichir mutuellement ; (iii) d'encourager le dialogue entre les cultures afin d'assurer des échanges culturels plus intenses et équilibrés dans le monde en faveur du respect interculturel et d'une culture de la paix ; (iv) de stimuler l'interculturalité afin de développer l'interaction culturelle dans l'esprit de bâtir des passerelles entre les peuples ; (v) de promouvoir le respect de la diversité des expressions culturelles

---

[157] Cf. http://www.unesco.org/eri/la/convention.asp?order=alpha&language=F&KO=17116.

et la prise de conscience de sa valeur aux niveaux local, national et international ; (vi) de réaffirmer l'importance du lien entre culture et développement pour tous les pays, en particulier les pays en développement, et d'encourager les actions menées aux plans national et international pour que soit reconnue la véritable valeur de ce lien ; (vii) de reconnaître la nature spécifique des activités, biens et services culturels en tant que porteurs d'identité, de valeurs et de sens ; (viii) de réaffirmer le droit souverain des États de conserver, d'adopter et de mettre en œuvre les politiques et mesures qu'ils jugent appropriées pour la protection et la promotion de la diversité des expressions culturelles sur leur territoire ; (ix) de renforcer la coopération et la solidarité internationales dans un esprit de partenariat afin, notamment, d'accroître les capacités des pays en développement de protéger et promouvoir la diversité des expressions culturelles.

Au titre de cette convention, par « *diversité culturelle* », il faut entendre « *la multiplicité des formes par lesquelles les cultures des groupes et des sociétés trouvent leur expression. Ces expressions se transmettent au sein des groupes et des sociétés et entre eux. La diversité culturelle se manifeste non seulement dans les formes variées à travers lesquelles le patrimoine culturel de l'humanité est exprimé, enrichi et transmis grâce à la variété des expressions culturelles, mais aussi à travers divers modes de création artistique, de production, de diffusion, de distribution et de jouissance des expressions culturelles, quels que soient les moyens et les technologies utilisés.* »

Entrée en vigueur le 18 mars 2007, cette convention compte 44 Etats parties, à savoir : Afrique du Sud (2006), Algérie (2015), Angola (2012), Bénin (2007), Burkina Faso (2006), Burundi (2008) Cameroun (2006), Comores (2013), Congo (2008), Côte d'Ivoire (2007), Djibouti (2006), Egypte (2007), Eswatini (2012), Ethiopie (2008), Gabon (2007), Gambie (2011), Ghana(2016), Guinée (2008), Guinée équatoriale (2010), Kenya (2007), Lesotho (2010), Madagascar (2006), Malawi (2010), Mali (2006), Maroc (2013), Maurice (2006),

Mauritanie (2015), Mozambique (2007), Namibie (2006), Niger (2007), Nigéria (2008), Ouganda (2015), République centrafricaine (2012), République démocratique du Congo (2010), République-Unie de Tanzanie (2011), Rwanda (2012), Sénégal (2006), Seychelles (2008), Soudan (2008), Soudan du Sud (2016), Tchad (2008), Togo (2006), Tunisie (2007), Zimbabwe (2008).

- *Recommandation sur l'éducation pour la compréhension, la coopération et la paix internationales et l'éducation relative aux droits de l'homme et aux libertés fondamentales* (novembre 1974)

L'idée selon laquelle il est possible par l'éducation d'élever les défenses de la paix dans l'esprit des hommes et des femmes est au cœur du mandat de l'UNESCO. Elle a présidé à l'adoption, le 19 novembre 1974, par la Conférence générale de cette recommandation majeure. Le principal objectif de cette recommandation de 1974 est de promouvoir l'éducation pour la paix et les droits de l'homme.

Par « *éducation* », elle entend « *le processus global de la société par lequel les personnes et les groupes sociaux apprennent à assurer consciemment, à l'intérieur de la communauté nationale et internationale et au bénéfice de celle-ci, le développement intégral de leur personnalité, de leurs capacités, de leurs attitudes, de leurs aptitudes et de leur savoir. Ce processus ne se limite pas à des actions spécifiques* ». Les termes « *compréhension* », « *coopération* » et « *paix internationales* » sont considérés, au titre de la convention, « *comme un tout indivisible fondé sur le principe des relations amicales entre peuples et États ayant des systèmes sociaux et politiques différents et sur le respect des droits de l'homme et des libertés fondamentales.* » Quant aux expressions « *droits de l'homme* » et « *libertés fondamentales* », elles doivent être entendues au sens que les « *définissent la Charte des Nations Unies, la Déclaration universelle des droits de l'homme et les pactes internationaux relatifs aux droits économiques, sociaux et culturels et aux droits civils et politiques.* »

Le rapport de synthèse[158] établi à la suite de la 6e consultation des États membres sur l'application de la recommandation de 1974, au cours de la période 2013-2016, a souligné son importance « *en tant qu'outil majeur de suivi des progrès dans la réalisation de la cible 4.7 du Programme de développement durable à l'horizon 2030, qui englobe l'éducation au service du développement durable et l'éducation à la citoyenneté mondiale.* »

Quatorze (14) Etats membres africains ont participé à cette 6e consultation : Burundi, Cameroun, Côte d'Ivoire, Égypte, Éthiopie, Mali, Maroc, Maurice, Namibie, République centrafricaine, République démocratique du Congo, Sénégal, Tchad, Zambie.

- *Déclaration de principes sur la tolérance* (novembre 1995)

« *Résolus à prendre toutes les mesures positives nécessaires pour promouvoir la tolérance dans [leurs] sociétés, pour la raison que la tolérance n'est pas seulement un principe qui [leur] est cher mais également une condition nécessaire à la paix et au progrès économique et social de tous les peuples* », les Etats membres de l'UNESCO, réunis pour la vingt-huitième session de la Conférence générale, adoptèrent le 16 novembre 1995 cette déclaration.

---

[158] UNESCO, *Rapport de synthèse sur l'application par les Etats membres de la Recommandation de 1974 sur l'éducation pour la compréhension, la coopération et la paix internationales et l'éducation relative aux droits de l'homme et aux libertés fondamentales* ; rapport présenté, le 24 octobre 2017, à la Conférence générale, réunie en sa 39e session.

Au titre de son article premier,

« *1.1 La tolérance est le respect, l'acceptation et l'appréciation de la richesse et de la diversité des cultures de notre monde, de nos modes d'expression et de nos manières d'exprimer notre qualité d'êtres humains. Elle est encouragée par la connaissance, l'ouverture d'esprit, la communication et la liberté de pensée, de conscience et de croyance. La tolérance est l'harmonie dans la différence. Elle n'est pas seulement une obligation d'ordre éthique ; elle est également une nécessité politique et juridique. La tolérance est une vertu qui rend la paix possible et contribue à substituer une culture de la paix à la culture de la guerre.*

1.2 La tolérance n'est ni concession, ni condescendance, ni complaisance. La tolérance est, avant tout, une attitude active animée par la reconnaissance des droits universels de la personne humaine et des libertés fondamentales d'autrui. En aucun cas la tolérance ne saurait être invoquée pour justifier des atteintes à ces valeurs fondamentales. La tolérance doit être pratiquée par les individus, les groupes et les Etats.

1.3 La tolérance est la clé de voûte des droits de l'homme, du pluralisme (y compris le pluralisme culturel), de la démocratie et de l'Etat de droit. Elle implique le rejet du dogmatisme et de l'absolutisme et conforte les normes énoncées dans les instruments internationaux relatifs aux droits de l'homme.

1.4 Conformément au respect des droits de l'homme, pratiquer la tolérance ce n'est ni tolérer l'injustice sociale, ni renoncer à ses propres convictions, ni faire de concessions à cet égard. La pratique de la tolérance signifie que chacun a le libre choix de ses convictions et accepte que l'autre jouisse de la même liberté. Elle signifie l'acceptation du fait que les êtres humains, qui se caractérisent naturellement par la diversité de leur aspect physique, de leur situation, de leur mode d'expression, de leurs comportements et de leurs valeurs, ont le droit de vivre en paix et d'être tels qu'ils sont. Elle signifie également que nul ne doit imposer ses opinions à autrui. »

Par cette déclaration, les Etats membres proclamèrent, en même temps, le 16 novembre, *Journée internationale pour la tolérance*.

- *Déclaration sur les responsabilités des générations présentes envers les générations futures* (novembre 1997)

Adoptée le 12 novembre 1997 par la Conférence générale, réunie en sa 29e session, cette déclaration proclame que « *les générations présentes ont la responsabilité de veiller à ce que les besoins et intérêts des générations présentes et futures soient pleinement sauvegardés.* » Il importe, à ce titre, que, entre autres, les générations présentes prennent conscience de leur responsabilité à « *léguer aux générations futures une Terre qui ne soit pas un jour irrémédiablement endommagée par l'activité humaine. Chaque génération, recevant temporairement la Terre en héritage, veillera à utiliser raisonnablement les ressources naturelles et à faire en sorte que la vie ne soit pas compromise par des modifications nocives des écosystèmes et que le progrès scientifique et technique dans tous les domaines ne nuise pas à la vie sur Terre* » ; et qu'elles veillent aussi « *à ce que tant elles-mêmes que les générations futures apprennent à vivre ensemble pacifiquement, en sécurité, dans le respect du droit international, des droits de l'homme et des libertés fondamentales. Les générations présentes devraient préserver les générations futures du fléau de la guerre. A cette fin, elles devraient éviter d'exposer les générations futures aux conséquences dommageables des conflits armés ainsi que de toutes autres formes d'agression et d'usage des armes qui sont contraires aux principes humanitaires.* »

- *Déclaration de principes éthiques en rapport avec le changement climatique (novembre 2017)*

Inspirée, entre autres, par la prise de conscience que « *le changement climatique est une préoccupation commune de l'humanité, et [...] que les défis mondiaux et locaux ne peuvent être relevés sans la participation de tous, à tous les niveaux de la société, y compris les États, les organisations internationales, les entités infranationales, les peuples autochtones, les communautés locales, le secteur privé, les organisations de la société civile et les individus* » ; qu'il « *exacerbe d'autres menaces pour les systèmes sociaux et naturels, faisant peser des charges supplémentaires sur les pauvres et les personnes vulnérables* » et qu'il est, par conséquent, urgent d'atténuer ses causes et de s'adapter à ses conséquences, cette déclaration, adoptée le 13 novembre 2017, proclame et détaille six (6) principes éthiques « *applicables à la prise de décisions, à l'élaboration de politiques et aux autres actions liées au changement climatique* », à savoir : (i) le principe de prévention des nuisances ; (ii) le principe de précaution ; (iii) le principe d'équité et de justice ; (iv) le principe de développement durable ; (v) le principe de solidarité et (vi) le principe de fondation de la prise de décisions sur les connaissances scientifiques et l'intégrité.

IV – CULTURE DE LA PAIX : MISE EN MOUVEMENT EN AFRIQUE

Comme le montrent les instruments normatifs internationaux y relatifs, énumérés dans les pages précédentes, bien que né en Afrique, le concept de culture de la paix a eu et a toujours, en réalité, vocation à parler au monde entier. C'est aussi en ce sens que l'Unité du Programme de l'UNESCO pour la culture de la paix a été créée en février 1994. La mission de cette unité de programme était de promouvoir la culture de la paix dans le monde.

La culture de la paix doit, en effet, être une préoccupation et une exigence humaines mondiales, conformément à la vocation de l'UNESCO qui est de promouvoir et construire la paix dans le monde par le biais de l'éducation, la science, la culture, la communication et l'information, dans le cadre d'une collaboration, d'une solidarité et d'une coopération accrues entre nations.

L'Afrique étant une partie de ce monde destinataire, il était tout à fait naturel que, dans le cadre des interventions de l'UNESCO sur le continent, la promotion de la culture de la paix finisse par devenir un de ses axes d'action majeurs.

4 .1. Des activités menées en Afrique par l'« Unité du Programme de l'UNESCO pour la culture de la paix » au cours de la période 1994-1995

Dans le cadre de la mise en œuvre de l'une de ses fonctions essentielles, consistant à élaborer et à répandre la notion de culture de la paix à travers le monde, l'Unité du Programme de l'UNESCO pour une culture de la paix a entrepris, au cours de la période 1994-1995, un certain nombre d'activités en Afrique.

Ces activités avaient fait l'objet d'un compte-rendu communiqué à la Conférence générale en sa 28e session[159].

Ce compte-rendu sur l'action globale de cette Unité du Programme pour une culture de la paix comporte trois axes : (i) Activités intersectorielles novatrices ; (ii) Programmes nationaux pour une culture de la paix ; et (iii) Initiatives des Etats membres.

Au titre des activités intersectorielles novatrices, le compte-rendu note :

Un projet pilote interrégional intitulé « *Non à la violence* » impliquant cinq pays, dont le Zaïre[160]. Ce projet lancé par le Réseau du Système des écoles associées de l'UNESCO (réSEAU) devrait aboutir à la publication d'une brochure dans chacun des cinq pays participants et à l'élaboration d'une synthèse qui ferait l'objet d'une plaquette diffusée à l'échelle internationale.

La création des chaires UNESCO pour la culture de la paix en Afrique du Sud, à l'Université de Durban-Westville et en Algérie, à l'Université d'Oran.

L'appui du Burundi, à la suite d'un séminaire organisé par l'UNESCO et le Programme international pour le développement de la communication, à l'opérationnalisation d'un nouveau club de la presse par la fourniture du matériel pour la formation et pour les activités des organes de presse, afin de permettre aux journalistes de se rencontrer et discuter librement. Un travail semblable avait été entrepris au Rwanda.

Au titre de la contribution des bureaux hors siège à la promotion de la culture de la paix, l'organisation par le Bureau

---

[159] Cf. UNESCO, *Rapport sur l'action du Programme pour une culture de la paix* (Document 28 C/123).

[160] Actuellement République Démocratique du Congo (RDC). Les quatre autres pays participants étaient le Brésil, l'Estonie, Haïti et le Sri Lanka.

régional de l'UNESCO pour l'éducation en Afrique (BREDA)[161] d'un colloque sur le thème : « *Conflits actuels et culture de la paix.* »

Hormis les activités intersectorielles, l'une des missions essentielles de l'Unité du Programme pour une culture de la paix consistait à œuvrer au lancement de programmes nationaux pour une culture de la paix « *ayant pour objet de faire passer les concepts fondamentaux de la culture de la paix dans la pratique quotidienne à l'échelle nationale* » ; lesquels concepts fondamentaux étaient les suivants : (i) la participation et la coopération au processus de développement de toutes les parties aux conflits ; (ii) le développement du processus démocratique et le respect des droits politiques et humains de chacun ; et (iii) la gestion non violente des conflits.

Au titre du lancement desdits programmes nationaux pour une culture de la paix, le *Rapport sur l'action du Programme pour une culture de la paix* fait état de la mise en chantier, pour l'Afrique, de deux programmes[162], au Mozambique et au Burundi, à la demande des gouvernements de ces pays.

Le Mozambique avait été choisi parce qu'il était engagé dans un processus de paix soutenu par les Nations Unies et caractérisé par un accord officiel de paix et une importante mission de maintien de la paix des Nations Unies. Le Burundi avait été retenu, quant à lui, « *en raison du danger que représenterait une autre flambée de violence extrême semblable à celle qui venait de dévaster son voisin, le Rwanda.* »

Au Mozambique, le Programme pour une culture de la paix, lancé et organisé dans un premier temps par la Commission nationale pour l'UNESCO, visait à soutenir les initiatives des communautés en faveur de la paix, dans le cadre d'un processus

---

[161] Actuellement, Bureau régional multisectoriel pour l'Afrique de l'Ouest.

[162] Le rapport fait en réalité état du lancement de trois programmes : le troisième étant celui d'El Salvador.

en plusieurs phases commençant par un soutien aux ONG œuvrant dans ce domaine.

Dans un deuxième temps, huit projets avaient été sélectionnés en vue de leur réalisation à l'échelle nationale en association avec les ministères, les Nations Unies et autres institutions internationales ainsi qu'avec des organisations non gouvernementales mozambicaines. Le premier de ces projets à être réalisé visait à amener le nouveau Parlement à réfléchir sur la démocratie, les droits de l'homme et la consolidation de la paix. Un groupe de 12 parlementaires représentant les trois partis, et toutes les provinces, s'était rendu, en Afrique du Sud et au Malawi, pour rencontrer des parlementaires de ces pays et examiner de près les moyens qu'ils avaient trouvés pour coopérer à l'élaboration d'une législation sociale. De même que la visite d'étude, le processus de réflexion auquel elle a donné lieu était suivi par les médias, qui en rendaient largement compte, pour en faire une forme d'éducation populaire à la paix et à la démocratie.

Au Burundi, l'inauguration, en décembre 1994, d'une Maison de I'UNESCO pour une culture de la paix[163], dotée d'un personnel multiethnique, avait été le prétexte au lancement d'un programme national pour une culture de la paix. La création de cette Maison de l'UNESCO pour une culture de la paix traduisait symboliquement le désir national de paix, « *tout en offrant une structure matérielle disposant des moyens et du pouvoir institutionnel voulus pour réaliser ce désir.* »

La première activité du programme burundais pour une culture de la paix avait été un forum national qui avait rassemblé 160 dirigeants politiques, chefs religieux et universitaires du pays appartenant aux deux groupes ethniques et représentant toutes les couches de la société. Les recommandations qui en avaient été issues portaient sur des programmes éducatifs et des programmes de communication.

---

[163] Cette maison existe toujours.

En Somalie, à la suite de la tenue, en avril 1995, d'un colloque sur la culture de la paix à l'attention d'intellectuels somaliens, organisé avec l'aide de la Commission nationale du Yémen pour l'UNESC0, un programme national avait été seulement envisagé.

Outre les programmes nationaux pour une culture de la paix, le *Rapport sur l'action du Programme pour une culture de la paix* faisait état aussi d'autres initiatives nationales prises par les Etats membres dans ce domaine :

- en Afrique du Sud, l'organisation d'une multitude d'activités de pacification du pays en lien avec la fin de l'apartheid ;

- au Congo, l'organisation par le gouvernement, en coopération avec l'UNESC0, d'un Forum national pour la culture de la paix à Brazzaville, en décembre 1994 ;

- en Côte d'Ivoire, la tenue en juin 1995, d'un séminaire sur la culture de la paix, organisé par la Commission nationale pour l'UNESCO et le Bureau régional de l'UNESCO ;

- au Soudan, l'organisation, en avril 1995, par la Commission nationale pour I'UNESCO, en coopération avec l'Unité du Programme pour une culture de la paix de I'UNESCO, d'un séminaire régional sur la culture de la paix ;

- au Malawi, à l'initiative de la Commission nationale pour l'UNESCO, l'organisation, aux fins d'enraciner la démocratie et de promouvoir une culture de la paix, des activités d'éducation civique en coordination avec des organisations nationales de catholiques, de protestants et de musulmans.

Bien que constituant les premières amorces d'une mise en mouvement de la culture de la paix en Afrique, ces activités réalisées par l'Unité du Programme pour la culture de la paix de l'UNESCO et par les Etats membres, pendant la période 1994-1995, étaient encore disparates et ne relevaient pas d'une dynamique programmatique et stratégique globale spécifique pour le continent.

4 .2. De la «Priorité Afrique »

Aujourd'hui, la promotion de la culture de la paix en Afrique par l'UNESCO ne peut être séparée de sa *Priorité Afrique*[164] ; priorité dont l'objectif est de concourir à la réalisation de la vision de l'Union africaine de « *bâtir une Afrique intégrée, prospère et en paix, dirigée par ses citoyens et constituant une force dynamique sur la scène mondiale.* »

La *Priorité Afrique* témoigne de l'engagement programmatique et stratégique spécifique de l'UNESCO pour l'avenir du continent, pour la foi en sa capacité de résilience et de transformation progressiste. Elle est un outil par lequel l'Organisation, tout en tenant compte de la diversité spécifique des sociétés africaines et donc d'une exigence de contextualisation, répond aux besoins de l'Afrique en matière d'éducation, de culture, de sciences, de communication et d'information.

Pour 2014-2021, cette Priorité compte six Programmes phares : (i) Promouvoir une culture de la paix et de la non-violence ; (ii) Consolider les systèmes éducatifs en vue du développement durable en Afrique : améliorer l'équité, la qualité et la pertinence ; (iii) Mobiliser la STI et les connaissances au service du développement socio-économique durable de l'Afrique ; (iv) Favoriser la science pour une gestion durable des ressources naturelles de l'Afrique et la réduction des risques de catastrophe ; (v) Mettre le pouvoir de la culture au service du développement durable et de la paix dans un contexte d'intégration régionale ; (vi) Promouvoir un environnement propice à la liberté d'expression et au développement des médias.

---

164 L'UNESCO compte deux priorités stratégiques : l'Afrique et l'Egalité des genres.

La promotion de la culture de la paix est le premier de ces six programmes phares, comme pour signifier que la paix est un préalable à tout développement.

Cette *Priorité Afrique* a été officiellement lancée, la même année, que la création du concept de « *culture de la paix* », et plus précisément le 2 novembre 1989, par une résolution de la Conférence générale, réunie en séance plénière, en sa vingt-cinquième (25e) session[165]. Bien qu'entériné en novembre, le projet de cette priorité avait déjà été évoqué en septembre 1989, dans le cadre de l'élaboration du programme et de budget pour 1990-1991.

Le Directeur général d'alors, monsieur Federico Mayor, promoteur de cette *Priorité Afrique*, mais également architecte de la culture de la paix[166], en justifiait la nécessité en ces termes : « *L'UNESCO se doit d'avoir pour destinataires privilégiés de son action les catégories de l'humanité les plus pauvres, les plus exposées au désespoir, les plus démunies en matière d'accès au savoir, ainsi que les plus vulnérables. La situation particulièrement préoccupante de l'Afrique requiert de l'Organisation un immense effort et une action résolue pour mobiliser toutes les solidarités...* »[167] En priorisant ainsi la

---

[165] Cf. UNESCO, *Priorité : Afrique. Programme d'action proposé par le Directeur général (1990-1995)*, mars 1992, p. 9. En ligne : https://unesdoc.unesco.org/ark:/48223/pf0000141450?posInSet=2&queryId=596f6762-09c2-4f0c-88ab-8b763260072c. Voir également : UNESCO, *Priorité Afrique. Annexe I : Principales activités prévues pour la région Afrique dans le Projet de programme et de budget pour 1990-1991*, septembre 1989. En ligne : https://unesdoc.unesco.org/ark:/48223/pf0000149791_fre?posInSet=1&queryId=32b39389-9ed4-4820-91e5-a6e1dd43372c.

[166] Monsieur Federico Mayor Zaragoza, Directeur général de l'UNESCO entre 1987 et 1999, a été le principal témoin de la naissance de ce concept de « *Culture de la paix* » et celui qui a grandement œuvré à sa concrétisation jusqu'à aux plus hautes instances de l'Organisation des Nations Unies, notamment par l'adoption par l'Assemblée générale de la « *Déclaration et Programme d'action sur une culture de la paix* » en 1999.

[167] Cité par UNESCO, *Priorité Afrique. Annexe I : Principales activités prévues pour la région Afrique dans le Projet de programme et de budget*

région Afrique, il s'agissait, en même temps, pour monsieur Mayor d'amener l'UNESCO à contribuer, dans ses domaines de compétences, à la mise en œuvre aux niveaux national, sous-régional et régional du « *Programme d'action des Nations Unies pour le redressement économique et le développement de l'Afrique* » (UNPAAERD).

La *Priorité Afrique*, dans sa version initiale et première du programme et de budget pour 1990-1991, n'avait pas fait de la culture de la paix un axe essentiel et distinct. La référence à la culture de la paix y était accessoirement et indirectement mentionnée, au titre des programmes transversaux, dans l'axe intitulé : « *Contribution à la paix, aux droits de l'homme et à l'élimination de toutes les formes de discrimination.* »[168] Pour la mise en œuvre dudit axe, plusieurs activités étaient citées parmi lesquelles, deux en lien avec la culture de la paix : (i) le « *Soutien technique et financier aux réseaux régionaux et internationaux d'institutions d'enseignement supérieur et de recherche sur la paix et la compréhension internationale, y compris les institutions spécialisées dans le droit international public, dont notamment la chaire de relations internationales de l'Université de Tunis* » ; et l' « *Organisation d'une réunion du Groupe de travail consultatif sur la suite à donner au Congrès international sur la paix dans l'esprit des hommes (Yamoussoukro, Côte d'Ivoire, 1989) et mise en œuvre des recommandations du Congrès.* »

Reconduit dans le cadre du programme et budget pour 1992-1993, cet axe « *Contribution de l'UNESCO à la paix, aux droits de l'homme et à l'élimination de toutes les formes de discrimination* » de la *Priorité Afrique* prévoyait comme activités, entre autres[169] : (i) : une réunion sur la pluralité

---

pour 1990-1991, septembre 1989, p.1

[168] Cf. UNESCO, *Priorité Afrique. Annexe I : Principales activités prévues pour la région Afrique dans le Projet de programme et de budget pour 1990-1991*, septembre 1989, p. 47.

[169] Cf. UNESCO, *Priorité Afrique. Annexe II : Principales activités prévues*

culturelle et la démocratie en Afrique à Gorée (Sénégal) ; la traduction et la diffusion en Afrique de la Déclaration universelle des droits de l'homme. Figurera aussi en bonne place de la mise en œuvre dudit axe, l'élimination de l'apartheid.

Au titre de la période 1994-1995, la *Priorité Afrique* ne mentionnera aucune activité directement liée à la culture de la paix[170].

La culture de la paix ne devient donc explicitement un axe fondamental pour cette *Priorité Afrique* qu'à partir de l'adoption de sa *Stratégie opérationnelle pour 2014-2021.*

Pour cette même période (2014-2021), il est à souligner que l'engagement de l'UNESCO en faveur de la culture de la paix en Afrique a aussi pour cadre de référence sa *Stratégie à moyen terme*, dont l'un des deux grands domaines d'action pour l'Afrique est « *la construction de la paix par l'édification de sociétés inclusives, pacifiques et résilientes.* »

4 .3. Du Forum panafricain « Sources et ressources pour une culture de la paix »

En vue de la mise en œuvre de son « *Programme d'action intersectoriel et interdisciplinaire pour une culture de la paix et de la non-violence* » (2012-2013), l'UNESCO, en collaboration avec ses Etats membres, a organisé des forums de réflexion sur une base sous-régionale et régionale.

---

pour la région Afrique dans le Projet de programme et de budget pour 1992-1993, octobre 1991, p. 67. En ligne : https://unesdoc.unesco.org/ark:/48223/pf0000090634_fre?posInSet=3&queryId=a8c03c0e-9f8c-42bb-982b-c1167d7b9f41.

[170] Cf. UNESCO, *Programme Priorité Afrique* in *Programme et budget approuvés pour 1994-1995*, Paris, janvier 1994, p.p. 171-173. En ligne : https://unesdoc.unesco.org/ark:/48223/pf0000095663_fre?posInSet=8&queryId=4353a3a8-8d8f-49b8-a4f9-aa6eab301d94.

Le premier de ces forums qui s'est tenu à Abidjan (Côte d'Ivoire), du 4 au 5 juin 2012, à l'initiative du Centre d'étude et de prospective stratégique (C.E.P.S.) et du Gouvernement ivoirien, a eu pour thème « *Culture de la paix en Afrique de l'Ouest : un impératif de développement économique et une exigence de cohésion sociale.* »

Le second, le Forum panafricain « *Sources et ressources pour une culture de la paix* »[171], a été a organisé, conjointement avec le Gouvernement angolais et l'Union africaine, à Luanda, du 26 au 28 mars 2013.

L'objectif de cet important forum était « *de s'appuyer sur les sources d'inspiration et sur le potentiel des ressources culturelles, naturelles et humaines du continent pour identifier des pistes d'action concrètes permettant de construire une paix durable, entendue comme pierre angulaire du développement endogène et du panafricanisme.* »

Inspiré des principes énoncés dans la Charte de la renaissance culturelle africaine, ce forum entendait souligner ainsi la conviction, de ses organisateurs, selon laquelle « *la diversité culturelle et l'unité africaine constituent un facteur d'équilibre, une force pour le développement économique de l'Afrique, la résolution des conflits, la réduction des inégalités et de l'injustice au service de l'intégration nationale.* »

L'importance de ce forum réside dans le fait qu'il aura permis l'adoption d'un « *Plan d'action en faveur d'une culture de la paix en Afrique/Agissons pour la paix* »[172] ; lequel plan sert, depuis, de cadre de référence, en matière de promotion de la culture de la paix sur le continent.

---

[171] Cf. UNESCO, *Rapport final du Forum panafricain « Sources et ressources pour une culture de la paix » Luanda (Angola)*, 26-28 mars 2013 (document 191 EX/4.INF.3).

[172] Cf. Annexe 1.

Outre l'adoption dudit plan d'action, le Forum panafricain « *Sources et ressources pour une culture de la paix* » s'est avéré, par ailleurs, un évènement majeur, dans la mise en mouvement de la culture de la paix en Afrique, du fait de la décision, prise à cette occasion, de créer une biennale de la culture de la paix.

Ainsi, si Yamoussoukro est le berceau de la naissance du concept de la culture de la paix pour le monde, Luanda est, pour l'Afrique, son sol nourricier, précisément depuis la tenue de ce forum de 2013.

4 .4. De la mise en œuvre du « Plan d'action en faveur d'une culture de la paix en Afrique/Agissons pour la paix » ou vers la création d'un Mouvement panafricain en faveur d'une culture de la paix

Convaincue « *qu'une paix fondée sur les seuls accords économiques et politiques des gouvernements ne saurait entraîner l'adhésion unanime, durable et sincère des peuples* », l'UNESCO s'est souciée d'associer, au-delà des seuls pouvoirs publics, les sociétés civiles de ses Etats membres dans sa vocation d'élever les défenses de la paix dans l'esprit des hommes, des femmes et des enfants. La construction et la consolidation de la paix dans le monde doivent être en effet une œuvre collective.

C'est dans cet esprit que la Résolution 53/243, du 6 octobre 1999, de l'Assemblée générale des Nations Unies, portant « *Déclaration et Programme d'action sur une culture de la paix* » appelait à la création d'un « *Mouvement mondial en faveur d'une culture de la paix.* »

Pour la région Afrique, l'appel à la création d'un « *Mouvement continental et durable en faveur de la paix » apparaît dans le « Plan d'action en faveur d'une culture de la paix en Afrique/Agissons pour la paix* », notamment en ses axe 4 et objectif 4.1.

Pour amorcer la mise en œuvre de ce plan d'action, il a été, quasi au lendemain de la tenue du Forum panafricain « *Sources et ressources pour une culture de la paix* », créé, sous l'égide de l'UNESCO et l'Union africaine, des réseaux d'organisations de la société civile d'Afrique et de la Diaspora.

Ainsi, en septembre 2013, a été créé à Addis-Abeba (Ethiopie), le « *Réseau de fondations et d'institutions de recherche pour la promotion d'une culture de la paix en Afrique* » qui compte, aujourd'hui, plus de 50 organisations, parmi lesquelles des chaires UNESCO. La Fondation Félix Houphouët-Boigny pour la recherche de la paix est en charge du Secrétariat permanent dudit réseau et son siège social est, par conséquent, basé en Côte d'Ivoire, plus précisément à Yamoussoukro.

En décembre 2014, a été lancé, à Libreville (Gabon), le « *Réseau panafricain de jeunes pour la culture de la paix* », constitué d'environ 60 organisations, parmi lesquelles des Conseils nationaux de la jeunesse. Le Secrétariat permanent de ce réseau de jeunes est hébergé par le Gabon.

En mars 2014, l'idée de créer un « *Réseau panafricain des femmes pour la culture de la paix* » a été évoquée à Bruxelles (Belgique) lors d'un forum pour les femmes africaines.

La création, au Gabon, le 18 juin 2018, d'une organisation nationale dénommée justement « *Réseau panafricain des femmes pour la culture de la paix et le développement durable* » participe de la concrétisation du projet évoqué à Bruxelles.

Cependant, l'UNESCO est revenue sur son projet d'appuyer la création d'un réseau continental de femmes pour la culture de la paix et s'emploie désormais à soutenir plutôt le renforcement des réseaux de femmes existants, créés sous l'égide de l'Union africaine et de l'ONU, tels que le « *Réseau des femmes africaines pour la prévention des conflits et la médiation* » (FemWise-Africa) et le « *Réseau des Femmes Leaders Africaines* » (AWLN).

Tirer profit des réseaux traditionnels de l'UNESCO

En réalité, par la création de ces réseaux indépendants et autonomes par rapport à l'UNESCO, l'Organisation n'inaugure point une tradition de collaboration avec la société civile. Depuis sa création, elle a su toujours mobiliser la société civile en faveur de la promotion de ses idéaux et de la réalisation de ses activités et programmes.

C'est tout le sens de l'existence de ses premiers et anciens partenaires d'essaimage et d'expérimentation de ses outils et ressources pédagogiques, mais également de recherche scientifique que sont les clubs UNESCO, d'abord ; le Réseau du Système des écoles associées de l'UNESCO (réSEAU), ensuite ; et les chaires UNESCO, les réseaux UNITWIN et les comités nationaux de ses programmes scientifiques internationaux ou intergouvernementaux, enfin.

Pour donner de l'allant, et une véritable force d'impact, au « *Mouvement panafricain pour la culture de la paix* », l'UNESCO aurait tout intérêt, au-delà des réseaux des fondations et institutions de recherche, des jeunes et des femmes qui constituent ce mouvement pour le moment, d'y impliquer les clubs UNESCO, les membres du réSEAU, les chaires UNESCO, les réseaux UNITWIN et les comités nationaux de ses programmes scientifiques internationaux ou intergouvernementaux.

Les associations, centres et clubs UNESCO

Mouvement populaire mondial qui compte quelque 4000 entités réparties dans plus de 100 pays à travers le monde[173], les associations, centres et clubs UNESCO sont nés, au lendemain de la création de l'UNESCO, dans la dynamique du mouvement spontané et populaire de soutien aux idéaux de paix de l'Organisation. La première association UNESCO a été créée à

---

[173] Cf. le site de l'UNESCO : https://fr.unesco.org/countries/associations-centres-clubs-unesco.

Sendai au Japon, le 19 juillet 1947, bien avant que ce pays ne devienne membre de l'UNESCO.

Les clubs, associations et centres UNESCO soutiennent les priorités de l'Organisation au niveau local en tirant parti de l'expérience, des compétences et de la vision des choses propres à chaque communauté pour favoriser la paix et les échanges. Ce sont des groupes de personnes de tous âges, de tous horizons et de toutes conditions qui croient fermement à la vocation de l'UNESCO telle qu'elle est énoncée dans son Acte constitutif.

Ils peuvent revêtir diverses formes. En effet, tout en possédant des traits communs, les clubs peuvent présenter une grande diversité de nature déterminée par le type d'adhérents qui les composent, ainsi que par le milieu et les conditions dans lesquels ils sont appelés à fonctionner.

On distingue, en général, quatre catégories de Clubs :

- Ceux, actuellement, les plus nombreux, qui fonctionnent à l'intérieur d'un établissement scolaire ;

- Ceux créés, par et pour des étudiants, dans le cadre des universités et des établissements d'enseignement supérieur, qui sont le prolongement naturel des Clubs scolaires ;

- Ceux, n'étant pas destinés à des élèves et à des étudiants en tant que tels, mais à un public plus varié, qui jouissent d'un statut juridique bien établi et regroupent notamment les dirigeants des cercles culturels et administratifs de la communauté ;

- Les « *Centres pour l'UNESCO* », qui se distinguent des clubs et des associations, car ils fonctionnent de manière permanente dans un local généralement ouvert au grand public, sont dotés d'un personnel spécialisé souvent rémunéré et disposent de moyens relativement importants provenant de sources diverses (gouvernements, municipalités, fondations, groupes de « *sponsors* »).

Les clubs UNESCO ont trois fonctions essentielles : la formation, la diffusion de l'information et l'action, à travers des activités intellectuelles, manuelles, sportives ou artistiques.

L'important mouvement des clubs, associations et centres UNESCO illustre comment des citoyens ordinaires peuvent, au même titre que des dirigeants et des responsables politiques, influer sur les décideurs. Les clubs UNESCO ont été les premiers moyens par lesquels l'UNESCO a établi des passerelles au sein de la société civile.

Impliquant majoritairement les jeunes en milieu scolaire et universitaire, les clubs UNESCO constituent, en Afrique en particulier dans les pays francophones, un mouvement très actif qui compte environ 1300 clubs. L'organe régional de coordination de ces clubs UNESCO, constitués en fédérations nationales, est la Confédération africaine des clubs pour l'UNESCO (CACU), établie en mars 1999, à Niamey (Niger). La CACU est membre de la Fédération mondiale des associations, centres et clubs UNESCO (FMACU), fondée en 1981. La FMACU est une organisation non gouvernementale internationale (ONG), classée dans la catégorie des ONGS partenaires officiels de l'UNESCO.

Le Réseau du Système des écoles associées de l'UNESCO

Le Réseau du Système des écoles associées de l'UNESCO est un réseau international, créé en 1953, qui a pour vocation de contribuer à l'amélioration de la qualité de l'éducation pour tous dans la poursuite de la promotion des idéaux de l'UNESCO, à savoir la construction de la paix dans l'esprit et le cœur des hommes et des femmes et, en particulier, des enfants et des jeunes. Le réSEAU, à ce jour, regroupe plus de 11 500 établissements d'enseignement dans 182 pays[174], de la

[174] Cf. le site de l'UNESCO : https://aspnet.unesco.org/fr-fr/Pages/A_propos_du_reSeau.aspx. A la date où ces lignes sont écrites, c'est-à-dire le 2 février 2020.

maternelle aux instituts de formation des enseignants ; dont 2 748 écoles associées[175] pour la région Afrique.

Rassemblant des enseignants et des élèves de tous horizons, le réSEAU est donc un laboratoire de nouvelles approches centrées sur l'éducation de qualité. Ses établissements membres identifient, expérimentent, évaluent et appliquent constamment des méthodes et des contenus pédagogiques innovants qui préparent les apprenants à participer activement à la construction de leur société.

Le réSEAU circonscrit son engagement autour de quatre thèmes : (i) les problèmes mondiaux et le rôle des Nations Unies ; (ii) l'éducation au développement durable ; (iii) la paix et les droits de l'homme ; (iv) l'apprentissage interculturel.

Pour la période 2014-2021, le réSEAU s'est fixé trois objectifs, à savoir :

1) l'intégration de l'éducation à la citoyenneté mondiale (ECM) et de l'éducation au service du développement durable (EDD) dans les processus d'enseignement et d'apprentissage des écoles du réSEAU ;

2) l'expérimentation des approches novatrices de l'éducation à la citoyenneté mondiale (ECM) et de l'éducation au service du développement durable (EDD) à travers les écoles du réSEAU ;

3) l'amélioration du partage d'informations, d'expériences et de bonnes pratiques entre les écoles du réSEAU.

---

175 Cf. le lien https://aspnet.unesco.org/fr fr/Pages/Ecoles%20par%20pays.aspx. A la date où ces lignes sont écrites, c'est-à-dire le 2 février 2020.

Pour la mise en œuvre de ces objectifs, les modes d'action sont les suivants :

1) l'organisation des formations et des forums au bénéfice des directeurs, des enseignants et des élèves des écoles du réSEAU ;

2) la fourniture aux écoles du réSEAU des ressources documentaires UNESCO sur l'éducation à la citoyenneté mondiale (ECM) et l'éducation au service du développement durable (EDD) ;

3) l'initiation de nouveaux projets phares dans une sélection d'écoles du réSEAU pour expérimenter des approches novatrices sur l'éducation à la citoyenneté mondiale (ECM) et l'éducation au service du développement durable (EDD) ;

4) l'innovation des projets phares existants ;

5) la création d'une ou plusieurs plates-formes collaboratives en ligne pour apprendre et échanger sur l'éducation à la citoyenneté mondiale (ECM) et l'éducation au service du développement durable (EDD) ;

6) l'amélioration du réseautage, de la gestion et de la communication par le biais des TIC et des échanges personnels.

Pour toute école, l'adhésion au réSEAU est un engagement à être, là où elle se trouve, à la fois, le véhicule des idéaux de l'UNESCO et un laboratoire d'innovation et d'expérimentation pédagogiques.

Les chaires UNESCO et les réseaux UNITWIN

On entend par « *chaire UNESCO* » un projet et une équipe universitaire ou de recherche, établis dans une université, un établissement d'enseignement supérieur ou de recherche, travaillant en partenariat avec l'UNESCO « *afin de faire progresser les connaissances et la pratique dans un domaine prioritaire à la fois pour l'établissement et l'Organisation.* »[176]

Un « *réseau UNITWIN*[177]» désigne, quant à lui, « *un réseau d'universités ou d'autres établissements d'enseignement supérieur ou de recherche (de 3 à 10 établissements) dans différents pays, qui se regroupent et signent ensemble un accord avec l'UNESCO.* »[178]

Les Chaires UNESCO et les réseaux UNITWIN font partie d'un programme dénommé « *Programme UNITWIN / Chaires UNESCO* » mis en place en 1992, conformément à une résolution adoptée par la Conférence générale de l'UNESCO à sa 26e session (1991). Ce programme soutient la création de chaires UNESCO et de réseaux UNITWIN à travers le monde afin d'encourager « *la coopération et la création de réseaux entre les universités au niveau international pour renforcer les capacités institutionnelles par le partage de connaissances et la collaboration. Grâce au programme, les établissements d'enseignement supérieur et de recherche du monde entier mettent en commun leurs ressources pour relever les défis pressants et contribuer au développement de leur société.* »

A travers le monde, à la date du 31 janvier 2020, il existait 792 chaires UNESCO, dont 78 en Afrique[179] ; et 45 réseaux UNITWIN, dont un qui a pour pays hôte en Afrique, le Gabon[180].

---

[176] Cf. UNESCO, *Programme UNITWIN / Chaires UNESCO. Directives et modalités d'adhésion*, Paris, 2017, p. 5.

[177] Abréviation de « *university twinning and networking* » - jumelage et mise en réseau des universités.

[178] Cf. UNESCO, *Programme UNITWIN / Chaires UNESCO. Directives et modalités d'adhésion, op. cit.*, p. 6.

[179] Cf. https://en.unesco.org/sites/default/files/list-unesco-chairs.pdf.

[180] Cf. https://en.unesco.org/sites/default/files/list-unesco-networks.pdf. Le réseau UNITWIN dont le Gabon est le pays hôte est le Réseau « *Bantuphonie : langues en danger, savoirs endogènes et biodiversité* », établi

Ces chaires UNESCO et ce réseau UNITWIN peuvent être des laboratoires de recherche-action de contextualisation et d'approches endogènes de la culture de la paix ; les recherches issues de ces chaires et de ce réseau pourront ensuite faire l'objet d'exploitation pédagogique par les membres du réSEAU.

Du reste, les recherches en cours de nombre de ces chaires UNESCO sont des contributions déjà disponibles et susceptibles de faire l'objet d'expérimentations pédagogiques dans le cadre de la promotion et de la construction de la culture de la paix par l'éducation. C'est le cas de certains travaux de recherche et réflexions contenus, dans l'ouvrage collectif *Les futurs humanistes de l'apprentissage. Perspectives des chaires UNESCO et des réseaux UNITWIN,* par lesquels leurs auteurs[181] plaident en faveur des réformes des systèmes éducatifs pour les adapter, par exemple, au changement climatique, à la citoyenneté mondiale, à l'innovation ou défendent le principe du droit à une éducation public de qualité non marchande.

<u>Les programmes scientifiques internationaux ou intergouvernementaux et leurs comités nationaux</u>

Peuvent tout aussi être exploités pédagogiquement, les travaux issus des programmes scientifiques de l'UNESCO.

à l'Université Omar Bongo.

[181] Cf. Dans cet ouvrage, UNESCO, *Les futurs humanistes de l'apprentissage. Perspectives des chaires UNESCO et des réseaux UNITWIN*, Paris, UNESCO, 2020, les articles suivants : « *Une réforme des systèmes éducatifs axée sur la durabilité* » de Prem Jain de la Chaire UNESCO en énergies renouvelables et environnement de l'Université de Zambie p.p. 28-32 ; « *Apprendre à devenir citoyen du monde* » de Fathi Triki de la chaire UNESCO de philosophie de Tunisie, p.p. 90-94 : « *L'éducation publique n'est pas à vendre au plus (ou moins) offrant* » d'Ann skelton de la chaire UNESCO en droit de l'éducation en Afrique de l'Université de Pretoria (Afrique du Sud) ; « *Innovation disruptive à l'université et sauvegarde de l'avenir de l'humanité* » de Lazare Poamé de la chaire UNESCO de bioéthique de l'Université Alassane Ouattara de Bouaké (Côte d'Ivoire), p.p. 200-203.

Depuis sa création, et fidèle à sa vocation de promotion de la coopération culturelle, intellectuelle et scientifique internationale, l'UNESCO a, en effet, mis en place un certain nombre de programmes scientifiques qui sont mis en œuvre par le biais de ses programmes scientifiques internationaux (PSIs) ou intergouvernementaux.

Ces programmes scientifiques internationaux ou intergouvernementaux sont les suivants :

- *Programme hydrologique intergouvernemental (PHI)*[182]

Créé en 1975, le Programme hydrologique intergouvernemental (PHI) est le seul programme intergouvernemental du système des Nations Unies consacré à la promotion de la recherche dans le domaine de l'eau et qui est en capacité de fournir aux Etats membres des conseils pour la formulation des politiques, la gestion des ressources en eau afin d'assurer la durabilité des écosystèmes, ainsi qu'en matière d'éducation et de renforcement des capacités pour satisfaire les besoins croissants liés au développement durable.

- *Programme sur l'homme et la biosphère (MAB)*

Créé en 1971, le Programme sur l'Homme et la biosphère (MAB) est un programme intergouvernemental visant à établir une base scientifique pour améliorer les relations homme-nature au niveau mondial aux fins de réduire la perte de biodiversité et d'en traiter les aspects écologiques, sociaux et économiques.

---

182 Anciennement Programme hydrologique international, le PHI a changé de nom en 2019, à la faveur d'une résolution de la Conférence générale de l'UNESCO adopté, à sa 40e session (12-27 novembre 2019). Ledit programme a changé de nom en passant de « *Programme hydrologique international* » à « *Programme hydrologique intergouvernemental.* »

- *Programme international pour les géosciences et les géoparcs (PIGG)*

Le Programme international pour les géosciences et les géoparcs (PIGG) comprend le Programme international de géosciences (PICG), créé en 1972, à l'initiative conjointe de l'UNESCO et de l'Union internationale des sciences géologiques (UISG), et qui met en connexion des géoscientifiques du monde entier chargés d'étudier la Terre et les processus géologiques sous des thèmes pertinents pour la société, d'une part ; et le label Géoparc mondial UNESCO qui permet de promouvoir la valeur géologique internationale et le développement durable local, d'autre part. Le PIGG est ainsi un centre de connaissances dont l'objectif est de faciliter la coopération scientifique internationale dans le domaine des géosciences et de l'utilisation durable des ressources naturelles, en particulier des ressources minérales.

- *Programme international de sciences fondamentales* (PISF)

Accroître la coopération intergouvernementale pour le renforcement des capacités nationales en matière de sciences fondamentales et d'enseignement des sciences, par le biais d'actions d'envergure spécifiques à chaque région, menées par un réseau de centres d'excellence ou de référence nationaux, régionaux et internationaux en sciences, tel est l'objectif du Programme international de sciences fondamentales (PISF). Comparativement aux autres programmes scientifiques intergouvernementaux ou internationaux de l'UNESCO, le PISF est un programme très récent qui n'est devenu opérationnel qu'en 2005.

- *Programme pour la gestion des transformations sociales (MOST*)

Seul programme scientifique ayant trait aux sciences sociales, le Programme pour la gestion des transformations sociales (MOST) a été créé en 1994. Il a pour but la promotion et le développement de la recherche comparative internationale pertinente pour l'élaboration des politiques publiques en vue de soutenir les États membres dans l'amélioration des processus de prise de décision éclairée par des données empiriques, à travers une interface renforcée entre la recherche et les politiques publiques, et ce, en utilisant, notamment, les connaissances en sciences sociales fondées sur les besoins et les droits humains.

- *Programme information pour tous (PIPT)*

Crée en 2000, en remplacement du Programme général d'information (PGI) et du Programme intergouvernemental d'informatique (PII), le Programme information pour tous (PIPT), mis en œuvre dès le 1er janvier 2001, est un programme transdisciplinaire dont la vocation est de jouer un rôle clé dans l'exécution de la mission de l'UNESCO qui consiste à contribuer à « *l'éducation pour tous* » et au « *libre-échange des idées et des connaissances* » et à « *multiplier les relations entre [les] peuples* », notamment en contribuant à réduire l'écart entre les riches et les pauvres en information. Le PIPT est donc la réponse de l'UNESCO aux défis et aux opportunités de la société de l'information.

- *Programme international pour le développement de la communication (PIDC)*

Créé en 1980, le Programme international pour le développement de la communication (PIDC) est un forum multilatéral du Système des Nations Unies ayant pour objectif de mobiliser la communauté internationale pour débattre et assurer l'essor et le progrès des médias libres et pluralistes dans les pays en développement, notamment en aidant ces derniers, dans le respect du fonctionnement autonome et indépendant des organismes d'information, à élaborer et à mettre en œuvre des plans de développement de l'information et de la communication, ainsi qu'à identifier les besoins et domaines prioritaires.

- *Programme mémoire du monde*

Mis en place en 1992, le Programme mémoire du monde est né de la prise de conscience de l'état de préservation alarmant du patrimoine documentaire et de la précarité de son accès dans différentes régions du monde. Cette prise de conscience a été renforcée par l'exigence selon laquelle le patrimoine documentaire du monde appartient à tous, et qu'il doit être entièrement préservé et protégé pour le bénéfice de tout un chacun et être accessible à tous, de manière permanente, sans obstacle aucun, tout en tenant compte des spécificités et pratiques culturelles qui s'y rattachent.

- *Commission océanographique intergouvernementale (COI)*

Fait partie également de ces programmes, au titre des organes ou outils scientifiques de l'UNESCO, la *Commission océanographique intergouvernementale (COI)*. Créée en 1960, la COI a pour objectif la promotion de la coopération internationale et la coordination des programmes de recherche, des services et du renforcement des capacités afin d'accroître les connaissances relatives à la nature et aux ressources des océans et des zones côtières et d'appliquer ces connaissances à l'amélioration de la gestion, au développement durable, à la protection du milieu marin et aux processus de prise de décision par ses Etats membres.

Cette commission et tous les programmes, listés ci-dessus, encouragent les Etats membres de l'UNESCO à établir des comités nationaux afin d'encourager la coopération entre les chercheurs, les décideurs politiques et lesdits programmes.

La plate-forme des villes de l'UNESCO[183]

Au-delà des écoles associées, des clubs et chaires UNESCO, des comités nationaux des programmes scientifiques internationaux ou intergouvernementaux, d'autres réseaux peuvent être mis en contribution pour renforcer et enraciner durablement le « *Mouvement panafricain pour la culture de la paix.* »

Ces réseaux sont ceux qui constituent la plate-forme des villes de l'UNESCO ; plate-forme lancée officiellement le 31 octobre 2019, à l'occasion de la Journée mondiale des villes. Avec les membres des réseaux de cette plate-forme, l'UNESCO dispose d'une opportunité pour initier et expérimenter des programmes municipaux de la culture de la paix. Si l'appel à la mise en œuvre de programmes nationaux de la culture de la paix n'a pas été entendu, une initiative de promotion de programmes municipaux a plus de chance de prospérer, surtout par la mobilisation des territoires urbains déjà membres des réseaux de la plate-forme des villes de l'UNESCO.

Cette plate-forme comprend :

- *Le Réseau des villes créatives de l'UNESCO (RVCU)*

Créé en 2004, le Réseau des villes créatives de l'UNESCO promeut la coopération avec et entre les villes ayant identifié la créativité comme un facteur stratégique du développement urbain durable. Couvrant les domaines de l'artisanat et des arts populaires, des arts numériques, du design, du film, de la gastronomie, de la littérature et de la musique, les Villes créatives partagent leurs ressources, connaissances et pratiques innovantes pour construire des villes plus durables et améliorer la qualité de vie pour tous.

---

183 Pour toute cette partie, voir les liens suivants : https://fr.unesco.org/node/281677; https://fr.unesco.org/news/lunesco-celebre-journee-mondiale-villes-31-octobre-019ethttps://fr.unesco.org/system /files/unesco_cities_leaflet_fr_print_v2.pdf.

Dans le cadre de la mise en œuvre du Programme des Nations Unies de développement durable à l'horizon 2030, ces villes créatives illustrent le rôle de la culture en tant que levier pour construire des villes durables.

Parmi les villes africaines faisant partie de ce réseau, nous pouvons citer notamment : (i) Le Caire (Égypte) dans le domaine de l'Artisanat et des arts populaires ; (ii) Le Cap (Afrique du Sud) dans le domaine du Design ; (iii) Durban (Afrique du Sud) dans le domaine de la Littérature ; (iv) Ouagadougou (Burkina Faso) dans le domaine de l'Artisanat et des arts populaires ; (v) Praia (Cabo Verde) dans le domaine de la Musique ; (vi) Sokodé (Togo) dans le domaine de l'Artisanat et des arts populaires ; (vii) Tétouan (Maroc) dans le domaine de l'Artisanat et des arts populaires ou (viii) Tunis (Tunisie) dans le domaine de l'Artisanat et des arts populaires.

- *La Coalition internationale des villes inclusives et durables (ICCAR)*

Anciennement dénommée « *Coalition internationale des villes contre le racisme* », la Coalition internationale des villes inclusives et durables a été officialisée en mars 2004, à la suite de l'appel lancé en faveur d'un front commun dans la lutte mondiale contre la discrimination raciale lors de la Conférence mondiale contre le racisme, la discrimination raciale, la xénophobie et l'intolérance qui s'est tenue à Durban, Afrique du Sud, en 2001.

Depuis sa revitalisation en 2014, ICCAR est devenue une référence en tant que plate-forme urbaine unique au sein du Système des Nations Unies et de la communauté internationale qui entreprend un large éventail d'initiatives - allant de l'élaboration de politiques, du renforcement des capacités aux activités de sensibilisation. Elle plaide en faveur de la solidarité et de la collaboration mondiale pour promouvoir un développement urbain sans exclusive, exempt de toute forme de discrimination.

ICCAR est composée de sept coalitions régionales et nationales. Chacune d'entre elles répond aux priorités et défis spécifiques énoncés dans son Plan d'action en dix points.

Ce Plan d'action en dix points est composé de dix engagements couvrant les différents domaines de compétence des autorités municipales tels que l'éducation, le logement, l'emploi et les activités culturelles. Il propose des exemples de politiques pratiques que les autorités municipales peuvent compléter ou développer. Les villes signataires s'engagent à intégrer ce Plan dans leurs stratégies et politiques municipales et à impliquer les différents acteurs de la société civile dans sa mise en œuvre.

Pour ce qui concerne l'Afrique, la *Coalition des villes africaines contre le racisme et la discrimination* a été lancée en septembre 2006, à Nairobi (Kenya). Son principal objectif est de créer une plate-forme de villes africaines intéressées par le partage d'expériences, de bonnes pratiques, de connaissances et d'expertise pour améliorer leurs politiques et programmes de lutte contre toutes les formes de discrimination, de racisme, de xénophobie et d'intolérance. Kampala (Ouganda) est actuellement la ville « *chef de file* » de cette Coalition.

- *Le Réseau mondial des villes apprenantes*

Constitué de 224 villes actives de 52 pays[184], le Réseau mondial des villes apprenantes s'intéresse à l'élaboration de

---

184 Cf. La liste (consolidée au 1er janvier 2019) en ligne : https://uil.unesco.org/sites/default/files/doc/lifelong-learning/cities/list-of-members-unesco-gnlc-uil.pdf. Pour faire face à la pandémie de la COVID-19, ce réseau a été mobilisé, en coordination avec l'Institut de l'UNESCO pour l'apprentissage tout au long de la vie, pour garantir la continuité des activités d'apprentissage. Des membres de ce réseau (des villes apprenantes UNESCO situées en Chine, Italie, République de Corée, Colombie et Iran) ont ainsi partagé, avec des centaines de représentants municipaux du monde, leurs expériences face au défi causé par la fermeture des établissements d'enseignement due à la pandémie. Pour en savoir plus : https://uil.unesco.org/fr/apprendre-au-long-vie/villes-apprenantes/villes-apprenantes-lunesco-repondent-au-covid-19.

politiques qui favorisent l'apprentissage tout au long de la vie et pour tous, du primaire à l'enseignement supérieur, au sein des familles, des communautés et sur le lieu de travail. Elles encouragent l'utilisation des technologies modernes d'apprentissage et favorisent la citoyenneté mondiale et le développement durable.

Les pays africains membres de ce réseau sont : l'Algérie (9); le Cameroun (avec 56 villes); l'Egypte (2) ; l'Ethiopie (1) ; la Guinée (2); le Kenya (1); le Malawi (1); le Mali (1); le Nigeria (4); le Sénégal (1) et la Tunisie (1).

- *L'Alliance des mégapoles pour l'eau et le climat*

L'Alliance des mégapoles pour l'eau et le climat entend mettre au point des systèmes efficaces de gestion de l'eau, ainsi que la recherche et la technologie nécessaires, afin de rendre les populations moins vulnérables aux pénuries d'eau et aux risques tels que les maladies et les inondations.

Au nombre des mégapoles emblématiques qui font face aux menaces du changement climatique sur leurs besoins en eau, figuraient, en 2016, deux villes africaines : Lagos (Nigeria) et Kinshasa (RDC)[185].

L'Alliance des Mégapoles pour l'Eau et le Climat (MAWAC), en tant que plate-forme permettant aux mégapoles de partager leurs expériences et leurs défis, de proposer des solutions et d'avoir accès à un soutien technique et financier pour leurs programmes et projets, pour relever les défis du changement climatique, sera lancée officiellement à l'occasion de la tenue, du 1er au 4 décembre 2020, de la 2e Conférence

185 Cf. Lien électronique : https://fr.unesco.org/news/megapoles-emblematiques-font-face-aux-menaces-du-changement-climatique-leurs-besoins-eau.

internationale « *Eau, mégapoles et changement global* » [186], organisée par l'UNESCO, à son Siège.

- *Le Réseau des villes du patrimoine mondial*

Constitué de plus de 315 villes, le Réseau des villes du patrimoine mondial œuvre à concilier conservation du patrimoine et développement urbain par l'élaboration d'outils et de solutions pratiques répondant aux besoins des communautés locales.

Au nombre des villes africaines membres de ce réseau : Asmara (Érythrée) ; Cidade Velha (Cabo Verde) ; Grand-Bassam (Côte d'Ivoire) ; Axoum et Harar Jugol (Ethiopie) ; Lamu (Kenya) ; Djenné et Tombouctou (Mali) ; Agadez (Niger) ; Zanzibar (Tanzanie).

- *Le Programme Réductions des risques de catastrophe et résilience*

Le programme de réduction des risques de catastrophe de l'UNESCO met la science, la technologie et l'innovation, ainsi que les connaissances traditionnelles, au service de l'atténuation des risques liés aux aléas naturels tels que les tremblements de terre, les inondations ou encore les phénomènes météorologiques extrêmes. Il encourage ainsi les collaborations avec les autorités municipales pour élaborer des stratégies visant à protéger les infrastructures essentielles telles que les écoles et les sites du patrimoine mondial culturel et naturel, les géoparcs, les réserves de biosphère, et les sites protégeant des documents figurant sur le Registre de la Mémoire du monde de l'UNESCO.

- *L'Observatoire UNESCO/NETEXPLO*

Depuis 2011, l'UNESCO travaille en partenariat avec Netexplo, un observatoire indépendant qui étudie l'impact de la

[186] Cf. https://fr.unesco.org/events/eaumega2020.

technologie numérique sur la société, notamment dans les villes. Ces technologies comprennent l'intelligence artificielle, le big data, la biotechnologie, l'Internet des objets, les jeux, la cybersécurité, la robotique, la chaîne de blocs, les médias sociaux et l'impression 3D.

- *Les Villes éduquées aux médias et à l'information (Villes EMI)*

Les villes éduquées EMI permettent aux acteurs urbains, aux citoyens, non seulement de disposer de connaissances et de compétences nécessaires, mais également de comportements adaptés pour utiliser de manière critique et créative les médias et l'information, comme outils pour répondre aux questions liées au discours de haine, à la désinformation, à la vie privée et pour encourager la liberté d'expression, l'accès à l'information et le dialogue.

Il ne peut y avoir de « *Mouvement panafricain pour la culture de la paix* » viable que fondé préalable sur des mouvements nationaux pour la culture de la paix, à l'échelle de chaque Etat membre de l'UNESCO. Les conditions de réalisation de tels mouvements nationaux sont offertes par les villes, et davantage par des villes qui sont déjà membres de la plate-forme des villes de l'UNESCO. Dans les Etats membres où elles existent, ces villes africaines membres de la plate-forme de l'UNESCO sont potentiellement des organes fédérateurs de toutes ces entités de la famille UNESCO que nous avons énumérées. Les mouvements nationaux pour la culture de la paix peuvent d'abord être des expériences urbaines localisées ; expériences locales qui peuvent avoir un fort impact lorsqu'elles sont le fait, par exemple, des capitales, de grandes villes.

Mégatendance mondiale, l'urbanisation n'épargne pas l'Afrique. Selon l'ONU-Habitat, le continent s'urbanise à un taux de 4 % par an[187]. L'Afrique est en train de devenir

---

[187] Cf. Busani Bafana, « *Les villes africaines de demain. La durabilité des villes passe par une bonne planification* » en ligne :

majoritairement urbaine. « *Il y a cinquante ans, 20 % de la population du continent vivait en ville, aujourd'hui c'est près de 50 % et les 60 % seront atteints avant 2050.* »[188]

Pour les pouvoirs locaux, cette urbanisation croissante du continent suscite une multitude de défis en matière de vivre-ensemble et de développement. En effet, l'intensité des mobilités tant internes qu'externes, à l'origine de la croissance rapide des populations urbaines, entraîne un certain nombre de difficultés, comme la surpopulation, la xénophobie, la discrimination, la pollution environnementale, l'insécurité, la désagrégation sociale, comme conséquence du chômage, de l'augmentation de la pauvreté et des inégalités en matière, par exemple, d'accès à des services de base, tels que l'eau, l'électricité, le transport ou le ramassage des ordures.

Dans le même temps, force est de constater que l'urbanisation est aussi source d'opportunités. En ville, lieu où l'accès à l'éducation est plus facile et où les idées circulent, une jeune fille, par exemple, s'y émancipe et s'y autonomise mieux qu'à la campagne. En ville aussi, quoiqu'elle y constitue un des défis majeurs, la gestion des ressources naturelles et des déchets peut y offrir une opportunité d'agir contre le changement climatique en rendant les villes plus durables par la création d'emplois verts pour la main d'œuvre qualifiée. Parce que nous y sommes confrontés au défi de la diversité croissante des origines et des opinions et celui d'améliorer la communication au sein de cette pluralité, c'est aussi en ville que nous pouvons expérimenter le

---

https://www.un.org/africarenewal/fr/magazine/avril-2016/les-villes-africaines-de-demain.

188 Cf. « *La ville est un laboratoire de l'Afrique de demain* », entretien accordé à *Le Monde* par Laurent Bossard, Directeur du Club du Sahel et de l'Afrique de l'Ouest de l'OCDE, à l'occasion de la présentation d'« *Africapolis* », un site Internet qui cartographie le tissu urbain du continent. En ligne : https://www.lemonde.fr/afrique/article/2018/11/22/laurent-bossard-la-ville-est-un-laboratoire-de-l-afrique-de-demain_5386821_3212.html.

dialogue interculturel, comme outil de contribution à l'édification des sociétés plus pacifiques, inclusives et durables.

Du fait de tous ces défis auxquels elles sont confrontées, les villes, en tant que gouvernements de proximité, sont justement d'excellents terreaux pour promouvoir et construire la culture de la paix, en son sens large.

Les membres de la plate-forme des villes de l'UNESCO sont déjà des laboratoires de cette promotion et de cette construction de la culture de la paix ; laboratoires qui, dans les pays où ils existent, attendent simplement d'être renforcés par des synergies de tous les acteurs de la famille UNESCO qui, très souvent, s'ignorent.

Les villes sont l'avenir du « *Mouvement panafricain pour la culture de la paix.* »

4 .5. De la « Biennale de Luanda – Forum panafricain pour la culture de la paix »

En attendant l'avènement de synergies locales ou nationales pour la culture de la paix, la « *Biennale de Luanda – Forum panafricain pour la culture de la paix* » participe d'ores et déjà du Mouvement panafricain pour la culture de la paix. Elle compte parmi les évènements majeurs de mise en œuvre du « *Plan d'action en faveur d'une culture de la paix en Afrique/Agissons pour la paix* », adopté à Luanda (Angola), lors du Forum panafricain « *Sources et ressources pour une culture de la paix* » de 2013 et, par conséquent, de la pérennisation du Mouvement panafricain en faveur d'une culture de la paix.

La première édition de cette « *Biennale de Luanda – Forum panafricain pour la culture de la paix* », organisée conjointement par l'Organisation des Nations Unies pour l'éducation, la science et la culture (UNESCO), l'Union africaine (UA) et le Gouvernement de la République d'Angola, s'est tenue à Luanda (Angola), du 18 au 22 septembre 2019.

L'idée de la Biennale de Luanda a été lancée lors du Forum panafricain « *Sources et ressources pour une culture de la paix* » de 2013 et a été formalisée par la décision 558/XXIV, adoptée en 2015, de la 24e session de l'Assemblée des Chefs d'Etat et de gouvernement de l'Union africaine demandant à la Commission de l'Union africaine d'œuvrer à son organisation, en consultation avec l'UNESCO et le Gouvernement de la République d'Angola.

Pour la réalisation des activités des premières éditions (2019 et 2021) de la Biennale, un Accord de fonds en dépôt a été signé, en décembre 2018, entre l'UNESCO et le Gouvernement de l'Angola.

La Biennale de Luanda a pour objectif général de faire grandir le *Mouvement panafricain en faveur d'une culture de la paix et de la non-violence* par la mise en place d'un partenariat multipartite (gouvernements, société civile, communautés artistique et scientifique, secteur privé et organisations internationales).

Par la mise en place d'un tel partenariat multipartite, l'ambition affichée de la Biennale de Luanda, dès sa première édition, est de faire de la culture de la paix un véritable outil à la disposition des citoyens et des peuples en étant pour les représentants de ces derniers un espace : (i) de réflexion sur l'avenir de l'Afrique, axé sur le partage de pratiques pour la préservation de la paix ; (ii) de mise en valeur de la diversité culturelle des pays africains et de la diaspora et de leur résilience face aux conflits et à la violence ; (iii) de mobilisation de partenaires pour le soutien à des projets visant à la promotion de la paix et du développement durable sur l'ensemble du continent.

Articulée autour de trois (3) axes[189] : (i) *Forum des partenaires – Alliance pour l'Afrique* ; (ii) *Forums*

---

[189] Cf. Le *Rapport préliminaire* en ligne : https://en.unesco.org/sites/default/files/rapport_preliminaire_biennale_de_lua

thématiques : Forums d'idées, des jeunes et des femmes ; et (iii) *Festival des cultures*, la première édition de la Biennale s'est achevée par l'adoption d'un certain nombre important de recommandations figurant dans deux documents : (i) le « *Communiqué du Forum panafricain pour la Culture de la paix pour la Biennale de la culture de la paix en Afrique* »[190] ; (ii) l'« *Engagement de la jeunesse africaine pour la culture de la paix.* »[191]

Pour la mise en œuvre et le suivi des recommandations de l'Engagement de la jeunesse, l'entité opératrice et coordonnatrice désignée est le *Réseau panafricain des jeunes pour la culture de la paix* (PAYNCOP) ; pour la mise en œuvre des recommandations du Communiqué du Forum, il a été recommandé l'établissement d'un « *Comité permanent* » qui impliquerait naturellement l'UNESCO et l'UA.

Quoiqu'elle n'ait pas été évoquée lors de cette première édition de la Biennale de Luanda, nous pensons, cependant, que la mise en œuvre des recommandations de cet important évènement ne saurait se passer de la création préalable des *Mouvements nationaux pour la culture de la paix*, comme évoquée précédemment. Ce sont ces derniers, avec leurs entités constitutives, qui seront à même d'incarner, aux niveaux local et national, le *Mouvement panafricain en faveur d'une culture de la paix et de la non-violence*. En effet, des entités telles que les membres de la plate-forme des villes de l'UNESCO, les associations, centres et clubs UNESCO, les écoles associées de l'UNESCO, les chaires UNESCO ou les comités nationaux des programmes scientifiques internationaux et/ou intergouvernementaux de l'UNESCO comptent au nombre des moyens nécessaires par lesquels il est possible de faire de la culture de la paix un véritable outil à la disposition des citoyens et des peuples.

---

nda_16122019.pdf.

[190] Cf. Annexe 2.

[191] Cf. Annexe 2 bis.

Faire de la culture de la paix un outil au service des citoyens et des peuples, c'est leur faire acquérir des qualifications et de compétences qui englobent, entre autres, la résolution créative des problèmes, la pensée critique et l'apprentissage de la tolérance et du vivre-ensemble dans des sociétés de plus en plus multiculturelles. L'acquisition, en contexte d'éducation formelle ou non formelle, de telles qualifications et compétences est justement, par exemple, du ressort des clubs UNESCO et des écoles associées de l'UNESCO, dont le potentiel est encore largement inexploité.

En somme, la Biennale de Luanda ne fera grandir le *Mouvement panafricain en faveur d'une culture de la paix et de la non-violence* qu'en étant un espace de partage de connaissances et d'expériences des *Mouvements nationaux pour la culture de la paix.*

4 .6. Des Projets : « Histoire générale de l'Afrique » et « La Route de l'esclave »

La première initiative programmatique de l'UNESCO relative à la promotion de la culture de la paix en Afrique a été lancée avant même la création du concept de culture de la paix : il s'agit du Projet « *Histoire générale de l'Afrique* », lancé en 1964 pour remédier à l'ignorance généralisée sur le passé du continent.

La promotion et la construction de la culture de la paix sont « *un processus à trois dimensions en interaction et, de ce fait, indissociables et interdépendantes : la paix avec soi-même, avec les autres et avec la nature.* »[192] Cependant, de toutes ces trois dimensions, celle qui sert de moteur au déclenchement du processus est, sans conteste, la paix avec soi-même. Si nous ne sommes pas d'abord en paix avec nous-mêmes, nous ne saurons l'être avec les autres et avec la nature. La paix sociale et

---

[192] Pierre Weil, *L'art de vivre en paix. Manuel d'éducation pour une culture de la paix*, Paris, Editions UNESCO/UNIPAIX, 2001, p. 13.

environnementale a donc pour fondement primordial, la paix des individus avec eux-mêmes.

Pour tout individu, comme pour toute communauté humaine, participent d'une pacification préalable de soi, la connaissance et l'appropriation de son histoire, de son identité intrinsèque. Autrement dit, pour être en paix avec soi-même, il faut d'abord apprendre à se connaître, à trouver, par soi-même, des réponses adéquates à la question métaphysique fondamentale : qui suis-je ? L'individu ou la communauté humaine qui se pose cette question s'oblige ainsi à prendre possession de soi-même, par-delà le miroir déformant du regard d'autrui. Le processus qui naît de ce questionnement métaphysique est dès lors une sorte de purification spirituelle qui nous amène à une appropriation authentique de soi par soi-même.

En voulant remédier à l'ignorance généralisée sur le passé du continent, le Projet de l'UNESCO « *Histoire générale de l'Afrique* » se donne justement comme objectif terminal l'appropriation authentique des Africains par eux-mêmes. C'est, du reste, ce qu'écrivait Joseph Ki-Zerbo : « *l'Histoire est faite aussi pour l'homme, pour le peuple, pour éclairer et motiver sa conscience [...] Tous les maux qui frappent l'Afrique aujourd'hui, ainsi que toutes les chances qui s'y révèlent, résultent de forces innombrables propulsées par l'Histoire. Et de même que la reconstitution de l'évolution d'une maladie est la première étape d'une entreprise rationnelle de diagnostic et de thérapeutique, de même la première tâche d'analyse globale de ce continent est historique. A moins d'opter pour l'inconscience et l'aliénation, on ne saurait vivre sans mémoire ni avec la mémoire d'autrui. Or l'Histoire est la mémoire des peuples. Ce retour à soi-même peut d'ailleurs revêtir la valeur d'une catharsis libératrice, comme la plongée en soi par la psychanalyse, qui, en révélant les bases des entraves de notre personnalité, dénoue du même coup les complexes qui ligotent notre conscience dans les racines obscures du subconscient. Mais pour ne pas troquer un mythe contre un autre, il faut que la vérité historique, matrice de la conscience désaliénée et authentique, soit fermement éprouvée et fondée sur des preuves.* »[193]

Pour aider à la construction par les Africains eux-mêmes d'une conscience authentique de leur propre passé, l'UNESCO, dans le cadre de ce projet portant réécriture de l'histoire du continent libérée des préjugés raciaux hérités de la traite négrière et de la colonisation, a ainsi permis l'élaboration, à ce jour, de huit volumes de l'Histoire générale de l'Afrique. Ce travail a mobilisé plus de 230 historiens et autres spécialistes pendant plus de 35 années. Pour compléter la collection, la préparation et la rédaction de trois nouveaux volumes (volumes IX, X et XI) sont en cours ; ceux-ci devraient paraître en 2021.

Ces nouveaux volumes de l'Histoire générale de l'Afrique, à paraître, entendent innover en introduisant le concept d'Afrique globale (Global Africa). Par ce concept, il s'agit de mettre en relief et de permettre de comprendre « *l'histoire des relations entre Africains et personnes d'ascendance africaine comme un processus articulé et continu, fait de circulation de personnes, de connaissances, de savoir-faire, de productions culturelles et dont la matrice est l'héritage africain.* » Ledit concept permet « *de dépasser la question de la race* » et de mettre « *l'accent sur la présence multiforme de l'Afrique dans les différentes régions du monde et la diversité de ses influences sur les autres cultures. Ainsi, sur le plan géographique, la présence africaine est envisagée, non plus simplement avec le prisme du monde atlantique (Europe, Amériques et Caraïbes) mais de manière véritablement globalisée avec la prise en compte des diasporas de l'Océan indien, du Proche et Moyen Orient et de l'Asie.* »[194]

Pour arriver à une véritable appropriation par les Africains de leur histoire en vue d'« *une catharsis libératrice* » et de

---

[193] Cf. Joseph Ki-Zerbo, « *Introduction générale* » de l'*Histoire générale de l'Afrique. Méthodologie et préhistoire africaine*, Volume I, Paris, Editions UNESCO, 1980, 1984, 1989, 1995, 1999, p. 23.

[194] Cf. Site de l'UNESCO : https://fr.unesco.org/general-history-africa.

réconciliation de soi avec soi-même, il importe que l'Histoire générale de l'Afrique fasse, comme le suggère l'UNESCO, l'objet d'une exploitation pédagogique dans le cadre d'une refonte de l'enseignement de l'histoire dans les systèmes éducatifs africains.

Participe, également, de l'appropriation ou de la réappropriation de la mémoire historique de l'Afrique et de ses diasporas et de la culture de la paix, le Projet « *La Route de l'esclave : résistance, liberté, héritage* », lancé en 1994 à Ouidah (Bénin), sur proposition d'Haïti.

Entériné par la Conférence générale à sa 26e session, le Projet « *La Route de l'esclave » a pour vocation de « briser le silence* » sur la traite négrière et l'esclavage : (i) en contribuant à une meilleure compréhension de ses causes et des modalités d'opération ainsi que des enjeux et des conséquences de l'esclavage dans le monde (Afrique, Europe, Amériques, Caraïbes, Océan Indien, Moyen-Orient et Asie) ; (ii) en mettant en lumière les transformations globales et les interactions culturelles issues de cette histoire ; (iii) et en concourant à une culture de la paix en favorisant la réflexion sur le pluralisme culturel, le dialogue interculturel et la construction des nouvelles identités et citoyennetés.

Le Projet « *La Route de l'esclave* » épouse et prolonge l'objectif du Projet « *l'Histoire générale de l'Afrique* », en encourageant de nouvelles recherches dans des régions négligées, en définissant de nouvelles approches pour l'enseignement de l'histoire de la traite négrière et de l'esclavage, en élaborant de nouveaux guides pour l'identification, la préservation et la promotion des sites et itinéraires de mémoire liés à la traite négrière et l'esclavage, en promouvant les contributions des personnes d'ascendance africaine à la construction des sociétés contemporaines et enfin en préservant les archives écrites et le patrimoine immatériel lié à cette histoire.

4.7. De la « Priorité Egalité des genres »

En dehors de l'Afrique, la seconde priorité globale de l'UNESCO est l'« *Egalité des genres* ». Inspirée par le *Document final du Sommet mondial de 2005*[195] ; cette priorité

[195] Adopté par l'Assemblée générale de l'ONU, le 15 septembre 2005, ledit document (cf. référence : A/60/L.1), au paragraphe « *Égalité des sexes et promotion de la femme* », souligne ce qui suit : « *Nous demeurons convaincus que ce qui est un progrès pour les femmes est un progrès pour tous. Nous réaffirmons que la réalisation effective et intégrale des buts et objectifs énoncés dans la Déclaration et le Programme d'action de Beijing, ainsi que l'application effective et intégrale du texte issu de la vingt-troisième session extraordinaire de l'Assemblée générale, sont indispensables à la réalisation des objectifs de développement convenus sur le plan international, y compris ceux de la Déclaration du Millénaire, et nous nous déclarons résolus à promouvoir l'égalité entre les sexes et à éliminer le sexisme qui est omniprésent, par les moyens suivants : a) En éliminant les disparités entre les garçons et les filles, le plus tôt possible, dans l'enseignement primaire et secondaire et d'ici à 2015 à tous les niveaux d'enseignement ; b) En garantissant aux femmes le droit de posséder des biens ou d'en hériter, et en leur assurant la sécurité d'occupation des terres et du logement ; c) En assurant l'égalité d'accès à la médecine de la procréation ; d) En améliorant la situation des femmes sur le plan de l'égalité d'accès aux marchés du travail et à un emploi durable, ainsi que sur celui de la protection des travailleurs ; e) En assurant aux femmes l'égalité d'accès aux moyens de production, y compris la terre, le crédit et la technologie ; f) En éliminant toutes les formes de discrimination et de violence à l'égard des femmes et des filles, notamment en mettant fin à l'impunité et en assurant la protection des civils, en particulier les femmes et les filles, pendant et après les conflits armés, comme le droit international humanitaire et le droit international relatif aux droits de l'homme en imposent l'obligation aux États ; g) En favorisant une meilleure représentation des femmes dans les organes décisionnaires de l'État, y compris en veillant à ce que les femmes aient les mêmes chances que les hommes pour ce qui est de participer pleinement à la vie politique. Nous constatons que la généralisation d'une perspective antisexiste est un bon moyen de promouvoir l'égalité des sexes. Nous nous engageons donc à promouvoir activement cette démarche dans la conception, la mise en œuvre, le suivi et l'évaluation des politiques et programmes politiques, économiques et sociaux, ainsi qu'à renforcer les capacités du système des Nations Unies dans ce domaine.* »

Egalité des genres a été lancée officiellement en 2008, dans le cadre de la *Stratégie à moyen terme 2008-2013*[196].

Nous devons la notion de « *genre* » au psychanalyste américain Robert Stoller[197]. Ce dernier invente, au milieu du XXe siècle, cette notion pour désigner le sexe social à distinguer du sexe biologique. Robert Stoller est inspiré par sa pratique de clinicien observant que certains individus qui naissent avec tous les signes physiques d'un sexe donné, et se reconnaissent eux-mêmes appartenir audit sexe (qui est le sexe social), se révèlent être, en revanche et en réalité, à la suite d'un examen approfondi, du sexe opposé (qui est finalement le sexe biologique).

De cette invention du concept « *genre* », naîtront les études sur le genre qui désignent, en général, « *l'ensemble des recherches qui prennent pour objet les femmes et les hommes, le féminin et le masculin* », tout en mettant en exergue quatre dimensions analytiques centrales dudit concept : « *le genre est une construction sociale (1) ; le genre est un processus*

---

196 On peut lire dans cette stratégie en ligne (https://unesdoc.unesco.org/ark:/48223/pf0000149999_fre?posInSet=1&queryId=ea6e2560-a9d3-4f16-bf53-02aa0eaaf4fa) : « *L'Afrique et l'égalité entre les sexes seront les priorités de l'UNESCO dans tous ses domaines de compétence pendant toute la période de la Stratégie à moyen terme* » p. 8 ; et « *comme il était demandé dans le Document final du Sommet mondial de 2005, la priorité sera également donnée à la poursuite de l'objectif de l'égalité entre les sexes par le biais d'activités dans tous les domaines de compétence de l'UNESCO, sur la base d'une double approche visant à la fois l'autonomisation des femmes et l'intégration des questions relatives à l'égalité entre les sexes dans les États membres et au sein de l'Organisation* » p. 10. Cette Stratégie à moyen terme pour 2008-2013 a été approuvée par une Résolution, de la Conférence générale (en sa 34e session), adoptée, le 2 novembre 2007.

197 Cf. Gladys Esseng Aba'a et Joseph Tonda, « *Introduction générale. Sexes : représentations et interactions sociales* » in *Le féminin, le masculin et les rapports sociaux de sexe au Gabon, sous leur direction commune*, Paris, Editions L'Harmattan, 2015, p. 13.

relationnel ; (2) ; le genre est un rapport de pouvoir (3) ; le genre est imbriqué dans d'autres rapports de pouvoir (4). »[198]

« *Le genre est une construction sociale* » au sens où l'on ne naît pas femme ou homme[199], mais on le devient par le conditionnement social et culturel. Le fait d'être une femme ou un homme ne relève pas d'une essence immuable spécifiquement féminine ou masculine, mais d'une existence sociale par laquelle l'individu est conditionné à jouer un rôle typique attendu par la société.

Quand bien même il est possible de ne privilégier que l'étude de l'un des groupes de sexe, il importe de toujours avoir une approche relationnelle de façon à s'intéresser tout autant aux femmes et au féminin qu'aux hommes et au masculin ; c'est en ce sens que « *le genre est un processus relationnel.* »

Si « *le genre est un rapport de pouvoir* », cela veut dire que tout en soulignant la différence des sexes, la société hiérarchise en même temps leur rapport ; hiérarchisation qui tend, en général, à dévaloriser les valeurs associées au féminin comparativement aux valeurs associées au masculin ; dévalorisation dont la conséquence est l'instauration, dans presque toutes les sociétés, d'une inégalité entre les sexes dont profite la « *domination masculine.* » Cette hiérarchisation des valeurs féminines et masculines a aussi pour conséquence la stigmatisation sociale des hommes qui incarneraient des valeurs féminines et des femmes qui incarneraient les valeurs masculines.

Indépendamment du rapport hiérarchisé entre les sexes, « *le genre est imbriqué dans d'autres rapports de pouvoir* » en lien avec la classe sociale, la sexualité, le groupe ethnique, l'âge, le

---

[198] Laure Bereni, Sébastien Chauvin, Alexandre Jaunait et Anne Revillard, *Introduction aux études sur le genre*, Louvain-la-Neuve, Editions De Boeck, 2e édition, 2014, p. 7.

[199] En allusion à la célèbre formule de Simone de Beauvoir : « *On ne naît pas femme : on le devient* » (cf. *Le deuxième sexe*).

statut politique, la santé physique et mentale, etc. Être cadre ou ouvrier/ère, être une femme atteinte d'albinisme ou non, être un ressortissant d'une communauté autochtone ou non, être hétérosexuel ou homosexuel, ne fait pas vivre aux uns et aux autres les mêmes expériences dans le rapport de genre ou les mêmes rôles de genre.

C'est probablement au nom de ces expériences diverses individuelles dans le rapport de genre que l'UNESCO emploie plutôt le pluriel et non le singulier, « *genres* » et non « *genre.* »

Ainsi, l'égalité des genres, à l'UNESCO, « *signifie l'égalité entre femmes et hommes et entre filles et garçons sur le plan des droits, des responsabilités et des chances. Cela suppose la prise en considération des intérêts, besoins et priorités des femmes au même titre que ceux des hommes, en tenant compte de la diversité des groupes de femmes et d'hommes.* »[200] Par « *diversité des groupes de femmes et d'hommes* », il faut entendre, par exemple, « *les femmes et les hommes issus de minorités ethniques, les femmes et les hommes dotés d'une orientation et/ou d'une identité sexuelle différente, les femmes et les hommes autochtones ou les femmes et les hommes handicapés.* »[201]

En visant l'égalité entre femmes et hommes et entre filles et garçons sur le plan des droits, des responsabilités et des chances, cette seconde priorité de l'UNESCO contribue à la culture de la paix. Son but est justement « *de renforcer la capacité de l'UNESCO, à travers ses politiques, programmes et initiatives, à favoriser la création d'un environnement donnant aux femmes et aux hommes de tous horizons les moyens de contribuer à un développement et une paix durables et d'en recueillir les fruits.* »[202] En ce sens, elle enjoint l'ensemble du

---

[200] Cf. UNESCO, *Plan d'action de l'UNESCO pour la priorité Égalité des genres 2014-2021*, 2019, p. 11.

[201] UNESCO, *idem.*

[202] UNESCO, *ibidem*, p. 15.

personnel de l'Organisation à être attentif à la prise en compte de l'égalité des genres dans tous les programmes et activités à mettre en œuvre. Hormis les programmes et activités à réaliser au bénéfice des Etats membres, cette égalité des genres s'impose aussi à l'Organisation elle-même dans sa gestion des carrières du personnel et dans sa culture organisationnelle.

A cet effet, un marqueur de l'égalité des genres (GEM)[203] a été conçu pour mesurer la promotion de l'égalité des genres et la mise en œuvre du *Plan d'action de l'UNESCO* en la matière. Dans le cadre du *Plan d'action à l'échelle du Système des Nations Unies pour l'égalité des sexes et l'avancement des femmes* (ONU-SWAP), le marqueur de l'égalité des genres est une exigence pour toutes les agences des Nations Unies.

Dans la mise en œuvre de cette seconde priorité globale, tout en tenant compte de la diversité des contextes régionaux en matière d'égalité des genres et d'autonomisation des femmes, l'UNESCO accorde une attention toute particulière à la région Afrique, notamment dans le cadre du Protocole à la Charte africaine des droits de l'homme et des peuples relatif aux droits des femmes en Afrique (2003) et de la Déclaration solennelle sur l'égalité entre les hommes et les femmes en Afrique (Union africaine, 2004).

Ainsi, au titre de la priorité Egalité des genres, l'UNESCO a réalisé, au cours des biennies 2012-2013 et 2014-2015, en Afrique subsaharienne, des activités et programmes, au nombre desquels[204] :

---

[203] Selon quatre niveaux : GEM 0 (Aveugle aux questions de genre) ; GEM 1 (Attentif au genre) ; GEM 2 (Réactif en matière de genre) ; et GEM 3 (Transformateur du genre). En pourcentage, cela correspond : GEM 0 (de 0 à 10%) ; GEM 1 (10 à 30%) ; GEM 2 (30 à 50%) et GEM 3 (50 à 100%).

[204] Cf. UNESCO, *L'UNESCO et l'égalité des genres en Afrique subsaharienne. Des programmes novateurs, des résultats perceptibles*, 2017.

- *Projet « Engagement participatif pour l'éducation des filles (Crowdsourcing) » en Ethiopie et en Tanzanie*

La réduction du taux d'abandon scolaire en vue d'améliorer la participation scolaire des jeunes filles, tel était le but de ce projet mis en œuvre sur trois ans (2012-2015).

Dans les deux pays concernés, l'impact a été l'amélioration de 10 % du niveau de maintien des filles à l'école et de leurs performances scolaires dans toutes les écoles (12 en Ethiopie et 15 en Tanzanie).

Par ailleurs, 6 000 filles en Ethiopie et 4 500 filles en Tanzanie ont pu suivre des formations dans divers domaines, à l'instar de l'entrepreneuriat.

- *Projet « Alphabétisation des jeunes filles et femmes avec les technologies de l'information et de la communication » au Sénégal*

Utiliser les TIC comme moyen pour améliorer le niveau d'alphabétisation des filles et de femmes de 15 à 55 ans, tel était le but de ce projet qui a eu pour résultats : 6 500 jeunes filles et femmes recrutées et formées ; 253 classes en présentiel ouvertes ; 3 000 filles et femmes bénéficiaires du programme de formation en ligne ; 3 000 femmes inscrites aux programmes d'éducation alternative et qui ont développé leurs compétences dans les domaines de la couture, de la coiffure et de l'agriculture, etc.

- *Projet « Soutien au Programme STAREC » en République démocratique du Congo*

Conscientiser les populations sur les méfaits des violences basées sur le genre (VBG) et la nécessité de les éradiquer, tel était l'objectif de ce projet dans un pays où il avait été recensé, en 2012, plus de 18 795 cas de VBG, dont 89 % de violences sexuelles (82 % des viols y compris les viols collectifs et 7 % des agressions sexuelles).

- *Projet « Renforcer le leadership politique des femmes : un curriculum contextualisé pour le Nigeria »*

Ce projet a permis la conception et la mise en œuvre d'un Curriculum en genre et leadership transformatif qui a servi à la formation de plus de 200 animateurs, à travers le Nigeria, et qui a été ensuite adopté par les pays anglophones de la CEDEAO.

- *Projet « Economie verte dans les réserves de biosphère (GEBR) » au Ghana, au Nigeria et en Tanzanie*

Financé par l'Agence coréenne de coopération internationale (KOICA) pour une durée de trois ans (2013-2016), ce projet avait pour but, avec l'implication de 40 % de femmes bénéficiaires, de réduire la pauvreté à travers la conservation de la biodiversité et le développement durable dans les zones concernées.

CONCLUSION :
CULTURE DE LA PAIX, LA BOUSSOLE ET LE MARCHEUR ; L'EXEMPLARITE ET LA CONFIANCE

L'engagement de l'UNESCO en faveur de la promotion et de la construction d'une culture de la paix et de la non-violence sur le continent africain est, à l'évidence, une contribution à la mise en œuvre de la vision, à l'horizon 2063[205], de l'Union africaine de « *bâtir une Afrique intégrée, prospère et en paix, dirigée par ses citoyens et constituant une force dynamique sur la scène mondiale.* » Cela explique l'implication de l'UA dans tout évènement, portant culture de la paix sur le continent, initié par l'UNESCO, à l'exemple de la *Biennale de Luanda*. L'action de l'UNESCO en matière de promotion de la culture de la paix sur le continent s'inscrit ainsi dans le cadre d'une coopération nécessaire avec l'Union africaine.

Néanmoins, il importe de souligner que vis-à-vis de l'Union africaine, comme de ses Etats membres africains, l'UNESCO, dans son rôle normatif et de laboratoire d'idées, est comme la boussole : elle leur indique le chemin, mais elle ne saurait marcher à leur place. La culture de la paix et de la non-violence ne deviendra réalité quotidienne, en Afrique, que par l'engagement des Africains eux-mêmes. L'UNESCO est un médecin qui ne saurait s'administrer la médecine prescrite pour le patient.

---

[205] Il est souligné, dans cet Agenda 2063, que la paix et la sécurité constituent des moteurs essentiels du développement durable du continent. Le premier Plan décennal de mise en œuvre de cet agenda porte sur la période 2014-2023. Outre l'Agenda 2063 en général, l'action de l'UNESCO contribue aussi précisément, par exemple, à la réalisation de *« l'Agenda pour la Paix »* et du Projet phare « *Faire taire les armes à l'horizon 2020.* »

Evoquer l'engagement et la responsabilité, au premier chef, des Africains eux-mêmes, c'est laisser entendre que l'enracinement de la culture de la paix et de la non-violence, en Afrique, passera, nécessairement, par une appropriation et une incarnation exemplaires dudit concept par les élites, les personnes légitimées politiquement, intellectuellement, spirituellement, artistiquement, sportivement ou même économiquement et financièrement. Est élite, en ce sens, toute personne considérée par la majorité de la population comme un exemple, un modèle. C'est par le biais de ces élites-modèles que la culture de la paix et de la non-violence deviendra une valeur ou une norme sociale forte, majoritairement plébiscitée, et se convertira progressivement et diffusément en attitudes et en comportements, en automatismes individuels dans nos sociétés. A travers les individus, la culture de la paix a vocation à être un outil au service des peuples. Ces derniers doivent se l'approprier, le faire vivre et agir concrètement pour son enracinement. Toutefois, le moment déclencheur de ce processus d'appropriation populaire durable ne peut être que l'exemplarité des élites.

L'exemple et le modèle sont des notions importantes en éducation. Il n'y a d'éducation véritable, au sens fort d'acquisition de la valeur morale, que par les exemples, les modèles. C'est ainsi que « *pour le tout jeune enfant, l'existence de modèles extérieurs lui apportant les référentiels dont il a besoin est d'une part souhaitable, d'autre part inévitable.* »[206] Inévitable, l'existence des modèles l'est pour le jeune enfant, tout comme pour tout individu, du fait des interactions sociales dans lesquelles nous sommes enserrés de la naissance jusqu'à notre dernière demeure. Souhaitable, l'existence des modèles l'est pour le jeune enfant, comme pour tout homme fait, parce qu'ils sont les moyens par lesquels nous apprenons à nous construire moralement et spirituellement. Pour le jeune enfant, ces modèles sont d'abord ses parents. Devenu adulte, ces

---

[206] Hubert Hannoun, *Comprendre l'éducation. Introduction à la philosophie de l'éducation, Paris,* Editions Nathan, 1995, p. 217.

modèles peuvent cesser d'être des individus concrets pour devenir des principes ou des idées abstraites, tels que l'idée de dieu, de la liberté, etc. Toutefois, les modèles demeurent, en général, des êtres incarnés vivants ou morts[207].

La notion de modèle connote celle d'influence. Evoquer la première, c'est évoquer la seconde. Du fait de la vie en société, les influences sont nombreuses et inévitables : les unes sont moralement corrosives ; les autres sont fécondantes. Celles-ci, les plus vraies, « *nous découvrent à nous-même : loin de produire en nous le sentiment d'un assujettissement à un autre être, ou de nous inviter à l'imiter, elles nous délivrent tout à coup de toutes les contraintes et nous rendent la conscience de notre authentique originalité.* »[208] Influencer le jeune enfant par des modèles qui le révèlent moralement à lui-même, telle est l'horizon idéal de toute éducation véritable. On éduque l'enfant d'abord pour lui-même et non pour la société. En le révélant à lui-même par des modèles appropriés, l'éducation lui donne les moyens de s'accomplir, par lui-même, comme humain.

A l'égard des citoyens, notamment des plus jeunes qui sont encore les plus influençables, les élites politiques, intellectuelles, spirituelles, artistiques, sportives ou économiques et financières font, délibérément ou non, œuvre d'éducateurs, par leur exemplarité. Il y aurait donc une responsabilité plus accrue des élites, notamment politiques et administratives, dans la promotion, la construction et la consolidation d'une culture de la paix.

---

[207] En considérant que la mort fixe à jamais notre vie qui, de ce fait, entre dans l'éternité, l'exemplarité des défunts serait préférable à celle des vivants ; car ces derniers « *sont toujours dans le devenir ; on ne sait pas où tend leur action présente et leur passé semble toujours pouvoir être défait. Tant que le souffle leur reste, ils ont encore le temps et le pouvoir de détruire tous leurs mérites.* » (Louis Lavelle, *La conscience de soi*, Paris, Editions Christian de Bartillat, 1993, p. 266.

[208] Louis Lavelle, *Le mal et la souffrance*, Paris, Editions Plon, 1940, p. 193.

La responsabilité des élites est à souligner parce que de leur exemplarité découle la confiance des citoyens envers les institutions. Si les élites sont jugées corrompues par les citoyens, la confiance dans les institutions de ceux-ci s'en ressent. C'est d'ailleurs la conclusion qui est tirée d'une enquête (2014/2015) d'*Afrobaromètre* sur « *les perceptions d'environ 54.000 citoyens dans 36 pays africains relatives au sérieux de leurs présidents, collectivités locales, et autres institutions politiques.* »[209] L'un des résultats clés de cette enquête est que « *la confiance institutionnelle est liée aux perceptions de la corruption. Quand les gens estiment que ses titulaires de charge sont honnêtes, ils sont susceptibles de considérer une institution digne de confiance – et vice versa s'ils estiment les fonctionnaires intéressés.* »

Le lien entre corruption et confiance institutionnelle est aussi étudié, par Emmanuelle Lavallée, dans seize (16) démocraties africaines[210]. A partir d'un indicateur de corruption perçue et d'un indicateur de corruption vécue, Emmanuelle Lavallée s'emploie à tester « *les théories fonctionnalistes qui présentent la corruption comme un moyen d'augmenter la confiance dans les institutions politiques en compensant le fonctionnement déficient des administrations.* » Il ressort clairement des résultats obtenus par ses tests que « *la corruption vécue comme perçue réduit la confiance dans les institutions politiques et ce quelle que soit la qualité ressentie des services gouvernementaux* » et que « *la corruption perçue comme vécue n'a jamais un impact positif significatif sur la confiance institutionnelle.* »

---

209 Cf. Communiqué de presse relatif au rapport « *Des institutions dignes de confiance impactent-elles le développement ?* » et « *Des institutions dignes de confiance impactent-elles le développement en Afrique ?* », Dépêche n° 112 d'Afrobaromètre, par Michael Bratton et E. Gyimah-Boadi, le tout en ligne : https://afrobarometer.org/fr/press/les-institutions-dignes-de-confiance-jouent-un-role-essentiel-dans-le-developpement-de.

210 Cf. « *Corruption et confiance dans les institutions politiques : test des théories fonctionnalistes dans les démocraties africaines* ». En ligne : https://www.cairn.info/revue-afrique-contemporaine-2006-4-page-163.htm.

Le lien entre corruption et confiance institutionnelle, c'est-à-dire entre la qualité des institutions et celle des femmes et des hommes qui les animent ou les incarnent, laisse entendre que la culture de la paix en Afrique a partie liée avec la question de la bonne gouvernance.

Ancienne notion d'inspiration philosophique[211], la « *bonne gouvernance* » remise au goût du jour, à la fin des années 1990,

---

[211] Cette notion de « *bonne gouvernance* » est d'inspiration philosophique au sens où elle fait référence, chez des auteurs comme Aristote et Platon, à l'idée d'une conduite des affaires de la cité, par ceux qui sont en responsabilité, inspirée par l'éthique et le souci du bien commun. C'est ainsi qu'à l'opposé d'une conception de la politique qui aurait pour fin l'accroissement de sa propre puissance, Aristote soutient, au contraire, que la « *fin [de la politique] doit être le bien humain. Si même, en effet, il s'avère identique pour un seul homme et une cité, le meilleur objectif, en tout cas, et le plus achevé paraît de saisir et de préserver le bien de la cité...* » (cf. *Ethique à Nicomaque*, I, 1094 a 21-b 7/1094 b 7-16, traduction et présentation par Richard Bodéüs, Paris, Editions Flammarion, 2004, p.p. 49-50). Dès lors, le gouvernant éthique et juste, selon Aristote, est celui qui, tout en visant le bien humain pour lui-même, se préoccupe d'en faire profiter aussi ses concitoyens. D'ailleurs, s'il faut choisir entre le souci du bien humain pour soi-même et le souci du bien humain pour ses concitoyens, Aristote opte pour le souci du bien humain pour ses concitoyens parce qu'il considère « *l'entreprise du gouvernant [...] plus belle et plus « divine », en ce sens qu'elle est au-dessus des qualités humaines ordinaires.* » (Richard Bodéüs). Cette idée d'un gouvernant éthique et juste est aussi présente chez Platon qui rêvait de l'avènement d'une République au gouvernail tenu par les philosophes, c'est-à-dire l'idée qu'un « *Etat bien gouverné* » est celui dans lequel « *seuls commanderont ceux qui sont vraiment riches, non pas d'or, mais de cette richesse dont l'homme a besoin pour être heureux : une vie vertueuse et sage* » (cf. *La République*, Livre VII, 520c-521c, *op. cit.*, p. 279). Ces gouvernants, riches en vertu et en sagesse, devront utiliser la loi comme moyen non pas « *d'assurer un bonheur exceptionnel à une classe de citoyens, mais [...] de réaliser le bonheur de la cité tout entière...* » (cf. *La République*, Livre VII, 519c-520c, *op. cit.*, p. 278). La bonne gouvernance est ainsi, selon les anciens, un art de gouverner la cité, centré sur la vertu du gouvernant et orienté vers le bien commun. Cette conception a prévalu jusqu'au Moyen Age chrétien qui mettait l'accent sur « *l'exemplarité royale, à l'instar du prêtre qui doit former les autres à la vertu* » (cf. Michel Senellart, *Les arts de gouverner. Du regimen médiéval au concept de gouvernement*, Paris, Editions du Seuil, 1995, p. 29). Il y a dans cette conception ancienne de la bonne gouvernance l'image « *du roi pilote qui gouverne le navire de l'Etat, suit une route, cherche à atteindre un port* » (Michel Senellart, *op. cit.*, p. 21) ; image que

par la Banque mondiale a fait l'objet de multiples définitions et descriptions au niveau international. Dans le cadre du lien que nous faisons entre la culture de la paix et cette notion, nous nous référons à la définition qu'en donne le *Rapport sur la gouvernance en Afrique*, publié par le Mécanisme africain d'évaluation par les pairs (MAEP). Selon ce rapport, « *la bonne gouvernance comprend les principales composantes suivantes : la légitimité, selon laquelle le gouvernement a le consentement des gouvernés ; la reddition de comptes qui assure la transparence et la responsabilité face aux actions ; le respect du droit et la protection des droits humains ; la compétence, qui consiste à élaborer efficacement des politiques et à assurer leur mise en œuvre et la prestation de services.* »[212]

Pour ce qui concerne le *Programme de développement durable à l'horizon 2030*, la mise en œuvre d'une bonne gouvernance, au sens de ce rapport du MAEP, conduirait assurément à la réalisation de l'Objectif de développement 16[213] relatif à la promotion de « *l'avènement de sociétés pacifiques et inclusives aux fins du développement durable [et à la garantie de] l'accès de tous à la justice [et à la mise en place], à tous les*

Machiavel récusera pour lui substituer celle d'un gouvernant non pas vertueux et directif mais pragmatique et attentif aux conditions concrètes du succès (et donc ne nourrissant aucun a priori sur les moyens de la réussite). Avec Machiavel, la seule vertu du gouvernant est d'être sans vertus et de se donner pour objectif non pas le bien commun mais l'accroissement de sa propre puissance par la domination. La bonne gouvernance au sens de Machiavel, c'est alors, pour le gouvernant, l'art de cultiver la qualité d'être sans qualités et de se donner les moyens de toujours conforter au mieux sa position de pouvoir, au détriment de ses adversaires.

[212] *Rapport sur la gouvernance en Afrique. Promouvoir les valeurs communes de l'Union Africaine*, MAEP, 2019, p. 18. En ligne : https://au.int/sites/default/files/documents/36843-doc-fre the_africa_governance_report_-_march_launch_final.pdf.

[213] Cet ODD 16 correspond aux Aspirations 3 (Une Afrique où règnent la bonne gouvernance, la démocratie, le respect des droits de l'homme, la justice et l'état de droit) et 4 (Une Afrique pacifique et sécurisée) de l'Agenda 2063 de l'Union africaine.

niveaux, des institutions efficaces, responsables et ouvertes à tous. »

Cependant, la mise en œuvre d'une bonne gouvernance selon la définition du MAEP et l'avènement des « *institutions efficaces, responsables et ouvertes à tous* » ne peuvent être le fait que des femmes et des hommes exemplaires. Sans femmes et hommes de qualité, la bonne gouvernance ne sera qu'un slogan fallacieux et les institutions ne seront toujours que des coquilles vides, friables et corruptibles ; et la culture de la paix toujours menacée.

La culture de la paix ne peut se nourrir en Afrique que d'une dialectique vertueuse entre femmes et hommes de qualité et institutions de qualité. Ce sont les femmes et les hommes de qualité qui font les institutions de qualité. Celles-ci font aussi à leur tour des femmes et des hommes de qualité en créant une ambiance sociale d'émulation vertueuse. Cependant, au fondement de cette dialectique vertueuse, il y a toujours préalablement des femmes et des hommes forts moralement. En écho au célèbre discours de Barack Obama[214], l'Afrique a certes besoin d'institutions fortes, mais de telles institutions seront toujours susceptibles d'être travesties et corrompues par des femmes et des hommes de piètre qualité morale, jamais par des femmes et des hommes de bien.

L'histoire ancienne et contemporaine de l'Afrique ne manque pas, en réalité, de femmes et hommes moralement héroïques, comme Nelson Mandela, capables d'entrainer dans leur mouvement les sociétés africaines et de laisser ainsi entrevoir l'espérance que le cercle vicieux finira par être rompu.

Cette espérance réelle est, d'ailleurs, symbolisée par la naissance, un peu partout sur le continent, d'un certain nombre de mouvements de jeunes de protestation et d'engagement

---

[214] Discours prononcé devant le Parlement ghanéen, le 11 juillet 2009, dans lequel il affirmait que « *l'Afrique n'a pas besoin d'hommes forts ; elle a besoin d'institutions fortes.* »

citoyens. Par leur existence, ces mouvements montrent que les jeunes Africains exigent de leurs dirigeants qu'ils fassent preuve de plus d'exemplarité en servant l'intérêt général ou le bien commun et entendent, dans le même temps, dorénavant être les artisans de leur propre destinée et sont conscients que la cité doit être aussi leur œuvre. Ainsi, il ne fait aucun doute que l'avenir de la culture de la paix en Afrique s'écrira aussi avec la jeunesse ; une jeunesse, aujourd'hui majoritairement instruite, solidaire, ouverte sur le monde et rétive à la culture de la violence.

Mais pour que les jeunes soient à la hauteur du rôle d'acteur de la culture de la paix et de la non-violence, c'est-à-dire acteur du changement, que nous attendons d'eux et auquel ils se destinent eux-mêmes, il faut aussi qu'ils soient accompagnés et soutenus, non seulement par des partenaires internationaux (dont l'UNESCO), mais également, et en premier, par leurs gouvernements. C'est tout le sens de la *Feuille de route de l'UA sur tirer pleinement profit du dividende démographique en investissant dans la jeunesse*[215], adoptée, en 2016, en prévision de la proclamation de 2017, Année de la Jeunesse.

Selon la Banque africaine de développement (BAD), 420 millions de jeunes de 15 à 35 ans (ils seront 830 millions à l'horizon 2050)[216] vivent actuellement en Afrique. Ces nombreux jeunes Africains d'aujourd'hui sont une ressource pour l'avenir de l'Afrique. A la condition que leurs gouvernements investissent, maintenant, de façon substantielle et stratégique dans des politiques publiques qui les autonomisent[217]. Ces jeunes de 15 à 35 ans constituent une

---

[215] Cette feuille de route a identifié quatre piliers thématiques, à savoir : (i) Emploi et entrepreneuriat ; (ii) Education et développement des compétences ; (iii) Santé et bien-être ; (iv) Droits, gouvernance et autonomisation de la jeunesse.

[216] Cf. Brochure en ligne : https://www.afdb.org/fileadmin/uploads/afdb/Documents/Generic-Documents/Brochure_Job_Africa_Fr.pdf.

[217] L'autonomisation, dans le cadre du dividende démographique, est toujours entendue en un sens économique. Il s'agit d'autonomiser la jeunesse en lui

population en âge de travailler. Exploiter ou tirer parti du dividende démographique consiste à mener des politiques qui favorisent « *la création d'emplois productifs pour ces nouveaux travailleurs, [de façon que cette] augmentation de la population active [se traduise] par une croissance plus soutenue et par une hausse du revenu par habitant.* »[218] C'est donc en mettant en place, aujourd'hui et maintenant, des politiques

---

donnant les moyens d'accéder à la « *citoyenneté salariée* » (Jean Comaroff) et d'exercer cette dernière en tant que droit à un travail rémunéré et digne ; lequel droit constitue le fondement de l'indépendance économique et sociale propice à l'accomplissement de la citoyenneté juridique et politique. Envisagée ainsi, la notion d'autonomisation va de pair avec celle de l'employabilité : il faut offrir aux jeunes les moyens (en termes d'éducation et de formation) d'être employables, d'accéder à un emploi et d'en jouir. Cette ambition d'autonomisation est compréhensible quand on sait que la majorité des jeunes Africains vivent, en effet, en marge du monde du travail salarié décent et durable. Cependant, la véritable autonomisation de la jeunesse (dans la perspective de la promotion de la culture de la paix et de la construction des sociétés pacifiques, résilientes et durables) est l'autonomisation morale et intellectuelle. L'autonomisation économique génère des producteurs et des rouages huilés d'un système socio-économique qui aura tendance à se perpétuer sans nécessairement se remettre en cause ; l'autonomisation morale et intellectuelle accouche, au contraire, des esprits critiques qui tout (en étant pris dans l'engrenage de la mécanique socio-économique du fait du statut de la citoyenneté salariée) sont néanmoins capables de s'en extraire pour en questionner le sens. Sous la pression économique de l'autonomisation et de l'employabilité, l'éducation et la formation finissent par perdre de vue l'importance de cette autonomisation morale et intellectuelle. En préparant les jeunes à une bonne insertion socioprofessionnelle, l'éducation et la formation partisanes de l'autonomisation économique les poussent à s'intégrer et à se conformer à un monde dans lequel ils ne trouveront pas forcément leur bonheur. A rebours, l'éducation et la formation attachées à l'autonomisation morale et intellectuelle préparent les jeunes à habiter le monde qu'ils se seront donnés à eux-mêmes, qu'ils auront inventés et créer par eux-mêmes. Autrement dit, la véritable autonomisation de la jeunesse doit viser à renforcer non pas leurs capacités à se conformer, mais plutôt leurs capacités à toujours créer et inventer. A l'épreuve de la COVID-19, par exemple, la résilience africaine viendrait non pas de la capacité de sa jeunesse à se conformer, mais de sa capacité à se réinventer et à réinventer l'Afrique.

[218] Vimal Thakoor et John Wakeman-Linn, « *Mettre à profit la nouvelle donne démographique* » in *Finances & Développement*, mars 2016. En ligne : https://www.imf.org/external/pubs/ft/fandd/fre/2016/03/pdf/thakoor.pdf.

socio-économiques porteuses que les Etats de l'UA prépareront les conditions favorables qui leur permettront de bénéficier, plus tard, du dividende démographique, c'est-à-dire du potentiel de croissance économique, résultant d'une prédominance significative de la part de la population active par rapport à celle de la population non active. Investir, présentement, dans la jeunesse est une prestation de service que les gouvernements africains doivent à leurs peuples, et une exigence capitale pour l'avènement d'une Afrique prospère et en paix, dans un monde logé à la même enseigne.

POSTFACE

L'ouvrage de Juste Joris Tindy-Poaty, sur *« La culture de la paix : une inspiration africaine »*, est une invite à s'approprier de l'une des valeurs les plus essentielles à la vie humaine. Il s'agit de la paix, que l'auteur définit comme un ensemble de valeurs, d'attitudes et de comportements. Cette paix, si souvent partout menacée, et qui ploie sous les coups de boutoir incessants de diverses crises qui surgissent partout dans le monde. Ces crises se présentent sous la forme de conflits inter ou intracommunautaires, de guerres ou de différends interétatiques, ou même de terrorisme. A la guerre économique qui oppose les grandes puissances, et qu'illustre l'opposition entre les Etats-Unis et la Chine, s'ajoute, notamment, l'action des organisations terroristes dans certaines parties du monde ou les opérations des groupes paramilitaires en Amérique latine. Sans évoquer l'origine de ces crises, porteuses d'une forte charge contre la paix mondiale, et sans, non plus, préjuger des actions entreprises en vue de leur traitement, il conviendrait cependant de souligner que chaque être humain est interpellé au plus profond de lui-même, pour se constituer en maillon solide d'une chaîne propre à semer, sinon à sceller la paix dans le monde.

Au travers de son ouvrage, Juste Joris Tindy-Poaty entonne une ode à la paix. Il fait un plaidoyer en faveur de la promotion de la paix, pour son instauration là où elle est absente, et son renforcement partout où cela est nécessaire. Bref, il s'agit de semer la paix. Mais semer la paix suppose une interaction positive entre les parties concernées, sur la base de deux principaux facteurs.

Le premier facteur est d'ordre social, voire même anthropologique. Ici, la paix repose sur la qualité des relations interpersonnelles au sein d'une communauté familiale, nationale, voire internationale, selon que les intérêts qui liant les différentes parties montrent une convergence ou au contraire une divergence d'intérêts. Le second facteur de paix, moins bien appréhendé par le plus grand nombre, se fonde sur les rapports de l'homme à son milieu physique, autrement dit à l'environnement. C'est la dimension environnementale de la paix. Elle convoque la responsabilité de chaque humain dans l'usage de l'environnement, usage qui doit se soucier de sa conservation. Le présent propos se veut donc appuyer l'importance, souvent mal appréhendée, du rôle de l'environnement dans les problématiques de paix, d'autant que dans de très nombreux cas à travers le monde, les guerres, les conflits ont pour origine profonde, une divergence d'intérêts autour des ressources environnementales.

La préservation de l'environnement ou le maintien des équilibres naturels fait partie des actions favorables à la paix dans un territoire donné. Au contraire, toute détérioration de l'environnement, ou tout usage malveillant est un puissant facteur susceptible de perturber la paix. La paix peut donc se trouver dans une situation favorable ou au contraire défavorable selon que l'intégrité de l'environnement est maintenue ou non. Par exemple, les tensions liées à l'accès à l'eau ou aux terres arables, tout comme les effets néfastes de la surpopulation, montrent à quel point les enjeux environnementaux peuvent se trouver au cœur de conflits qui menacent véritablement la paix. On a vu des pays recourir à des moyens militaires pour accéder à des ressources dans d'autres pays au nom de la défense de leurs intérêts nationaux. Même à l'intérieur du pays, des groupes armés s'organisent pour le contrôle de certaines ressources, en usant de la violence comme dans le cas des guerres civiles.

Aujourd'hui, l'on ne peut sereinement envisager la paix, sans se préoccuper des enjeux écologiques. D'ailleurs, Olivier Boiral et Gérard Venra, estiment, à juste titre, que *« Préservation de l'environnement et consolidation de la paix sont [...] pratiquement indissociables. »* Ils révèlent, en outre, qu'une étude du Pentagone indique que les impacts géographiques, politiques et économiques des changements climatiques pourraient, dans une vingtaine d'années, avoir sur la sécurité internationale, un impact supérieur à celui du terrorisme. Tout cela pour dire que les dégâts causés à l'environnement apparaissent, à l'heure actuelle, comme faisant partie des principales menaces sur la sécurité internationale, donc sur la paix mondiale.

Si le lien désormais étroit entre préservation de l'environnement et maintien ou consolidation de la paix demeure mal perçu par une bonne partie de l'opinion publique, il reste que cette relation est très largement promue dans les instances les plus élevées de la gouvernance internationale. Ainsi, pour l'ancien Secrétaire général de l'ONU, Ban Ki-moon, *« la protection de l'environnement est indispensable pour consolider la paix, alors que les dégâts causés au milieu naturel lors des conflits compromettent la santé publique, les moyens de subsistance et la sécurité. »* Il ajoute que *« l'Organisation des Nations Unies tient à ce que la protection de l'environnement soit un des axes de l'action pour la paix »* alors qu'il s'exprimait à l'occasion de la journée internationale pour la préservation de l'exploitation de l'environnement en temps de guerre et de conflit armé.

Il n'y a pas jusqu'à l'Union internationale pour la conservation de la nature (UICN), pour ne pas accorder à la préservation de l'environnement, un rôle majeur dans la sauvegarde ou la reconquête de la paix. Pour preuve, cette organisation entend promouvoir la paix, au travers du concept innovant de *« paix par la coopération environnementale »*, matérialisé par la création des *« parcs pour la paix »* ou *« environmental peace building »*, en anglais. *Les « parcs pour la paix »* qui ont fait l'objet d'une mise en œuvre en Afrique australe, notamment pour reconstruire la paix dans la sous-région, sont des aires transfrontières qui appellent des stratégies gestionnaires inter-états, propres à favoriser la paix, par la valorisation durable des ressources naturelles en vue du bien-être économique et social des populations parties.

Le lien entre paix et environnement a émergé après la Seconde Guerre mondiale, lorsque l'on a pris conscience de ce que, au-delà des menaces liées aux activités militaires, la paix mondiale pouvait être menacée par la non-prise en compte des phénomènes tels que la pauvreté, les inégalités sociales, et surtout les dégradations portées à l'environnement. Les conflits potentiels autour de l'usage des ressources naturelles constituent des foyers incandescents, susceptibles, à tout moment, de s'enflammer et de remettre en cause les équilibres sociaux, et partant la paix sociale. Qui pouvait prédire, quelques années auparavant, que de jeunes Somaliens, vivant dans la pauvreté, et assistant impuissants à ce qu'ils considéraient comme un pillage de leurs ressources halieutiques marines par des navires de pêche industrielle venus de l'étranger, finiraient par verser dans la piraterie ? Aujourd'hui, la Corne de l'Afrique est devenue l'un des secteurs maritimes où l'insécurité est quasi endémique. Or sans sécurité, notamment environnementale, toute paix est improbable.

Guy-Serge Bignoumba
Maître de Conférence en géographie,
Président du Comité national gabonais
du Programme sur l'Homme et la biosphère (MAB)
de l'UNESCO

REFERENCES BIBLIOGRAPHIQUES

REFERENCES BIBLIOGRAPHIQUES

Adams (David), *Early History of the Culture of Peace*. En ligne : http://culture-of-peace.info/history/page3.html

Aizen (Marina), « *Les épidémies couvent sous les cendres des forêts* » in *Courrier international* n° 1534, du 26 mars au 1er avril 2020, p.p. 14-15

Aristote, *Ethique à Nicomaque*, traduction et présentation par Richard Bodéüs, Paris, Editions Flammarion, 2004

Bachir Diagne (Souleymane), « *Philosophie africaine et charte africaine des droits de l'homme et des peuples* » in *Critique*, Editions de Minuit | 2011/8 - n° 771-772, p.p. 664-671. En ligne : http://www.cairn.info/revue-critique-2011-8-page-664.htm

Bachir Diagne (Souleymane) et Amselle (Jean-Loup), *Enquête d'Afrique(s). Universalisme et pensée décoloniale*, Paris, Editions Albin Michel, 2018

Bafana (Busani), « *Les villes africaines de demain. La durabilité des villes passe par une bonne planification* ». En ligne : https://www.un.org/africarenewal/fr/magazine/avril-2016/les-villes-africaines-de-demain

Bah (Thierno), « *Les Mécanismes traditionnels de prévention et de résolution des conflits en Afrique noire* » in *Les fondements endogènes d'une culture de la paix en Afrique. Mécanismes traditionnels de prévention et de résolution des conflits*, sous la direction d'Edouard Matoko et d'Oumar Kane, Paris, UNESCO, 1999, p.p. 1-26

Baudet (Marie-Béatrice), Caramel (Laurence) et Gourlay (Youenn), « *Sur la piste de la pangolin connection* » in *Le Monde* du Mardi 21 avril 2020, n° 23415, p.p. 20-21

Belissa (Marc) et Gauthier (Florence), « *Kant, le droit cosmopolitique et la société civile des nations* » in *Annales historiques de la Révolution française*, Juillet-septembre 1999

Boniface (Pascal), *Les guerres de demain*, Paris, Editions du Seuil, 2001

Bereni (Laure), Chauvin (Sébastien), Jaunait (Alexandre) et Revillard (Anne), *Introduction aux études sur le genre*, Louvain-la-Neuve, Editions De Boeck, 2ème édition, 2014

Bossard (Laurent), « *La ville est un laboratoire de l'Afrique de demain* », entretien accordé à *Le Monde*. En ligne : https://www.lemonde.fr/afrique/article/2018/11/22/laurent-bossard-la-ville-est-un-laboratoire-de-l-afrique-de-demain_5386821_3212.html

Bratton (Michael) et Gyimah-Boadi (E.) « *Des institutions dignes de confiance impactent-elles le développement en Afrique ?* », Dépêche n° 112 d'Afrobaromètre. En ligne : https://afrobarometer.org/fr/press/les-institutions-dignes-de-confiance-jouent-un-role-essentiel-dans-le-developpement-de

Broohm (Octave Nicoué), « *De la gestion traditionnelle à la gestion moderne des conflits : repenser les pratiques africaines* » in *Ethiopiques* n° 72. Littérature, philosophie, art et conflits. 1er semestre 2004. En ligne : http://ethiopiques.refer.sn

Constant (Fred), *La citoyenneté*, Paris, Editions Montchrestien, 2000

D'Ansembourg (Thomas) et Van Reybrouck (David), *La paix ça s'apprend ! Guérir de la violence et du terrorisme*, Editions Acte Sud, 2016

David (Dominique), « *La guerre, toujours recommencée* » in *Politique étrangère* n° 3, Automne 2013 p.p. 53-64

Delcourt (Barbara), « *Les mirages de la citoyenneté mondiale* » in *L'état des citoyennetés en Europe et dans les Amériques*, sous la direction de Jane Jenson, Bérengère Marquès-Pereira et Éric Remacle, Editions les Presses de l'Université de Montréal, 2007, p.p. 177-192

Dembele (Alexis), « *Parler comme un conte, ou l'art de transmettre la connaissance en Afrique* » in *Hermès* 72, 2015. En ligne : https://www.cairn.info/revue-hermes-la-revue-2015-2-page-243.htm

Descartes (René), *Discours de la méthode pour conduire sa raison et chercher la vérité dans les sciences*, Librairie de la Bibliothèque nationale, Paris, 1894

Detienne (Marcel), *Les Maîtres de Vérité dans la Grèce archaïque*, Paris, Editions Librairie Générale Française, 2006

Diagne (Mamoussé), *Critique de la raison orale. Les pratiques discursives en Afrique noire*, Paris, Editions Karthala, 2005

Diop (Birago), *Leurres et Lueurs*, Paris, Editions Présence Africaine, 1960

Esseng Aba'a (Gladys) et Tonda (Joseph), « *Introduction générale. Sexes : représentations et interactions sociales* » in *Le féminin, le masculin et les rapports sociaux de sexe au Gabon*, sous leur direction commune, Paris, Editions L'Harmattan, 2015

Gouhier (Henri), *Les méditations métaphysiques de Jean-Jacques Rousseau*, Paris, Librairie Jean Vrin, 1970

Guillaud (Yann), *Biodiversité et développement durable*, Paris, Editions UNESCO/Karthala, 2007

Hadot (Pierre), *Le voile d'Isis. Essai sur l'histoire de l'idée de nature*, Paris, Editions Gallimard, Collection Folio Essais, 2004

Hampaté Ba (Amadou), « *La tradition vivante* » in *Histoire générale de l'Afrique. Méthodologie et préhistoire africaine*, sous la direction de Joseph Ki-Zerbo, Volume I, Paris, Editions UNESCO, 1980, 1984, 1989, 1995, 1999, p.p. 191-230

Hannoun (Hubert), *Comprendre l'éducation. Introduction à la philosophie de l'éducation*, Paris, Editions Nathan, 1995

Hobbes (Thomas), *Léviathan*, traduction originale de M. Philippe Folliot, Professeur de philosophie au Lycée Ango, Dieppe, Normandie, 23 novembre 2002

Jullien (François), *Fonder la morale. Dialogue de Mencius avec un philosophe des Lumières*, Paris, Editions Grasset & Fasquelle, 1995

Kant (Emmanuel), *Essai philosophique sur la paix perpétuelle*, Préface de Ch. Lemonnier, Paris, G. Fischbacher, Libraire-Editeur, 1880

Kemp (Peter), « *Repenser la philosophie : le pouvoir de la parole* » in *Diogène*, 2008/4 n° 224, p.p. 35 à 43. En ligne : https://www.cairn.info/revue-diogene-2008-4-page-35.htm

Ki-Zerbo (Joseph), « *Introduction générale* » de l'*Histoire générale de l'Afrique. Méthodologie et préhistoire africaine*, Volume I, Paris, Editions UNESCO, 1980, 1984, 1989, 1995, 1999, p.p. 21-43

Koulayan (Nicole), « *Mondialisation et dialogue des cultures : l'ubuntu d'Afrique du Sud* » in *Hermès*, 2008/2 n° 51

Laurent (Eloi), *L'impasse collaborative. Pour une véritable économie de la coopération*, Paris, Editions Les liens qui libèrent, 2018

Lavallée (Emmanuelle), « *Corruption et confiance dans les institutions politiques : test des théories fonctionnalistes dans les démocraties africaines* ». En ligne : https://www.cairn.info/revue-afrique-contemporaine-2006-4-page-163.htm

Lavelle (Louis), *La conscience de soi*, Paris, Editions Christian de Bartillat, 1993

Lavelle (Louis), *Le mal et la souffrance*, Paris, Editions Plon, 1940

Le Drian (Jean-Yves), « *Entretien* » accordé au quotidien *Le Monde*, n° 23415, du mardi 21 avril 2020

Liégeois (Michel), « *Quel avenir pour les casques bleus et le maintien de la paix ?* » in *Politique étrangère* n° 3, Automne 2013, p.p. 65-78

Lourme (Louis), *Le nouvel âge de la citoyenneté mondiale*, Paris, Editions PUF, 2014

Matoko (Edouard) et Kane (Oumar), *Les fondements endogènes d'une culture de la paix en Afrique. Mécanismes traditionnels de prévention et de résolution des conflits*, Paris, UNESCO, 1999

Mécanisme d'Evaluation par la Pairs (MAEP), *Rapport sur la gouvernance en Afrique. Promouvoir les valeurs communes de l'Union Africaine*, 2019

Meite (Méké), « *Les alliances à plaisanteries comme voie* » in *Ethiopiques* n° 72. Littérature, philosophie, art et conflits. 1er semestre 2004. En ligne : http://ethiopiques.refer.sn

Mencius, traduction du chinois, présenté et annoté par André Lévy, Paris, Editions Payot et Rivages, 2008

Mourral (Isabelle) et Millet (Louis), *Histoire de la philosophie par les textes*, vol. 2, Editions Universitaires, 1995

Moussa Lye (Ali), « *Paix et lait : domestication du conflit chez les pasteurs Somalis* » in *Les fondements endogènes d'une culture de la paix en Afrique. Mécanismes traditionnels de prévention et de résolution des conflits*, sous la direction d'Edouard Matoko et d'Oumar Kane, Paris, UNESCO, 1999, p.p. 47-71

Murove Munyaradzi (Félix), « *L'Ubuntu* » in *Diogène*, 2011/3 n° 235-236, Paris, Editions P.U.F.

Muzinga Lola (Nicaises), *La palabre chez les kongo : la résolution traditionnelle des conflits*, Thèse de doctorat, Université Laval / Université de Sherbrooke, 2008

Nietzsche (Friedrich), *Ainsi parlait Zarathoustra*, traduit par Marthe Robert, Paris, Union Générale d'Editions, 1958

Nivet (Roland), « *La culture de la paix au service du droit à la paix* » en ligne : https://www.ldh-france.org/wp-content/uploads/2018/07/HL181-Dossier-3.-La-culture-de-la-paix-au-service-du-droit-%C3%A0-la-paix.pdf

Ntahombaye (Philippe), « *L'institution des Bashingantahe en tant que mécanisme traditionnel de prévention et de résolution pacifique des conflits au Burundi* » in *Les fondements endogènes d'une culture de la paix en Afrique. Mécanismes traditionnels de prévention et de résolution des conflits*, sous la direction d'Edouard Matoko et d'Oumar Kane, Paris, UNESCO, 1999, p.p. 73-95

Ntahombaye (Philippe), Ntabona (Adrien), Gahama (Joseph) et Kagabo (Liboire), *L'institution des Bashingantahe au Burundi. Etude pluridisciplinaire*, Bujumbura, Octobre 1999

Platon, *La République*, traduction de Robert Baccou, Paris, Editions GF Flammarion, 1966

Platon, *Cratyle* in *Protagoras et autres dialogues*, traduction et notes par E. Chambry, Paris, Editions Garnier-Flammarion, 1967

Prera-Flores (Anaisabel) et Vermeren (Patrice), *Philosophie de la culture de la paix*, Paris, Editions L'Harmattan, 2001

Psychologies, n° 96 mars 1992

Robert Derathé (Robert), *Jean-Jacques Rousseau et la science politique de son temps*, Paris, Editions PUF, 1950

Roche (Jean-Jacques), « *Le silence des armes ou la paix importune* » in *Politique étrangère* n° 3, Automne 2013, p.p. 39-52

Rousseau (Jean-Jacques), *Œuvres complètes*, tome III et tome IV, Paris, Editions Gallimard, Collection « Bibliothèque de la Pléiade », 1964 et 1969

Sauquet (Michel) et Vielajus (Martin), *L'intelligence interculturelle : 15 thèmes à explorer pour travailler au contact d'autres cultures*, Paris, Editions Charles Léopold Mayer, 2014

Senellart (Michel), *Les arts de gouverner. Du regimen médiéval au concept de gouvernement*, Paris, Editions du Seuil, 1995

Servigne (Pablo) et Chapelle (Gauthier), *L'entraide, l'autre loi de la jungle*, Paris, Editions Les Liens qui Libèrent, 2019

Stamm (Anne), *La parole est un monde. Sagesses africaines*, Paris, Editions du Seuil, 1999

Tawil (Sobhi), « *Le concept de citoyenneté mondiale : un apport potentiel pour l'éducation multiculturelle ?* » en ligne : https://journals.openedition.org/ries/3501

Thakoor (Vimal) et Wakeman-Linn (John), « *Mettre à profit la nouvelle donne démographique* » in *Finances & Développement*, Mars 2016. En ligne : https://www.imf.org/external/pubs/ft/fandd/fre/2016/03/pdf/thakoor.pdf

Thibault (Jean-François), « *Le Conseil de sécurité est dépassé. À quand une réforme en profondeur ?* », 18 juin 2020. En ligne : https://theconversation.com/le-conseil-de-securite-est-depasse-a-quand-une-reforme-en-profondeur-139356

Tindy-Poaty (Juste Joris), « *L'éducation des citoyens ou le choix de la grande semailles* » in *L'Envol*, Revue africaine de philosophie, lettres et pédagogie, n° 3, 2011, p.p. 33-49

Tindy-Poaty (Juste Joris) et Fazzino (Vincenzo), « *Relever le défi de la jeunesse africaine et prendre en compte ses attentes* » in *Prospective stratégique*, Revue internationale du CEPS, n° 46, Eté 2017, p.p. 72-74

Tindy-Poaty (Juste Joris), *Pierre Claver Akendengué ou l'épreuve du miroir*, Paris, Editions L'Harmattan, 2008

Toniolo (Anne-Marie), « *Le comportement : entre perception et action, un concept à réhabiliter* » in *L'Année psychologique*, 2009/1, Vol. 109, p.p. 155-193

UNESCO, *Rapport final. Congrès international sur La Paix dans l'esprit des hommes*, 26 juin-1er juillet 1989, Yamoussoukro, Côte d'Ivoire

UNESCO, *L'UNESCO s'engage à promouvoir une culture de la paix*, 2002

UNESCO, *Education à la citoyenneté mondiale. Préparer les apprenants aux défis du XXIème siècle*, Paris, 2015

UNESCO, *70 Citations pour la paix / Quotes for peace*, Editions Gallimard / UNESCO, 2015

UNESCO, *Programme UNITWIN / Chaires UNESCO. Directives et modalités d'adhésion*, Paris, 2017

UNESCO, *L'UNESCO et l'égalité des genres en Afrique subsaharienne. Des programmes novateurs, des résultats perceptibles*, 2017

UNESCO, *Textes fondamentaux*, Paris, 2018

UNESCO, *Le long chemin de la paix. Pour une culture de la prévention*, Paris, 2018

UNESCO, *Plan d'action de l'UNESCO pour la priorité Égalité des genres 2014-2021*, 2019

UNESCO, *Les futurs humanistes de l'apprentissage. Perspectives des chaires UNESCO et des réseaux UNITWIN*, Paris, 2020

Weil (Pierre), *L'art de vivre en paix. Manuel d'éducation pour une culture de la paix*, Paris, Editions UNESCO/UNIPAIX, 2001

Wiredu (Kwasi), « *L'ancrage de la pensée africaine et les conditions du dialogue interculturel* » in *Pour une pensée africaine émancipatrice*, *Alternatives Sud*, Vol. X (2003), 4, Centre Tricontinental, Paris, Editions L'Harmattan, 2004, p.p. 49-60

ANNEXES

Annexe 1 :
PLAN D'ACTION EN FAVEUR D'UNE CULTURE DE LA PAIX EN AFRIQUE

« AGISSONS POUR LA PAIX »

Ce Plan d'action s'adresse à toutes les composantes de la société africaine : dirigeants politiques, institutions nationales et régionales, société civile, associations communautaires, mouvements de jeunesse et organisations de femmes, leaders religieux et traditionnels, entrepreneurs et dirigeants du secteur privé, etc. afin que chaque organisation ou institution puisse se l'approprier et s'en inspirer pour la programmation et la mise en œuvre de leurs programmes et activités à court, moyen et long terme.

1. SOURCES ET RESSOURCES CULTURELLES POUR UNE PAIX DURABLE EN AFRIQUE

Objectif 1.1 : Valoriser la contribution de la culture africaine au dialogue et à la réconciliation

Recommandations générales

- La culture de la paix au quotidien devrait être reflétée de manière transversale dans tous les programmes de l'Union africaine et de l'UNESCO

- La culture – source d'énergie, de dignité, d'innovation, d'espoir et d'une vie créatrice des peuples - ne doit pas être instrumentalisée pour justifier ou exacerber les conflits

- La culture, reflet des valeurs esthétiques, éthiques et spirituelles, en amont des tensions et des conflits doit être valorisée conformément à la doctrine selon laquelle il vaut mieux prévenir que guérir

- Les liens entre culture et paix doivent être mis en exergue, les deux s'inscrivant dans le temps long par une pratique quotidienne, qui se résument par différentes « manières de vivre ensemble »

- La culture et les valeurs africaines ne devraient pas être traitées soit par une approche négative soit par une approche essentialiste et immuable. Il faudra éviter ce risque en replaçant ces valeurs au sein des valeurs universelles tournées vers l'avenir et en veillant à éviter leur manipulation et leur instrumentalisation

- Les pratiques de la paix issues des traditions africaines, telles que les évocations bénéfiques issues de la vie créatrice des peuples, comme l'usage du mot paix en tant que salut quotidien doivent être valorisées

- Une éthique du pouvoir et d'une gouvernance résolument orientée en faveur de la culture de la paix doit être promue

- La centralité de la communauté et celle des chefs traditionnels et religieux, mettant l'accent sur la parole qui engage, devraient être reconnues

- Le rôle des grands témoins et les garants de la paix – sages, chefs traditionnels et religieux – devraient être mis en valeur

- Le développement devrait être conçu comme une vaste entreprise de l'éducation et l'éducation comme une vaste entreprise du développement, toutes deux irriguées par les principes de la culture de la paix

Propositions d'actions

- Identifier/cartographier tous les facteurs, acteurs et institutions qui alimentent les conflits ainsi que ceux qui les préviennent / les désamorcent avec une attention particulière aux processus qui tiennent compte des traditions et pratiques locales

- Mettre en place un cadre de politiques cohérentes permettant à toutes les identités de se conjuguer harmonieusement et de consolider le processus de culture de la paix

- Concevoir un cadre conceptuel et opérationnel transversal qui mobilise notamment l'éducation, le patrimoine et l'histoire afin de s'assurer que la notion de culture de la paix est présente dans les politiques publiques, avec un accent particulier sur la recherche-action

- Faire un plaidoyer au niveau continental pour l'intégration de la culture de la paix comme sujet à part entière dans les systèmes éducatifs en insistant notamment sur la relecture des manuels scolaires afin d'éliminer tout stéréotype culturel, sexiste, ethnique, linguistique et religieux, l'enseignement des langues africaines et particulièrement transfrontalières, sur la transmission des mécanismes traditionnels de prévention et résolution des conflits, sur l'utilisation de l'Histoire générale de l'Afrique, etc.

- Elargir le recours aux mécanismes traditionnels de résolution de conflits et promouvoir les bonnes pratiques et mécanismes de réconciliation ayant déjà porté des résultats tangibles sur le continent

- Lancer un appel à tous les pays africains pour que le Fonds du Patrimoine Africain soit doté de ressources adéquates (le patrimoine étant une source de connaissance, de conscience, de sentiment d'appartenance et haut lieu de dialogue par excellence)

- Sensibiliser les communautés locales et la jeunesse à la mise en valeur de ce patrimoine, matériel et immatériel, ainsi que dans la recherche d'un équilibre entre impératifs du développement et préservation du patrimoine avec un tourisme interculturel et intercommunautaire

- Etablir un répertoire des personnalités africaines, hommes et femmes, qui ont contribué à la paix et à la reconnaissance de la culture africaine

- Promouvoir les mécanismes permanents de dialogue communautaire et de réconciliation au niveau local, avec la participation de toutes les composantes de la société

- Mettre au point un programme de recherche-action sur les méthodes endogènes de prévention et résolution des conflits en Afrique, avec notamment un système de bourses pour jeunes chercheurs africains

- Appuyer le Groupe de Sages de l'Union Africaine, au niveau local, national ou régional dans ses actions en faveur de la paix en Afrique

Objectif 1.2 : Renforcer les relations entre Education et Culture pour construire des parcours d'éducation et de formation efficaces afin de promouvoir la culture de la paix en Afrique

Recommandations générales

- La culture de la paix, les langues et l'histoire de l'Afrique doivent faire partie intégrante des systèmes d'éducation formelle et non formelle et en particulier dans la formation des enseignants

- Les bonnes pratiques en matière d'éducation à la culture de la paix devraient être valorisées et diffusées à travers le continent

- L'utilisation systématique de l'Histoire générale de l'Afrique devrait être promue comme outil pédagogique de référence pour l'enseignement de la culture de la paix

- L'enseignement des langues locales, des dialectes et l'histoire de l'Afrique dans les écoles africaines, afin de combler le gap entre tradition et modernité, doivent être promus, ainsi que l'utilisation du théâtre, des musiques, danses et arts afin de promouvoir la culture de la paix à l'école

- Les systèmes éducatifs publics et privés doivent intégrer l'acquisition de compétences pratiques afin de mieux préparer les diplômés à faire face à toutes les situations y compris la promotion de la culture de la paix

- Le rôle des religions et des spiritualités devrait être renforcé dans l'enseignement des valeurs de la culture de la paix

Propositions d'actions

- Encourager et appuyer les Etats à réviser les programmes scolaires à tous les niveaux d'enseignement afin d'introduire la culture de la paix dans les systèmes d'éducation formelle et non formelle

- Investir davantage sur la recherche orientée vers des actions qui aide à la promotion de valeurs africaines favorables à la culture de la paix ; en particulier, faire davantage recours aux chercheurs locaux et renforcer la valeur ajoutée de la nouvelle université panafricaine - Encourager les Etats membres à développer des programmes et des politiques qui favorisent l'utilisation du théâtre, la musique, la danse et l'art pour la promotion de la culture de la paix ; une approche holistique intégrée dans les curricula et des approches au service des plates-formes formelles et informelles de promotion de la culture de la paix

- Utiliser davantage les approches consultatives et collaboratives pour développer des programmes pour l'éducation à la paix comme celles utilisées dans la CEDEAO avec un focus sur la formation des formateurs

- Créer des activités extrascolaires particulièrement pour les enfants et les jeunes telles que des programmes faisant la promotion de la culture de paix dans les stations radiophoniques et de télévisions locales

- Organiser une Conférence conjointe UNESCO-Union Africaine des ministres de l'Education et de la Culture afin de renforcer le lien entre éducation et culture ainsi que la promotion de la culture de la paix (Cf. Sommet de l'UA, Khartoum 2006)

Objectif 1.3 : Développer l'économie de la culture, génératrice d'emploi pour la jeunesse, dans la vision du développement durable du continent

Recommandations générales

- Le développement d'une plate-forme conceptuelle pour traiter du processus de réconciliation regroupant entre autres des facteurs transversaux tels que l'économie, les ressources naturelles et culturelles, la gouvernance

- La promotion du tourisme interne et les échanges culturels afin d'encourager une meilleure prise en compte de la diversité culturelle

- Le développement et l'utilisation des médias, des technologies de l'information et de la communication (TIC) afin de promouvoir la culture de la paix. Le média est un partenaire crucial dans le façonnement des consciences des personnes et l'inculcation de la culture de la paix

- La promotion d'une industrie culturelle au niveau scolaire : le patrimoine matériel et immatériel pour la paix ainsi que pour la création d'emplois pour les jeunes dans le secteur des industries de la culture et de la création

- La création d'opportunités d'accès au financement à destination des acteurs du monde de la culture afin de contribuer au développement économique national

- Les Etats-membres doivent être encouragés à tous les niveaux à ratifier et appliquer la Charte pour la Culture et la Renaissance Africaine, car elle contient également d'importantes dispositions de promotion de la culture pour le développement

- Un Sommet des Chefs d'Etat de l'UA devrait être dédié aux questions liées à la culture et en particulier sur la question des industries culturelles et l'économie de la culture

Propositions d'actions

- Encourager les Etats membres à faciliter la création d'un environnement favorable au développement et à l'amélioration du tourisme culturel

- Inviter les Ambassades africaines à diffuser les industries culturelles et créatives africaines pour leur popularisation, leur promotion et leur développement

- Mettre en place une base de données avec des informations pertinentes pour les acteurs du monde de la culture (telles que les opportunités disponibles, les critères de qualité, les standards internationaux, la protection des droits de propriété intellectuelle) afin d'améliorer la production culturelle

- Appuyer le développement de politiques nationales favorisant l'entrepreneuriat des jeunes par des programmes visant l'entrepreneuriat social et l'emploi des jeunes dans le domaine des industries culturelles (artisanats, arts, musique, festivals, cinéma ...)

- Inciter les Etats à adopter une législation appropriée à réguler la création et la vie de tous les moyens de communication, y compris ceux issus des nouvelles technologies

2. LA GESTION DES RESSOURCES NATURELLES POUR LA PRÉVENTION DES CONFLITS ET LE DÉVELOPPEMENT DURABLE

Objectif 2.1 : Promouvoir la coopération et la diplomatie scientifiques pour le partage des ressources transfrontalières

Recommandations générales

- L'engagement politique pour une meilleure gestion des bassins hydrographiques et pour assurer la durabilité des ressources partagées devrait être encouragé au plus haut niveau

- Les capacités des universités et l'implication des scientifiques et des universitaires de la région dans la production de connaissances pour une bonne gestion des ressources transfrontalières, notamment au niveau des réserves de biosphère transfrontières et des bassins hydrographiques devraient être fortement renforcées et encouragées

- Des mécanismes de financement durable des initiatives transfrontières impliquant en priorité les ressources financières nationales devraient être mis en place pour assurer un partage équitable et une redistribution au niveau local des bénéfices issus de leur utilisation, notamment celles provenant du tourisme

- La coopération technique et interinstitutionnelle devrait être renforcée pour assurer la durabilité des initiatives transfrontières

- Les décideurs devraient être sensibilisés sur l'importance et l'utilité de la télédétection notamment pour la gestion des ressources partagées (eau, sols, zones côtières, forêts...) et mettre à la disposition des communautés locales les outils de télédétection pour la gestion des ressources naturelles avec l'appui de la communauté scientifique

- Une plus grande implication et participation de tous

les acteurs notamment ceux de la base, dans la gestion des bassins hydrographiques et des réserves de biosphère transfrontières devrait être encouragée

Propositions d'actions

- Assurer une large diffusion du concept de « Réserve de biosphère pour la paix » en Afrique en valorisant en particulier l'expérience de la réserve de biosphère transfrontière du fleuve Sénégal pour susciter la création d'autres réserves du même type à travers le continent

- Inviter les Etats membres à intégrer le concept de « Réserve de biosphère pour la paix » en Afrique dans les formations à tous les niveaux et en particulier au niveau universitaire

- Encourager les Etats membres à faire des études interdisciplinaires et des inventaires de leurs ressources au niveau des frontières pour servir de base aux accords de gestion transfrontaliers

- Soutenir le Réseau des organismes de gestion des bassins hydrologiques africains afin de renforcer les échanges et les partages d'expériences et la coopération institutionnelle

- Soutenir la création d'un Institut régional de télédétection chargé de la promotion de la télédétection dans les prises de décision politique et du suivi des conflits en Afrique au sein de l'Université Panafricaine

- Identifier le Grand Courant du Golfe de Guinée comme un laboratoire pour étudier et résoudre les défis liés aux écosystèmes marins et côtiers en Afrique en utilisant la télédétection avec le concours des universités de la région.

Objectif 2.2 : Renforcer le rôle des cosmogonies et connaissances traditionnelles et les savoir-faire autochtones pour un développement durable

Recommandations générales

- Les Etats africains et les Nations Unies ont la responsabilité de s'occuper des questions de justice et de droits de l'homme relatifs aux peuples indigènes en tant que partie intégrante de leurs engagements en faveur de la paix et du développement durable. Ceci peut être accompli au moyen d'approches inclusives et de dialogue renforçant les droits de l'homme, la reconnaissance et le respect des spécificités culturelles

- Les autorités nationales doivent être encouragées à respecter, comprendre et valoriser les cultures indigènes, au regard de leur marginalisation et de leur abaissement. Cette reconnaissance peut prendre la forme d'une consécration juridique, comme c'est le cas en République du Congo, au Burundi, en République Centrafricaine, au Rwanda etc. où les droits des peuples indigènes ont été incorporés dans le droit national

- La valorisation et le respect du savoir traditionnel par rapport à son mérite intrinsèque doivent aller de pair avec le respect des détenteurs dudit savoir, en l'occurrence les peuples indigènes. Cela implique le respect de leur droit d'être écouté, de participer au processus d'élaboration des politiques et à la prise de décision, de maintenir leurs spécificités culturelles et leur mode de vie, ainsi que leurs droits sur leurs terres et sur les ressources dont ils dépendent.

Propositions d'actions

Dans la perspective de la Conférence mondiale de l'AGNU sur les peuples indigènes en 2014 :

- L'UA doit assurer, avec l'appui du système des Nations Unies, la large diffusion des rapports de la Commission africaine des droits de l'homme et des peuples, et les clauses pertinentes de la Charte africaine, qui explicitent la définition et le statut des peuples indigènes dans le contexte africain, afin de dissiper toute incompréhension et mauvaises interprétations

- Assurer une reconnaissance étendue des systèmes de savoirs traditionnels des peuples indigènes y compris ceux des femmes indigènes, au regard de leur importance pour les peuples indigènes et pour la société en général, ainsi que leurs contributions considérables aux autres systèmes de connaissance, notamment la science contemporaine, les systèmes de bonne gouvernance, la prévention et la résolution des conflits

- Protéger et sauvegarder les langues et les savoirs des peuples indigènes, y compris leur transmission intergénérationnelle. Les mécanismes de protection des droits de propriété intellectuelle des peuples indigènes doivent être renforcés, notamment à travers des protocoles communautaires et le renforcement des capacités, et les principes du partage équitable des bénéfices doivent être confirmés

- Développer des approches culturellement marquées dans le domaine de l'enseignement formel et dans la santé pour assurer le respect de la diversité des identités culturelles, des politiques et des pratiques de manière à renforcer la culture de la paix en Afrique

- Les autorités gouvernementales doivent initier un processus de dialogue formel avec les peuples indigènes et les organisations pertinentes de la société civile afin d'explorer ensemble les opportunités de résolution pacifique des conflits liés à l'exploitation et la gestion des ressources naturelles

Objectif 2.3 : Développer les économies verte et bleue génératrices d'emploi pour tous et spécialement pour la jeunesse

Recommandations générales

- L'importance et la contribution des économies verte et bleue doivent être pleinement reconnues au regard des perspectives croissantes d'emploi et de l'opportunité unique qu'elles offrent à la jeunesse africaine d'améliorer son bien-être. Elles doivent donc être prises avec le plus grand sérieux à tous les niveaux à travers un plaidoyer supplémentaire et une plus grande intégration dans le cadre des actions et du processus de réforme en cours

- Le secteur de l'éducation doit s'assurer que tous les travailleurs sont dotés de connaissances, compétences et attitudes susceptibles de contribuer au développement durable. Il s'agit d'un des domaines clés de l'UNESCO qui préside la Décennie des Nations Unies pour l'éducation en vue du développement durable

- Il existe un besoin de créer une culture d'engagement et de participation de la jeunesse afin de réaliser que parvenir à la paix est un processus, un système, une situation, un cas de gestion. Ainsi, il y a la nécessité de créer un modèle innovant intégré qui aborderait la promotion de l'entreprise sociale et le développement de la culture de la paix en Afrique de manière intégrée. Il y a des avantages indéniables à utiliser une innovation intégrée dans la promotion de la culture de la paix, l'entreprise sociale et le développement de l'économie verte

Propositions d'actions

- Développer un plaidoyer supplémentaire à tous les niveaux (international, régional, sous-régional, national) sur l'importance et les opportunités à saisir dans la transition vers les économies verte et bleue, l'enseignement technique et la formation professionnelle (ETFP) et définir les modalités d'une telle transition grâce à l'intégration dans les actions pertinentes et les processus de réforme en cours à tous les niveaux

- Encourager la création des réseaux d'échange (sur les connaissances pertinentes et les meilleures pratiques) parmi les acteurs de l'économie et de la société civile locale (les associations de femmes et des jeunes, etc.) et les centres d'expertise aux niveaux national et international (y compris les universités virtuelles, les réseaux existants pertinents, etc.)

- Intégrer de manière substantielle dans l'ETFP, les connaissances et compétences en matière d'économies verte et bleue ainsi que l'éducation à la culture de la paix en vue de préparer la jeunesse aux différents emplois verts et bleus

- Faciliter l'entrepreneuriat des jeunes à travers des programmes d'entrepreneuriat social et d'emploi jeune dans les économies verte et bleue (tourisme écologique, recyclage, agriculture biologique, etc.)

- Adapter les mécanismes d'aide aux microentreprises engagées dans des projets innovants dans les secteurs suivants : agriculture, santé, énergies renouvelables, architecture écologique, etc. en mettant en place des mécanismes de formation, de contrôle et de suivi au niveau local

3. LES JEUNES, ACTEURS DU CHANGEMENT POUR LA PAIX ET LE DEVELOPPEMENT

Objectif 3.1 : Promouvoir l'engagement et l'inclusion des jeunes dans la société

Recommandations générales

- Des politiques nationales de jeunesse inclusives et en ligne avec les instruments internationaux et régionaux, notamment avec la Charte africaine de la jeunesse sans oublier l'égalité des genres, doivent être formulées, révisées, ou si besoin est, développées avec la participation des jeunes

- Les systèmes d'éducation formelle et non formelle doivent inclure une éducation à la citoyenneté, à la paix, à la tolérance, aux droits de l'homme, etc. tout en prenant en considération la nécessité de revisiter le concept de l'éducation dans son ensemble. Ce concept mérite d'être repensé de façon novatrice

Propositions d'actions

- Encourager les Etats membres à signer et ratifier la Charte Africaine de la jeunesse et élaborer des plans d'action adaptés à chaque situation nationale. Un mécanisme de suivi et de monitoring devra être mis en place afin de suivre de façon systématique les progrès réalisés par chacun des Etats membres

- Créer un Observatoire Africain de la Jeunesse

- Mettre en place dans tous les Etats africains des formations des jeunes au leadership, à la citoyenneté, à la justice sociale, etc.

- Création d'un fonds pour promouvoir l'emploi des jeunes, avec l'appui de la Banque africaine de développement (BAD), en vue de favoriser l'entrepreneuriat social

- Mettre en place un système de diffusion de la Charte auprès des jeunes à travers les médias, les réseaux sociaux, l'audiovisuel, etc.

Objectif 3.2 : Développer l'utilisation des TIC et des médias et valoriser les modèles porteurs d'avenir pour la jeunesse africaine

Recommandations générales

- L'éducation des jeunes et le développement de leur esprit critique pour analyser et utiliser à bon escient l'information diffusée/reçue devraient être systématiques

- Les modèles constructifs et positifs contemporains et historiques (sportifs, musiciens, artistes, etc.) devraient être utilisés, diffusés et valorisés par les médias et à travers des évènements sportifs et artistiques

- Les capacités des jeunes professionnels de l'information sur les questions de la culture de la paix devraient être renforcées afin de leur donner les outils nécessaires et les connaissances pertinentes pour sensibiliser/informer les populations

- Le sport comme instrument de lutte contre la violence et toutes les formes de discrimination devrait être impérativement promu

- Les politiques qui garantissent la liberté d'expression, le pluralisme des medias et la sécurité des journalistes autant que l'accès universel à l'information doivent être promus dans tous les pays

Propositions d'actions

- Créer un Observatoire des médias pour la culture de la paix en mesure de déceler des messages incitant à la violence ou renforçant les stéréotypes d'une communauté vis-à-vis d'une autre et alerter les différentes instances étatiques et internationales pour prévenir les crises et les conflits

- Développer et créer des radios et centres multimédias communautaires et assurer la formation des journalistes locaux dans les domaines de la culture de la paix

- Soutenir les initiatives pour la paix à travers les activités sportives et l'enseignement des sports dans les contextes d'éducation formelle

- Elaborer des formations professionnelles et éthiques des médias et veiller à l'amélioration des conditions de travail des journalistes

Objectif 3.3 : Valoriser le rôle de la femme dans la société africaine en tant que gardienne des valeurs et promouvoir l'égalité des genres auprès des jeunes

Recommandations générales

- Les fondamentaux du patrimoine culturel immatériel africain doivent être revisités pour créer des passerelles avec la modernité et favoriser le transfert des savoirs intergénérationnels, tout en assurant l'égalité des genres et l'équité des opportunités pour tous

- La contribution des jeunes et des femmes en tant que sources de solutions et non de problèmes et en tant qu'acteurs de changements et de transformations sociales devrait être promue

- Le développement des mouvements associatifs féminins et la promotion du leadership féminin devraient être encouragés à tous les niveaux

Propositions d'actions

- Lancer un programme de recherche et de divulgation sur les pratiques traditionnelles de prévention et de résolutions des conflits, qui valorisent le rôle de la femme africaine

- Produire des outils de communication pour sensibiliser les parents sur la lutte contre les violences basées sur le genre (Information Education Communication IEC)

- Renforcer la coopération avec les Centres et les ONGs spécialisés (CIEFFA, FAS, FAWE, GCYC Malawi, Réseau des femmes du Fleuve Mano, etc.) pour promouvoir l'éducation des jeunes filles et femmes

- Définir des indicateurs pour le suivi au niveau de chaque pays

4. ACTIONS EN VUE DE CREER UN MOUVEMENT CONTINENTAL SOUS L'EGIDE DE L'UNION AFRICAINE ET DE L'UNESCO

Objectif 4.1 : Créer un Mouvement continental et durable en faveur de la paix, capable de mobiliser les Etats africains, le secteur privé, les artistes et leaders africains, les organisations internationales et les acteurs du développement régional ainsi que les ONGs et les associations de terrain

Propositions d'actions

- Etablir des modalités concrètes de partenariat entre l'UNESCO, l'UA et les institutions de financement de développement en Afrique telles que la Banque africaine de développement (BAD), la Banque mondiale ainsi que les institutions financières régionales afin que celles-ci puissent inclure la culture de la paix dans leurs programmes de soutien aux pays en reconstruction post-conflit

- Créer un Groupe africain pour la culture de la paix composé de représentants de l'UA, de l'UNESCO et des acteurs clés du développement en Afrique – Banque africaine de développement, Banque mondiale, Commission économique des Nations unies pour l'Afrique, communautés économiques régionales, fondations, secteur privé, société civile, etc. Cette structure ad hoc qui sera chargée de la mobilisation des ressources et du suivi de la mise en œuvre du Plan d'action de Luanda

- Inviter la Commission de l'Union africaine et l'UNESCO à prendre les mesures appropriées pour la mise en place de mécanismes conjoints (Commission mixte UA/UNESCO) pour assurer le suivi et la mise en œuvre du Plan d'action

- Inviter tous les partenaires à inscrire leurs actions en faveur d'une paix durable dans le cadre du Mouvement continental et à faire vivre celui-ci sur le long terme

- Promouvoir les systèmes de mécanisme d'alerte précoce des crises existant au niveau national et régional et les renforcer en formant des opérateurs et médiateurs au niveau local, particulièrement en impliquant de plus en plus de femmes

- Elaborer un indice de la culture de la paix composite, résultat d'un ensemble d'indicateurs issus des huit domaines d'action de la culture la paix, qui puissent servir de base de monitoring de la culture de la paix au niveau local, national et régional

- Promouvoir des forums de réflexion pour impliquer tous les acteurs aux niveaux national, sous-régional et régional, faire le bilan des actions déjà entreprises, questionner les concepts fondamentaux - souvent source de malentendus et de manipulations - et contribuer à l'identification de pistes d'action novatrices pour la culture de la paix en Afrique

Objectif 4.2 : Renforcer la Campagne de l'UA « *Agissons pour la paix* » pour sensibiliser l'opinion publique et la jeunesse en particulier au rôle que chacun peut jouer pour construire et consolider la paix et la non-violence dans le quotidien

Propositions d'actions

- Inviter les Etats membres et les partenaires à soutenir les efforts de mobilisation des ressources financières et techniques pour la réalisation de la Campagne aux niveaux national et continental

- Inviter les Etats membres et les partenaires à soutenir la stratégie d'information et de communication de la Campagne

- Solliciter les artistes africains afin qu'ils relaient le message de la paix à travers le continent et les encourager à créer des œuvres susceptibles de sensibiliser les jeunes à la culture de la paix

- Renforcer la coopération entre l'UNESCO et l'UA pour la Campagne, et en particulier la célébration du 21 septembre, Journée internationale de la paix

ANNEXE 2 :
COMMUNIQUE DU FORUM PANAFRICAIN POUR LA CULTURE DE LA PAIX EN AFRIQUE – BIENNALE DE LUANDA
(18-22 SEPTEMBRE 2019)

Luanda, République d'Angola, 22 septembre 2019

Le Gouvernement angolais, l'Union africaine et l'UNESCO ont organisé, du 18 au 22 septembre 2019, la première Biennale panafricaine de Luanda pour la culture de la paix. Plus de 800 participants, représentant 17 délégations officielles de pays, des gouvernements, la société civile, le secteur privé, les arts, les sciences, les institutions universitaires et internationales en Afrique et dans sa diaspora, et dans d'autres régions du monde, se sont rassemblés dans la capitale angolaise durant cinq jours.

Reconnaissant les efforts fournis pour l'organisation de cet événement, les participants de la Biennale de Luanda tiennent à remercier les organisateurs et leurs partenaires et à les féliciter pour le succès de ce Forum.

Prenant note des éléments susmentionnés, les participants à la Biennale :

1. Conviennent que le Forum pour la promotion de la culture de la paix en Afrique, qui constitue un levier pour la paix et le développement centré sur la dimension humaine et qui est ancré dans les aspirations et normes universelles en faveur des droits humains, devrait se tenir tous les deux ans ;

2. Appellent l'Union africaine et l'UNESCO à poursuivre les actions visant à concrétiser les recommandations issues de ce Forum ;

3. Sollicitent le soutien des gouvernements des Etats membres africains et des pays de la diaspora africaine pour qu'ils prennent des mesures en faveur de la culture de la paix aux niveaux national et décentralisé ;

4. Encouragent les Communautés Economiques Régionales, les Institutions académiques et les associations professionnelles, les Organisations internationales, le secteur privé, la société civile, les philanthropes et les personnalités influentes sur le continent et à l'extérieur, à se joindre à ce mouvement, afin de mobiliser les forces et les ressources et de former une coalition multipartite pour la responsabilisation des populations africaines dans la transformation positive des sociétés africaines ;

5. Saluent le rôle majeur joué par Son Excellence, M. João Manuel Gonçalves Lourenço, le Président de l'Angola, qui a accueilli l'événement et mobilisé les chefs d'État en faveur de ce mouvement, et demandons son soutien pour s'assurer de la continuité du processus.

La Biennale s'articule autour de cinq axes principaux : le Forum des partenaires - Alliance pour l'Afrique, le Forum des Idées, le Forum des Jeunes, le Forum des Femmes et le Festival des Cultures. Ces axes ont permis de créer une plateforme pour la diversité culturelle et l'unité africaine, un espace pour la création de partenariats intelligents, durables et innovants, des échanges internationaux et entre Africains, pour la réflexion sur l'avenir de l'Afrique, visant à diffuser les bonnes pratiques et les solutions pour la prévention des crises et la résolution et la réduction des conflits.

FORUM DES PARTENAIRES

Dans l'objectif de mobiliser des partenariats, ce forum constitue l'Alliance des partenaires, qui est essentielle pour la mobilisation de ressources dans le cadre de la mise en œuvre d'interventions à travers le continent et sa diaspora pour la paix.

Reconnaissant ce mécanisme, les participants remercient les partenaires pour leur engagement et les exhortent à s'engager davantage en faveur des différentes initiatives. A cet égard, compte tenu de l'importance de l'innovation pour le développement durable, nous appelons de nos vœux :

1. **Les organismes des Nations Unies, les banques de développement et les autres organisations multilatérales** à continuer de promouvoir des initiatives visant à promouvoir la culture de la paix en tant qu'élément indispensable à l'appui des efforts déployés par les gouvernements en faveur d'un développement socio-économique inclusif et durable ;

2. **Le secteur privé,** à élargir sa collaboration avec le secteur public, renforçant ainsi les partenariats public-privé et renforçant en particulier la collaboration avec l'UNESCO, afin de faciliter la mise en œuvre de programmes novateurs et complets pour la promotion de la culture de la paix ;

3. **Les gouvernements africains** à mettre en place des écosystèmes politiques et juridiques favorables à la promotion et au développement de l'entrepreneuriat culturel et social des jeunes femmes, des jeunes et des peuples autochtones, et à la contribution des artistes à la construction de la paix en vue de l'opportunité offerte par les arts pour soutenir la réconciliation africaine et l'unité.

FORUM DES IDEES

Conscients que le Forum constitue une plate-forme de dialogue sur les bonnes pratiques et les solutions éprouvées dans les domaines de l'éducation, de la culture, des sciences, de la communication et de l'information et sur le thème de l'année de l'Union africaine en matière de solutions durables en faveur des personnes déplacées, des migrants et des réfugiés.

Les participants remercient les intervenants qui ont partagé leurs expériences et appellent les différentes parties impliquées à soutenir la réalisation des actions suivantes :

Prévention de la violence et résolution des conflits par la culture et l'éducation

Reconnaissant le lien indéniable entre l'éducation et la paix ; et la culture et la paix, nous, les participants, appelons les **Etats africains, les Nations Unies et en particulier l'UNESCO et l'Union africaine** à :

1. Encourager la promotion des contenus et des approches intersectorielles informels, formels et non formels qui respectent la diversité culturelle, les valeurs de paix et de tolérance et offrent des espaces de dialogue et de " vivre ensemble ", y compris les besoins spécifiques des personnes vulnérables et des minorités, avec une attention particulière pour les personnes vivant avec un handicap ou avec albinisme ;

2. Considérant que des millions d'enfants en âge de fréquenter l'école primaire ne sont pas scolarisés ; que 9 enfants sur 10 n'ont pas accès aux niveaux minimums d'alphabétisation; et que de nombreuses filles continuent à abandonner l'école à un très jeune âge, nous appelons les gouvernements et les organisations internationales à fournir et soutenir un accès aux technologies du XXIe siècle afin d'améliorer l'enseignement et l'apprentissage ainsi que les besoins des populations qui ont été délaissées par les programmes éducatifs classiques ;

3. Considérant que la diversité culturelle et la valorisation de la culture africaine sont essentielles pour promouvoir l'estime de soi et la notion de panafricanisme, nous exhortons les pays à élaborer et à mettre en œuvre des politiques culturelles inclusives qui assurent la préservation du patrimoine culturel matériel et immatériel, à favoriser un éventail diversifié d'expressions culturelles et l'accès aux pratiques culturelles et artistiques ;

4. Continuer à soutenir et à promouvoir les artistes africains et les manifestations culturelles qui, dans le cadre de leur responsabilité sociale, favorisent le dialogue et une culture de la paix, en particulier chez les jeunes ;

5. Favoriser la promotion des connaissances culturelles endogènes, les traditions et les formes d'expression culturelle et artistique qui constituent les mécanismes existants de prévention et de gestion des conflits ;

6. Créer un environnement technologique et financier favorable à l'émergence d'industries créatives africaines et d'un entrepreneuriat numérique inclusif reflétant la diversité culturelle et linguistique du continent.

Prévention des conflits liés aux ressources naturelles

Considérant que les ressources naturelles sont souvent à l'origine de conflits, y compris de conflits violents, nous, les participants, recommandons à **l'UNESCO, à l'Union africaine et aux états** de :

1. Améliorer les connaissances sur l'utilisation et la préservation durables et compatibles des ressources naturelles partagées aux niveaux national et transfrontalier et en particulier des sites du patrimoine mondial de l'UNESCO, des réserves de biosphère et des géoparcs, par la valorisation des connaissances traditionnelles et autochtones ;

2. Notent que plusieurs conflits majeurs sur le continent sont liés à l'utilisation abusive d'écosystèmes transfrontières, en particulier dans les régions du Sahel, des Grands Lacs, du lac Tchad et du bassin du Congo, nous encourageons les États à renforcer davantage leur collaboration pour assurer la gestion durable de ces ressources naturelles communes ;

3. Encouragent, à cet égard, les partenaires du secteur

privé, de la coopération au développement et de la société civile à compléter les efforts déployés par les États pour mettre en place des mécanismes de financement endogènes novateurs et durables pour la gestion des ressources naturelles susmentionnées en Afrique ;

4. Notent que la richesse géologique et minérale de l'Afrique est l'un des atouts clés de l'Afrique, nous exhortons les pays, la CUA et l'ONU à élaborer des mécanismes nationaux et régionaux pour la gestion transparente des industries extractives, y compris l'élaboration et l'application de cadres consultatifs réglementaires et opérationnels.

Gestion de l'eau et vulnérabilité côtière

Constatant que la santé des océans, des fleuves et des lacs est essentielle à la paix et à la prospérité de l'Afrique, nous recommandons le soutien de **l'UNESCO, de la Commission océanographique intergouvernementale et des Etats** pour :

1. La mise en place de mécanismes de coopération interétatiques pour accroître l'expertise technique et scientifique institutionnelle en matière de gestion de l'eau et d'assainissement ;

2. La promotion et l'adoption de politiques et d'interventions holistiques et fondées sur la science, qui encouragent la création de structures multisectorielles, l'amélioration de la recherche scientifique pour éclairer les connaissances et l'élaboration de politiques ;

3. L'élaboration des programmes visant à élargir les connaissances et à sensibiliser la population à la vulnérabilité côtière en tant que question de sécurité humaine, dans ses dimensions économique, sociale et environnementale ;

4. L'élargissement des connaissances et la sensibilisation sur les changements climatiques en tant que question de sécurité humaine, dans ses différentes dimensions (économique, sociale et environnementale), en faisant appel à la participation des gouvernements, de la société civile, des universités, des enseignants et des étudiants.

Thème de l'année de l'Union africaine : réfugiés, rapatriés et personnes déplacées en Afrique : vers des solutions durables aux déplacements forcés

Dans la perspective d'une mise en œuvre accrue d'Action 2063 et de la Stratégie de 2020 de l'Union africaine sur les mesures pratiques visant à réduire au silence les armes à feu en Afrique, en particulier pour les réfugiés, les rapatriés et les populations déplacées en Afrique, nous demandons aux Gouvernements de :

1. Adopter des politiques, des cadres et des mesures globales tenant compte des spécificités de chaque sexe dans la gestion des réfugiés aux niveaux local et national, en s'attaquant à la violence contre les femmes ainsi qu'à la traite des êtres humains en collaboration avec les pays d'origine, transit et destination ;

2. Accroître les investissements nationaux et publics dans la fourniture d'abris, d'installations d'approvisionnement en eau et d'assainissement adéquates, de services de santé, d'une éducation de qualité (notamment grâce aux TIC) et de services de garde d'enfants et autres services attentifs aux questions de genre dans les régions urbaines et rurales de réinstallation des réfugiés et déplacés internes, en complément aux efforts à long terme pour assurer le droit au logement, au terrain et aux propriétés ;

3. Donner la priorité à la ratification, à l'adoption et à la mise en œuvre des principaux cadres juridiques et politiques, en particulier la Convention de Kampala et

le Protocole de Maputo, et mettre en place un mécanisme d'examen annuel pour surveiller et contrôler le respect des dispositions afin d'améliorer la protection des femmes et des enfants et éliminer les pratiques néfastes qui aggravent leur vulnérabilité en cas de déplacement ;

4. Adopter des processus, des pratiques et des structures efficaces pour atténuer et gérer les effets des changements climatiques et réduire les dommages potentiels associés aux déplacements liés aux changements climatiques, y compris des systèmes de protection sociale qui améliorent la résilience des femmes et des enfants déplacés ;

Des médias libres, indépendants et pluralistes pour promouvoir la paix et le développement en Afrique

1. Considérant avec une profonde préoccupation que, selon l'UNESCO, plus de 86 % des affaires d'enquêtes sur les assassinats de journalistes en Afrique ne sont toujours pas résolues (2006-2018), nous appelons tous les **gouvernements et les organisations internationales** à soutenir les activités de renforcement des capacités des fonctionnaires judiciaires (juges, procureurs, avocats) en matière de liberté d'expression et de sécurité des journalistes afin de promouvoir la paix et l'état de droit ;

2. Reconnaissant la façon dont l'accès des citoyens aux données publiques peut réduire la corruption et accroître la responsabilité ; reconnaissant en outre que 20 pays d'Afrique, qui ont adopté une législation sur l'accès à l'information, nous appelons tous **les gouvernements africains** à adopter des lois sur l'accès à l'information afin de promouvoir la liberté d'expression et la paix en Afrique.

3. Compte tenu de la popularité croissante des médias sociaux et des dangers que la désinformation et la

désinformation font peser sur le climat de paix en Afrique, nous recommandons aux **gouvernements, aux organisations internationales et à la société civile** d'investir dans l'autonomisation des populations afin qu'elles puissent réfléchir de manière critique aux informations qu'elles reçoivent grâce aux programmes de formation aux médias et à l'information (MIL).

La Procédure de Baku : promouvoir le dialogue interculturel pour la sécurité humaine, la paix et le développement durable

1. Considérant que le Processus de Bakou, qui se déroule tous les deux ans en Azerbaïdjan, est une plate-forme mondiale pour la promotion du dialogue interculturel et que le nombre de pays africains participant au Forum a augmenté et reconnaissant que la mise en œuvre de la Décennie internationale du rapprochement des cultures (2013-2022) bénéficierait de synergies entre le Processus de Bakou et la Biennale de Luanda - Forum panafricain pour la culture de la culture, les participants saluent l'invitation du **Gouvernement de l'Azerbaïdjan** à relier les deux initiatives concernant la promotion du dialogue interculturel et la culture de paix en Afrique.

FORUM DES FEMMES

1. Conscients de la nécessité d'édifier des sociétés pacifiques véritablement inclusives et du fait que la réalisation des droits fondamentaux des femmes et des filles est systématiquement en retard ou violée, nous appelons tous les **États d'Afrique** à intensifier l'élaboration et la mise en œuvre de politiques inclusives et transformatrices qui tiennent compte de la vulnérabilité des femmes et des filles à la violence ainsi que d'interventions de plaidoyer et de formation contre les pratiques et normes culturelles, sociales et politiques qui perpétuent la vulnérabilité des femmes et des filles à la violence ;

2. Reconnaissant que l'éducation est essentielle à l'inclusion et à l'équité, nous demandons tout particulièrement aux **Gouvernements** d'appuyer les programmes destinés aux femmes et aux filles afin de promouvoir leur accès à une éducation de qualité et inclusive, notamment en réduisant leur vulnérabilité à la violence fondée sur le sexe ;

3. Reconnaissent le rôle clé des Femmes africaines en tant qu'agentes et promotrices de la paix sur le continent, aggravé par la reconnaissance limitée de leur capacité à réduire la violence et à faire partie intégrante des processus de prise de décision en matière de paix ; nous, participants à la Biennale, encourageons une coordination accrue entre les agences des **Nations Unies** (en particulier entre l'UNESCO et ONU-Femmes), **l'Union africaine, les organisations régionales et nationales de femmes et les réseaux de la société civile**.

4. Nous proposons l'organisation d'une conférence de suivi pour partager les expériences et les bonnes pratiques en matière de paix et de non-violence, ainsi que des recherches sur le leadership des femmes, les méthodes de prévention des conflits et le rôle des femmes, y compris les femmes dans les médias, dans la promotion et la construction d'une culture de paix.

L'Afrique dans le monde : Exploration de la présence africaine dans le monde

Les participants recommandent :

1. A l'**UNESCO**, dans l'exercice de son mandat, de poursuivre son action en faveur de la reconnaissance, de l'appréciation et de la promotion de la contribution, aux niveaux technique, scientifique, culturel et humain, des personnes d'ascendance africaine à la construction d'une nouvelle société mondiale, en développant son programme éducatif sur l'Histoire générale de l'Afrique,

des manuels et autres matériels pédagogiques, notamment par l'enseignement non formel et informel, l'enseignement supérieur, mais aussi l'information du public en général ;

2. **A tous les Etats africains** concernés, de promouvoir activement l'adoption et l'intégration de l'Histoire générale de l'Afrique dans leurs programmes d'enseignement et leur système éducatif intersectoriel ;

3. **A L'Union africaine et à ses organisations sous-régionales**, d'adopter des résolutions pertinentes engageant les Etats membres à promouvoir les liens entre les Africains et les personnes d'ascendance africaine dans le monde entier et à soutenir la collaboration intercontinentale pour la promotion des droits humains des personnes d'ascendance africaine ;

4. **A tous les Etats, organisations de la société civile, organisations intergouvernementales, organisations et réseaux œuvrant en faveur des droits de l'homme**, d'encourager l'adoption de politiques et d'interventions visant à éliminer le racisme et la discrimination raciale, à protéger les droits fondamentaux des personnes d'ascendance africaine et à mettre en place des mécanismes d'examen annuel pour contrôler l'application de ces politiques.

FORUM DES JEUNES

Organisés en deux sessions sur "Jeunesse, paix et sécurité" et "Créativité, esprit d'entreprise et innovation", les participants ont mis en lumière une série de recommandations figurant dans **l'Engagement de la jeunesse africaine en faveur de la culture de la paix (en annexe).**

FESTIVAL DES CULTURES

En parallèle des forums intellectuels, la Luanda Biennale a offert une opportunité de montrer la diversité de manifestations et produits culturels de 16 pays, notamment l'Afrique du Sud, l'Angola, la Belgique, le Brésil, le Cabo Verde, la Corée du Sud, Cuba, l'Egypte, l'Ethiopie, l'Italie, le Mali, le Maroc, la Namibie, le Portugal, la République du Congo et le Rwanda, en réunissant au total plus de 200 artistes, groupes musicaux en provenance de plusieurs régions du monde. Le Festival a accueilli 15000 personnes.

Au-delà de l'aspect événementiel, le Festival des cultures a créé l'opportunité de célébrer la diversité culturelle de l'Afrique et d'autres parties du monde, en favorisant l'interaction entre cultures ; artistes et le public.

CLÔTURE / CONCLUSION

En conclusion, les participants recommandent d'établir un Comité permanent pour le suivi de la mise en œuvre des recommandations de ce communiqué.

Nous tenons à remercier tous les sponsors officiels qui ont rendu cela possible, à savoir ENI, Total, BNI Bank, Royal Air Maroc et tous les autres Gold Sponsors pour leur soutien financier et leur engagement qui ont rendu possible cet événement remarquable.

Nous tenons également à remercier tous les organisateurs, leur personnel, les interprètes, les médias, les traiteurs pour leur professionnalisme et leur engagement tout au long des cinq jours de cet événement.

Annexe 2 bis :
ENGAGEMENT DE LA JEUNESSE AFRICAINE POUR LA CULTURE DE LA PAIX
(à la Biennale de Luanda – Forum panafricain pour la culture de la paix)

Nous, jeunes leaders d'Afrique et de la diaspora participants au Forum des jeunes de la « *Biennale de Luanda – Forum panafricain pour la culture de la paix* » ; forum, tenu, à Luanda (Angola), du 19 au 20 septembre 2019, sous le thème général « *Jeunesse et Culture de la paix* » décliné en deux sous-thèmes : « *Jeunesse, Paix et Sécurité* » et « *Créativité, Entrepreneuriat et Innovation* » ;

Félicitant le Gouvernement de la République d'Angola, l'Organisation des Nations Unies pour l'éducation, la science et la culture (UNESCO) et l'Union africaine (AU) pour l'initiative conjointe de créer une biennale de la culture de la paix en Afrique s'inspirant de la Charte de la renaissance culturelle africaine ;

Remerciant le Gouvernement de la République d'Angola et son peuple pour son chaleureux accueil et son hospitalité ; l'UNESCO et le Bureau régional des Nations Unies pour l'Afrique central (UNOCA) pour leur appui en matière de logistique ;

Rappelant la résolution 2250 du Conseil de sécurité des Nations Unies selon laquelle « *[...] les jeunes devraient prendre une part active à l'instauration d'une paix durable et œuvrer à la justice et à la réconciliation et que l'importance démographique de la jeunesse actuelle est un atout qui peut contribuer à instaurer durablement la paix et la prospérité économique* » ; résolution renforcée par la résolution 2419 qui demande « *à tous les acteurs concernés d'envisager des moyens d'accroître la représentation inclusive des jeunes pour la prévention et le règlement des conflits, y compris lorsqu'ils négocient ou mettent en œuvre des accords de paix, afin d'y associer les jeunes et de tenir compte de leurs vues selon qu'il convient, sachant que la marginalisation de la jeunesse est* *préjudiciable à l'établissement d'une paix durable et à la lutte contre l'extrémisme violent en tant qu'élément précurseur du terrorisme* » ;

Rappelant l'appel, dans le sillon du Conseil de sécurité des Nations Unies, du Conseil de paix et de sécurité (CPS) de l'UA, en sa 807e réunion sur le thème « *Jeunesse, paix et sécurité* », tenue le 8 novembre 2018 à Addis-Ababa (Ethiopie), à « *tous les États membres à mettre en œuvre de manière urgente la résolution 2250, à éliminer tous les obstacles structurels à une participation effective des jeunes, à mobiliser les ressources nécessaires et à élaborer des plans d'action nationaux à long terme pour l'implication et la participation effectives des jeunes à la promotion de la paix et de la sécurité, ainsi qu'aux processus nationaux de développement* » ;

Considérant l'article 17 de la Charte africaine de la jeunesse (CJA) reconnaissant le « *rôle important de la jeunesse dans la promotion de la paix et de la non-violence* » et invitant les Etats Parties à, entre autres, « *renforcer les capacités des jeunes et des organisations des jeunes dans la consolidation de la paix, la prévention des conflits et la résolution des conflits à travers la promotion d'une éducation interculturelle, l'éducation au civisme, à la tolérance, aux droits humains, à la démocratie, au respect mutuel de la diversité culturelle, ethnique et religieuse, et à l'importance du dialogue, de la coopération, de la responsabilité, de la solidarité et de la coopération internationale* » ;

Reconnaissant l'expertise des jeunes d'Afrique et de la diaspora en ce qui concerne les thématiques de la culture, de la paix et de la sécurité, de l'entrepreneuriat, entre autres ;

Reconnaissant la nécessité croissante de mécanismes d'innovation soutenant les approches trans et interdisciplinaires pour relever les défis de gouvernance aux échelles locale et mondiale en matière d'urbanisation, de migration, de changement climatique, de gestion des ressources, de genre et de disparités sociales ;

Reconnaissant le rôle des technologies de l'information et de la communication (TIC) en tant qu'accélérateur de l'innovation tout en constituant une menace pour la vie privée et la sécurité par la manipulation et l'utilisation des données ; et l'adoption rapide de tels systèmes au niveau des gouvernances, tant aux niveaux local que global ;

Conscients de l'importance de la créativité et de l'innovation à travers la promotion de l'entrepreneuriat, non seulement économique, mais également social, comme un des moyens déconstruire et de consolider la culture de la paix, par la création des richesses et de la valeur sociale, au profit des individus et des communautés ;

Confrontés, cependant, aux difficultés d'accès aux financements pour mettre en œuvre des idées et des projets entrepreneuriaux ou consolider des entreprises déjà créées et existantes ;

Notant que 42 % de la population du continent africain aura un âge compris entre 15 et 24 ans d'ici à 2030, et qu'il est de plus en plus nécessaire de mettre en place des mécanismes inclusifs plus focalisés sur la mise en œuvre des résolutions 2250, 2419, et de l'article 17 de la Charte africaine de la Jeunesse, dans diverses économies d'échelle ;

Constatant la méconnaissance, par la grande majorité des jeunes de nos différents pays, des résolutions 2250, 2419 et de l'article 17 de la CAJ ; l'opinion largement répandue que ces résolutions ne concerneraient que les pays en situation de conflits armés et post-conflits ; le manque de volonté politique des pouvoirs publics de nos Etats à mettre en œuvre ces instruments normatifs internationaux relatifs à la jeunesse, la paix et la sécurité ;

Conscients de notre potentiel et, de ce fait, de notre part de responsabilité dans la non-mise en œuvre de ces instruments normatifs et de la nécessité pour nous d'être proactifs ;

Nous nous engageons, à travers nos associations et organisations :

1) à nous approprier lesdits instruments normatifs et à les vulgariser auprès des jeunes de nos différents pays ;

2) à conduire des études nationales portant état des lieux de mise en œuvre des résolutions 2250, 2419, et de l'article 17 de la CAJ ;

3) à élargir nos partenariats au secteur privé avec lequel il est possible de mettre en œuvre des projets et de programmes portant mise en œuvre de ces instruments normatifs, en particulier ; et d'autres projets et programmes concernant la jeunesse, en général ;

4) à assumer nos responsabilités et à être formés à la pratique de la négociation et du plaidoyer afin d'interagir de façon efficace et efficiente avec les pouvoirs publics ;

5) à encourager une culture de résilience, d'autonomie, de partage et de solidarité, notamment à travers la création de plateformes et la participation des jeunes à des forums, dans le domaine entrepreneurial tout en sensibilisant les jeunes et leurs familles à l'importance de l'entrepreneuriat ;

6) à surveiller et suivre le maintien de l'emploi des jeunes et de leurs carrières ainsi que leur employabilité ;

7) à travailler pour l'inclusion de l'expertise des jeunes du continent africain et de la diaspora dans les secteurs public et privé ;

8) à encourager la recherche, le développement de capacités et la digitalisation pour mesurer les impacts

sociaux, économiques et politiques de nos projets et activités ;

9) à interagir avec les pouvoirs publics de nos Etats respectifs aux fins de l'élaboration et de la mise en œuvre d'outils fiscaux favorisant et encourageant le mécénat d'entreprise en faveur de l'innovation et de la créativité dans le domaine de l'entrepreneuriat économique et social des jeunes ;

10) à contribuer à la préservation et à la promotion de nos patrimoines culturels dans leurs formes, à la fois, tangibles et intangibles pour la cohésion sociale et le rapprochement des cultures ;

11) à soutenir un dialogue transgénérationnel pour le partage de connaissances et d'expérience ;

12) à œuvrer, prioritairement dans nos associations et organisations, pour la réalisation de l'égalité des sexes et l'autonomisation des femmes et des filles.

Demandons :

1) au *Réseau panafricain des jeunes pour la culture de la paix* (PAYNCOP) de coordonner au plan continental, avec l'appui de l'UNESCO et de l'UA, la conduite, dès 2020, des études nationales portant état des lieux de mise en œuvre des résolutions 2250, 2419, et de l'article 17 de la CAJ et d'en faire rapport tous les quatre (4) ans ;
2) à l'Union africaine (AU) de créer, avec l'appui des agences du Système des Nations Unies un organisme continental de financement de l'entrepreneuriat économique, et social des jeunes ;
3) aux Communautés économiques régionales d'élaborer et de mettre en œuvre, avec l'appui des agences du Système des Nations unies, des politiques structurelles de promotion de la créativité, de

l'entrepreneuriat, de l'innovation et de l'emploi des jeunes ;

4) au *Réseau panafricain des jeunes pour la culture de la paix* (PAYNCOP), en coopération avec d'autres organisations de jeunesse aux niveaux sous régional, régional et des diasporas, d'assurer le suivi de ces engagements et de ces recommandations.

ANNEXE 3 :
DE QUELQUES OUTILS ET RESSOURCES RELATIFS A LA CULTURE DE LA PAIX

Dans son rôle de laboratoire d'idées, l'UNESCO n'a de cesse de produire des outils et des ressources innombrables dans ses différents domaines de compétence.

Dans cette annexe, il s'agira de présenter les outils et ressources relatifs à la culture de la paix et qui peuvent être aisément exploités par des écoles (en l'occurrence les écoles associées de l'UNESCO) et des associations (dont les clubs UNESCO). La liste qui va suivre n'est qu'un coup de sonde : elle n'a donc pas pour objectif d'être exhaustive.

Cependant, en guise d'invitation à une appropriation africaine endogène du concept de la culture de la paix, nous commencerons cette liste avec quelques outils qui ne sont pas des productions de l'UNESCO.

1) *La Charte du Mandén*

Proclamée à Kouroukan Fouga, au début du XIIIe siècle, à l'issue d'une grande victoire militaire, par le fondateur de l'Empire mandingue et l'assemblée de ses « *hommes de tête* », la Charte du Mandén est l'une des plus anciennes constitutions au monde, même si elle n'existe que sous forme orale. Elle se compose d'un préambule et de sept chapitres prônant notamment la paix sociale dans la diversité, l'inviolabilité de la personne humaine, l'éducation, l'intégrité de la patrie, la sécurité alimentaire, l'abolition de l'esclavage par razzia, la liberté d'expression et d'entreprise.

Si l'Empire a disparu, les paroles de la Charte et les rites associés continuent d'être transmis oralement, de père en fils, et de manière codifiée au sein du clan des Malinkés.

Témoignage des valeurs et de l'identité du peuple Malinké, cette Charte est toutefois, en soi, à la fois, une source et une ressource de la culture de la paix parce que son message d'amour, de paix et de fraternité est intemporel et universel.

La Charte du Mandén a été inscrite, par le Mali, en 2009 sur la Liste représentative du patrimoine culturel immatériel de l'humanité de l'UNESCO.

Pour disposer d'une copie de ladite charte, voir l'ouvrage : *La Charte du Mandé et autres traditions du Mali* de Youssouf Tata Cissé, Jean Louis Sagot Duvauroux et Aboubakar Fofana, Paris, Editions Albin Michel, 2003.

2) *L'institution des Bashingantahe*

Constitue aussi une source et une ressource africaine de la culture de la paix susceptible d'inspirer les jeunes générations autant que la Charte du Mandén, l'institution des Bashingantahe (pluriel de umushingantahe) au Burundi. Il s'agit d'une corporation de sages notables faisant, dans la société traditionnelle burundaise, fonction de mécanisme transethnique de prévention et de résolution pacifique de conflits par les voies de la médiation, de la conciliation et de l'arbitrage. Les Bashingantahe constituaient une notabilité davantage morale que sociale, politique ou économique. En ce sens, était Umushingantahe « *un homme responsable du bon ordre, de la tranquillité, de la vérité et de la paix dans son milieu. Et cela, non pas en vertu d'un pouvoir administrativement attribué, mais de par son être même, de par sa qualité de vie, que la société voulait reconnaître à sa personne en lui conférant une investiture.* »[219] Ainsi, du fait de son exemplarité et son intégrité morales, l'Umushingantahe était, pour sa communauté, une sorte d'Atlas.

---

[219] Adrien Ntabona cité par Philippe Ntahombaye, « *L'institution des Bashingantahe en tant que mécanisme traditionnel de prévention et de résolution pacifique des conflits au Burundi* » in *Les fondements endogènes d'une culture de la paix en Afrique. Mécanismes traditionnels de prévention et de résolution des conflits, sous la direction d'Edouard Matoko et d'Oumar Kane*, Paris, UNESCO, 1999, p. 76.

Pour une description de cette institution des Bashingantahe, voir la contribution de Philippe Ntahombaye, « *L'institution des Bashingantahe en tant que mécanisme traditionnel de prévention et de résolution pacifique des conflits au Burundi* » in *Les fondements endogènes d'une culture de la paix en Afrique. Mécanismes traditionnels de prévention et de résolution des conflits*, sous la direction d'Edouard Matoko et d'Oumar Kane, Paris, UNESCO, 1999, p.p. 73-95.

3) *Résolution 52/13 du 15 janvier 1998 de l'Assemblée générale de l'ONU*[220]

Cette résolution est un important outil-ressource du fait de la définition de la culture de la paix qu'elle formalise.

Nous rappelons que, selon cette définition, la « *culture de la paix [consiste] en des valeurs, des attitudes et des comportements qui reflètent et favorisent la convivialité et le partage fondés sur les principes de liberté, de justice et de démocratie, tous les droits de l'homme, la tolérance et la solidarité, qui rejettent la violence et inclinent à prévenir les conflits en s'attaquant à leurs causes profondes et à résoudre les problèmes par la voie du dialogue et de la négociation et qui garantissent à tous la pleine jouissance de tous les droits et les moyens de participer pleinement au processus de développement de leur société* ».

4) *Manifeste de Séville sur la violence*[221]

Rédigé et adopté, en mai 1986, par dix-sept (17) spécialistes de diverses disciplines des sciences naturelles et des sciences sociales et humaines réunis à l'initiative de la Commission nationale espagnole pour l'UNESCO, l'objectif de ce manifeste est, à travers cinq propositions, de dissiper certains mythes sur la violence et la guerre (obstacles à l'instauration de

---

[220] En ligne : https://undocs.org/pdf?symbol=fr/A/RES/52/13.

[221] Disponible en ligne sur plusieurs liens dont celui-ci : http://www.cehp.free.fr/matos/Conference/declaration_de_Seville1.pdf.

la paix dans l'esprit des hommes, des femmes et des enfants), en soulignant qu'il n'existe aucune preuve biologique pouvant justifier la violence et la guerre chez l'homme.

Les cinq propositions du manifeste sont les suivantes :

- Première proposition

IL EST SCIENTIFIQUEMENT INCORRECT que nous ayons hérité de nos ancêtres les animaux une propension à faire la guerre. Bien que le combat soit un phénomène largement répandu au sein des espèces animales, on ne connaît que quelques cas au sein des espèces vivantes de luttes destructrices intraespèces entre des groupes organisés. En aucun cas, elles n'impliquent le recours à des outils utilisés comme armes. Le comportement prédateur s'exerçant à l'égard d'autres espèces, comportement normal, ne peut être considéré comme équivalent de la violence intraespèces. La guerre est un phénomène spécifiquement humain qui ne se rencontre pas chez d'autres animaux.

Le fait que la guerre ait changé de manière aussi radicale au cours des temps prouve bien qu'il s'agit d'un produit de la culture. C'est principalement au travers du langage qui rend possibles la coordination entre les groupes, la transmission de la technologie et l'utilisation des outils que s'établit la filiation biologique de la guerre. La guerre est d'un point de vue biologique possible, mais n'a pas un caractère inéluctable comme en témoignent les variations de lieu et de nature qu'elle a subies dans le temps et dans l'espace. Il existe des cultures qui depuis des siècles n'ont pas fait la guerre et d'autres qui à certaines périodes l'ont faite fréquemment puis ont vécu en paix durablement.

- Deuxième proposition

IL EST SCIENTIFIQUEMENT INCORRECT de dire que la guerre ou toute autre forme de comportement violent soit génétiquement programmée dans la nature humaine. Si des gènes sont impliqués à tous les niveaux du fonctionnement du système nerveux, ils sont à la base d'un potentiel de développement qui ne se réalise que dans le cadre de l'environnement social et écologique. Si incontestablement les individus sont différemment prédisposés à subir l'empreinte de leur expérience, leurs personnalités sont néanmoins la résultante de l'interaction entre leur dotation génétique et les conditions de leur éducation. En dehors de quelques rares états pathologiques, les gènes ne conduisent pas à des individus nécessairement prédisposés à la violence. Mais le contraire est également vrai. Si les gènes sont impliqués dans nos comportements, ils ne peuvent à eux seuls les déterminer complètement.

- <u>Troisième proposition</u>

IL EST SCIENTIFIQUEMENT INCORRECT de dire qu'au cours de l'évolution humaine une sélection s'est opérée en faveur du comportement agressif par rapport à d'autres types. Dans toutes les espèces bien étudiées, la capacité à coopérer et à accomplir des fonctions sociales adaptées à la structure d'un groupe détermine la position sociale de ses membres. Le phénomène de « dominance » implique des liens sociaux et des filiations ; il ne résulte pas de la seule possession et utilisation d'une force physique supérieure, bien qu'il mette enjeu des comportements agressifs. Lorsque, par la sélection génétique de tels comportements ont été artificiellement créés chez des animaux, on a constaté l'apparition rapide d'individus hyperagressifs ; ceci permet de penser que dans les conditions naturelles la pression en faveur de l'agressivité n'avait pas naturellement atteint son niveau maximal. Lorsque de tels animaux hyperagressifs sont présents dans un groupe, soit ils détruisent la structure sociale, soit ils en sont éliminés. La violence n'est inscrite ni dans notre héritage évolutif ni dans nos gènes.

- Quatrième proposition

IL EST SCIENTIFIQUEMENT INCORRECT de dire que les hommes ont « un cerveau violent » bien que nous possédions en effet l'appareil neuronal nous permettant d'agir avec violence, il n'est pas activé de manière automatique par des stimuli internes ou externes. Comme chez les primates supérieurs et contrairement aux autres animaux, les fonctions supérieures neuronales filtrent de tels stimuli avant d'y répondre. Nos comportements sont modelés par nos types de conditionnement et nos modes de socialisation. Il n'y a rien dans la physiologie neuronale qui nous contraigne à réagir violemment.

- Cinquième proposition

IL EST SCIENTIFIQUEMENT INCORRECT de dire que la guerre est un phénomène instinctif ou répond à un mobile unique. L'émergence de la guerre moderne est le point final d'un parcours qui, débutant avec des facteurs émotionnels, parfois qualifiés d'instincts, a abouti à des facteurs cognitifs. En effet, la guerre moderne met en jeu l'utilisation institutionnalisée d'une part de caractéristiques personnelles telles que l'obéissance aveugle ou l'idéalisme, et d'autre part d'aptitudes sociales telles que le langage ; elle implique enfin des approches rationnelles telles que l'évaluation des coûts, la planification et le traitement de l'information. Les technologies de la guerre moderne ont accentué considérablement le phénomène de la violence, que ce soit au niveau de la formation des combattants ou de la préparation psychologique à la guerre des populations. Du fait de cette amplification, on a tendance à confondre les causes et les conséquences.

5) *Manifeste 2000 pour une culture de la paix et de la non-violence*[222]

---

[222] Disponible également en ligne sur plusieurs liens, dont celui-ci pour sa version originelle : http://decade-culture-of-peace.org/iycp/iycp-

Rédigé, en 1999, par des lauréats du Prix Nobel de la paix, en prévision l'année 2000, « *Année internationale de la culture de la paix* » (2000) et de la « *Décennie internationale de la promotion d'une culture de la non-violence et de la paix au profit des enfants du monde* » (2001-2010), ce manifeste a pour objectif de susciter une prise de conscience et de responsabilité individuelles, à l'incarnation, au quotidien, des valeurs, des attitudes et des comportements constitutifs de la culture de la paix.

Sensibilisation à l'idée que chacun de nous peut agir pour la culture de la paix et de la non-violence au sein de sa famille, de sa localité, de sa ville, de sa région et de son pays.

Les engagements auxquels le manifeste invite sont :

(i) « respecter la vie » ;

(ii) « pratiquer la non-violence active » ;

(iii) « partager mon temps et mes ressources matérielles » ;

(iv) « défendre la liberté d'expression et la diversité culturelle » ;

(v) « promouvoir une consommation responsable » ;

(vi) « contribuer au développement de ma communauté ».

6) *Education et culture de la paix : sélection bibliographique mondiale*[223], UNESCO, 1996. Datée, mais encore utile.

7) *Une sélection de matériels pratiques et de référence de l'UNESCO en rapport avec l'éducation pour la paix*[224],

---

uk/manifeste/francais.pdf.

[223] En ligne : https://unesdoc.unesco.org/ark:/48223/pf0000109236?posInSet=1&queryId=5656f9ca-f6b8-4511-a469-33f190e9986d.

[224] En ligne : https://unesdoc.unesco.org/ark:/48223/pf0000123065_fre?

Paris, UNESCO, 2001. Une sélection intéressante de textes de référence et de matériels pratiques produits avant cette année 2001.

8) *Cours d'autoformation à l'éducation pour la paix*[225]

Cours de formation interactif en ligne créé par l'UNESCO, sous la supervision du Bureau Régional de l'UNESCO de Dakar (BREDA) en partenariat avec la Banque Africaine de Développement (BAD) et la Communauté Economique des Etats de l'Afrique de l'Ouest (CEDEAO).

Traduit en français, anglais et portugais, ce cours est constitué de huit modules :

(i) Culture de la paix, prévention et gestion des conflits ;

(ii) Droits humains ;

(iii) Civisme et citoyenneté ;

(iv) Démocratie et bonne gouvernance ;

(v) Genre, perspective de paix et développement ;

(vi) Santé publique, environnement et développement durable ;

(vii) Intégration régionale ;

(viii) Valeurs, éducation physique et sport.

Ce Cours est une application en ligne de l'ouvrage « *Education à la culture de la paix, aux droits humains, à la citoyenneté, à la démocratie et a l'intégration régionale. Manuel de référence de la CEDEAO à l'usage de la formatrice / du formateur de formateurs/formatrices* » (2013), en ligne

---

posInSet=7&queryId=c96402f6-b430-44f2-843e-40792b75b513.

[225] En ligne : http://educationalapaix-ao.org/.

également : https://unesdoc.unesco.org/ark:/48223/pf0000221128.

9) *Apprendre ensemble à travers les générations : lignes directrices relatives aux programmes d'alphabétisation et d'apprentissage en famille*[226], UNESCO, 2017. Par le biais de son Institut pour l'apprentissage tout au long de la vie, l'UNESCO est depuis longtemps engagée à promouvoir l'alphabétisation et l'apprentissage familiaux en tant qu'éléments essentiels de l'approche holistique de l'apprentissage tout au long de la vie. Cet ouvrage met en relief des lignes directrices qui, tout en fournissant des informations concernant les approches innovantes et efficaces de l'apprentissage, visent à contribuer au renforcement des principales ressources existantes au sein des pays : leurs habitants, familles et cultures.

10) *Collection des meilleures pratiques en éducation pour une citoyenneté mondiale en Afrique centrale*[227], UNESCO, 2014. Cette collection de meilleures pratiques en matière d'éducation aux droits de l'homme en Afrique centrale et en Éthiopie a été préparée en vue de répondre à la demande de l'UNESCO de donner une impulsion à des initiatives similaires et assurer ainsi un effet multiplicateur en faveur de l'éducation aux droits de l'homme dans la région.

---

[226] En ligne : https://unesdoc.unesco.org/ark:/48223/pf0000260139.

[227] En ligne : https://unesdoc.unesco.org/ark:/48223/pf0000244165?posInSet=1&queryId=0218321f-f2f5-4182-8374-9fe592624f59.

11) *La culture démocratique : un défi pour les écoles*[228], sous la direction de Patrice Meyer-Bisch, Paris, UNESCO, collection Culture de paix, 1995. Cet ouvrage met en relief un riche éventail d'exemples vivants, variés et réalisables avec peu de moyens matériels, d'activités éducatives conduites par des écoles associées de l'UNESCO.

12) *Chemins d'espoir : Programme de l'UNESCO pour l'éducation des enfants en détresse, dix ans, 1992-2002*[229], UNESCO, 2003. Bilan d'un programme par lequel, l'UNESCO a su mobiliser la société civile pour aider à satisfaire les besoins éducatifs fondamentaux des enfants défavorisés.

13) *Éducation pour le développement durable - Bonnes pratiques en matière de changement climatique*[230], UNESCO, 2012. 17 exemples de programmes consacrés au changement climatique dans des environnements et selon des pratiques relevant de l'éducation au développement durable, dans différents domaines et différents secteurs, du niveau des politiques à celui des écoles, ainsi que dans des situations d'apprentissage formel, non formel et informel.

14) *Le réSEAU en action : citoyens du monde connectés pour le développement durable : guide à l'intention des élèves*[231], Paris, UNESCO, 2017 ; et *Le réSEAU en*

---

228 En ligne : https://unesdoc.unesco.org/ark:/48223/pf0000184354?posInSet=1&queryId=78167940-1d43-4775-8310-f704900e1657.

229 En ligne : https://unesdoc.unesco.org/ark:/48223/pf0000131302_fre?posInSet=7&queryId=58f0fa30-dad7-4e65-a647-1174c4542c0e.

230 En ligne : https://unesdoc.unesco.org/ark:/48223/pf0000220304_fre?posInSet=16&queryId=f188149e-825b-46bc-9744-d781788bbff7.

231 En ligne : https://unesdoc.unesco.org/ark:/48223/pf0000247838?posInSet=4&queryId=541c2190-352a-48cc-a7c5-27dc9b1b9191.

action : citoyens du monde connectés pour le développement durable : guide à l'intention des enseignants[232], Paris, UNESCO, 2017. Ces deux guides ont pour but d'initier les élèves du secondaire à l'éducation et leurs enseignants à l'éducation à la citoyenneté mondiale (ECM) et à l'éducation en vue du développement durable (EDD), et de leur proposer des idées et des activités pour aider les élèves à devenir des citoyens du monde et des acteurs du développement durable.

15) *En finir avec la violence à l'école : guide à l'intention des enseignants*[233], Paris, UNESCO, 2009 et 2014. Contribution de l'UNESCO en soutien à la Décennie internationale de la promotion d'une culture de la paix et de la non-violence au profit des enfants du monde (2001-2010). A la fois examen de diverses formes de violence commises à l'école et formulation des suggestions concrètes, l'ouvrage est un outil à la disposition des enseignants, des étudiants, des parents et de toutes les parties intéressées pour prévenir la violence et y remédier.

16) *Agir : résumé des pistes d'action pour prévenir l'extrémisme violent par l'éducation*[234], Paris, UNESCO- Institut Mahatma Gandhi pour l'éducation à la paix et au développement durable, 2018. Il s'agit d'un guide élaboré par des jeunes sur la prévention de l'extrémisme violent par l'éducation.

---

232 En ligne : https://unesdoc.unesco.org/ark:/48223/pf0000247837?posInSet=5&queryId=541c2190-352a-48cc-a7c5-27dc9b1b9191.

233 En ligne : https://unesdoc.unesco.org/ark:/48223/pf0000184162_fre?posInSet=3&queryId=19117a77-97e6-4408-aa77-fb0a49a7048e.

234 En ligne : https://unesdoc.unesco.org/ark:/48223/pf0000265753?posInSet=1&queryId=da5691b7-4273-4fe4-9cbf-eaf862d09b51.

17) *La Prévention de l'extrémisme violent par l'éducation : activités efficaces et impact ; note d'orientation*[235], Paris, UNESCO, 2019. A travers 32 études de cas, représentant une sélection d'activités, impliquant différents groupes d'âge, couvrant l'éducation formelle, informelle et non formelle à travers le monde, cette note d'orientation essaie de répondre à deux questions : quels types d'activités de prévention de l'extrémisme violent par l'éducation paraissent plus efficaces ? Quel est l'impact prouvé des activités de prévention de l'extrémisme violent par l'éducation ?

18) *Education à la citoyenneté et aux droits de l'homme : manuel pour les jeunes au Maroc*[236], UNESCO, 2015. *Education à la citoyenneté et aux droits de l'homme : manuel pour les jeunes en Mauritanie*[237], UNESCO, 2015. Dispositifs d'orientation destinés aux formateurs, aux responsables éducatifs et aux jeunes eux-mêmes.

19) *Manuel d'apprentissage de la démocratie pour les jeunes en Tunisie*[238], UNESCO, 2011. Outil pédagogique composé d'un module de formation de vingt fiches et d'ouvrages de référence sur les droits de l'homme et la démocratie. Voir également : *Guide d'utilisation du manuel d'apprentissage de la démocratie pour les jeunes en Tunisie, à l'attention des formateurs et adultes-relais*[239], UNESCO et PNUD, 2013.

---

235 En ligne : https://unesdoc.unesco.org/ark:/48223/pf0000266105_fre?posInSet=5&queryId=a5b4223b-2d64-4fe2-836d-f3b63cf7a0ca.

236 En ligne : https://unesdoc.unesco.org/ark:/48223/pf0000234423?posInSet=40&queryId=c96402f6-b430-44f2-843e-40792b75b513.

237 En ligne : https://unesdoc.unesco.org/ark:/48223/pf0000234424?posInSet=1&queryId=d291c14a-4bdf-4381-bfd8-0e0f79464d89.

238 En ligne : https://unesdoc.unesco.org/ark:/48223/pf0000215297?posInSet=1&queryId=e742ddc7-92fd-439a-9891-21f0b989a6d2.

239 En ligne : https://unesdoc.unesco.org/ark:/48223/pf0000225893?posInSet=2&queryId=e742ddc7-92fd-439a-9891-21f0b989a6d2.

20) *L'éducation à la citoyenneté mondiale et la montée des perspectives nationalistes : réflexions et pistes pour l'avenir*[240], UNESCO et APCEIU, 2019. Note d'orientation dont l'objectif est d'apporter des précisions sur la réalité et les causes de la montée des perspectives nationalistes, et de montrer de quelle manière l'éducation à la citoyenneté mondiale peut apporter une réponse à ce phénomène.

21) *Rôles masculins, masculinités et violence : perspectives d'une culture de paix*[241], UNESCO, 2000 et 2004. Réflexion autour des relations entre, d'une part, les hommes et la masculinité et, d'autre part, la guerre et la paix. Cet ouvrage aborde des questions importantes pour la construction d'une culture de paix, mais qui étaient, jusque très récemment, reléguées à la marge ou ignorées. Il ne s'agit pas seulement des liens existant entre les masculinités et la violence, mais d'une réflexion concrète sur les possibles évolutions des masculinités en faveur de la paix et sur le traitement des questions relatives aux masculinités dans le cadre des stratégies de paix.

22) *Femmes dans l'histoire de l'Afrique : un outil d'e-formation*[242]. Lancée en 2013, « *cette plateforme multimédia est composée de bandes dessinées numériques, de morceaux de rap/slam, de dossiers pédagogiques interactifs, de quiz et de diverses ressources pédagogiques portant sur une sélection de figures féminines clés de l'histoire de l'Afrique et de sa*

[240] En ligne : https://unesdoc.unesco.org/ark:/48223/pf0000265414_fre?posInSet=54&queryId=1a1656b9-65b8-40d8-94ac-3ba876d51f91.

[241] En ligne : https://unesdoc.unesco.org/ark:/48223/pf0000120683_fre?posInSet=1&queryId=fcf5ee40-8a42-455c-a7de-d405c3dbcb92.

[242] En ligne : https://fr.unesco.org/womeninafrica/.

diaspora. Cette plateforme s'adresse aux élèves, aux pédagogues et aux professeurs, et plus largement, à toute personne intéressée par l'histoire de l'Afrique et par le rôle des femmes dans le développement économique, social, culturel et politique du continent. »

23) *Femmes africaines, Panafricanisme et Renaissance africaine*[243], UNESCO, 2015. Ouvrage publié à la suite de la célébration du 50e anniversaire de l'Organisation Panafricaine des Femmes (OPF), organisé en novembre 2012 au Siège de l'UNESCO à Paris (France), à l'initiative de la Délégation permanente de la Tanzanie, pays de naissance de l'OPF et de la Délégation permanente d'Afrique du Sud, pays hôte de l'organisation depuis 2008.

24) *L'interculturalisme à la croisée des chemins : perspectives comparatives sur les concepts, les politiques et les pratiques*[244], UNESCO, 2019. Fruit de la collaboration entre l'UNESCO et le Réseau UNITWIN sur le dialogue interreligieux pour l'entente interculturelle, cet ouvrage collectif fait le point sur l'interprétation et l'application du dialogue interculturel dans différents contextes et différentes régions du monde. Il vise également à mettre en relief les difficultés qui se posent actuellement en matière de dialogue interculturel et propose une somme de recommandations novatrices, y compris à l'UNESCO.

25) *Mesurer le dialogue interculturel : cadre conceptuel et technique*[245], UNESCO, Institute for Economics and

243 En ligne : https://unesdoc.unesco.org/ark:/48223/pf0000235231?posInSet=1&queryId=81454e0f-6d99-41a9-9d8a-590acbb0e9eb.

244 En ligne : https://unesdoc.unesco.org/ark:/48223/pf0000369243?posInSet=22&queryId=7860d145-51f8-4fac-bcbe-2de728adc74b.

245 En ligne : https://unesdoc.unesco.org/ark:/48223/pf0000373803?posInSet=3&queryId=N-e83a9830-0570-449d-867a-363c1dd82774.

Peace, 2020. Cadre qui permettra d'appliquer le dialogue interculturel aux défis mondiaux de la diversité grandissante des origines et des opinions au sein de nos sociétés et à améliorer la communication au sein de cette pluralité, en s'appuyant sur des éléments factuels et des données. Il part de l'hypothèse que l'approche constituée par le dialogue interculturel – qui recouvre un large éventail de contacts, d'échanges et d'interactions propices à l'apprentissage et au changement transformateur à travers des frontières réelles ou perçues comme telles entre les groupes et les individus de « *cultures* » ou d'identités diverses – reste sous-exploitée à ce jour. En effet, nous ne disposons pas d'éléments factuels suffisants pour établir qu'une telle approche contribue efficacement à édifier des sociétés plus pacifiques, inclusives et durables et nous ne comprenons pas encore parfaitement les conditions de son succès.

26) *Héritages de l'esclavage : un guide pour les gestionnaires de sites et itinéraires de mémoire*[246], UNESCO, 2018. Pour une assistance aux différents opérateurs impliqués dans les politiques mémorielles et la gestion des patrimoines liés à la traite négrière et à l'esclavage.

27) *Déraison, esclavage et droit : les fondements idéologiques et juridiques de la traite négrière et de l'esclavage*[247], UNESCO, 2002. Actes d'un séminaire international tenu à Lisbonne (Portugal), du 9 au 10 décembre 1998, dans le cadre du programme de l'UNESCO « La route de l'esclave ».

---

[246] En ligne : https://unesdoc.unesco.org/ark:/48223/pf0000366348?posInSet=1&queryId=cf57dc56-2670-4596-acd5-0e96bcf860de.

[247] En ligne : https://unesdoc.unesco.org/ark:/48223/pf0000128196?posInSet=43&queryId=a39ca911-94d1-405a-9a52-5f162e7e0e34.

28) *L'Afrique entre l'Europe et l'Amérique : le rôle de l'Afrique dans la rencontre de deux mondes, 1492-1992*[248], UNESCO, 1995. Recueil des communications du colloque international organisé par l'UNESCO sur « Le rôle de l'Afrique dans la rencontre de deux mondes (1492-1992) », tenu à Praia (Cap-Vert) du 4 au 8 mai 1992.

29) *Routes de l'esclave : une vision globale, guide d'utilisation du DVD-ROM à l'intention des enseignants du Réseau des écoles associées de l'UNESCO (réSEAU)*[249] ; *Livret d'accompagnement pédagogique du DVD : Routes de l'esclave : une vision globale*[250] ; *Asservir : fiches bilans des connaissances*[251], *Une Forme de quiz*[252]et *Complément bibliographique et documentaire*[253], UNESCO, 2010. Pour visionner le documentaire en ligne : http://www.unesco.org/archives/multimedia/document-1637.

30) *Le Patrimoine mondial entre les mains des jeunes : connaître, aimer, agir ; kit éducatif à l'usage des enseignants*[254], UNESCO-Agence norvégienne de

---

[248] En ligne : https://unesdoc.unesco.org/ark:/48223/pf0000111523?posInSet=45&queryId=a39ca911-94d1-405a-9a52-5f162e7e0e34.

[249] En ligne : https://unesdoc.unesco.org/ark:/48223/pf0000189754_fre?posInSet=61&queryId=a39ca911-94d1-405a-9a52-5f162e7e0e34.

[250] En ligne : https://unesdoc.unesco.org/ark:/48223/pf0000188752_fre?posInSet=62&queryId=a39ca911-94d1-405a-9a52-5f162e7e0e34.

[251] En ligne : https://unesdoc.unesco.org/ark:/48223/pf0000188751_fre?posInSet=65&queryId=a39ca911-94d1-405a-9a52-5f162e7e0e34.

[252] En ligne : https://unesdoc.unesco.org/ark:/48223/pf0000188766_fre.

[253] En ligne : https://unesdoc.unesco.org/ark:/48223/pf0000188769.

[254] En ligne : https://unesdoc.unesco.org/ark:/48223/pf0000129078?posInSet=22&queryId=bef7b2d4-352d-4e7d-a589-9b315712dca7.

coopération pour le développement, 2002. Outil pour sensibiliser les jeunes à l'importance de la préservation de leur patrimoine local, national et mondial, pour leur inculquer les connaissances indispensables dans ce domaine et les engager à poursuivre cet effort tout au long de leur vie.

31) *Patrimoine vivant et peuples autochtones : Convention pour la sauvegarde du patrimoine culturel immatériel*[255], UNESCO, 2019. Recension des moyens permettant aux peuples autochtones de s'impliquer dans la *Convention pour la sauvegarde du patrimoine culturel immatériel* (2003).

32) *Savoirs locaux, objectifs globaux*[256], UNESCO, 2017. Publication du Programme Systèmes des savoirs locaux et autochtones de l'UNESCO (LINKS), créé en 2002, sur les systèmes de savoirs autochtones et locaux, ainsi que leurs interactions avec la science et la politique, aujourd'hui et dans le futur.

33) *Le Dialogue dans les réserves de biosphère : repères, pratiques et expériences*[257], UNESCO, 2008. « *Le dialogue tient une place prépondérante pour concilier la conservation et le développement, pour la compréhension, la gestion et la prévention des conflits et dans l'élaboration des règles d'usages et d'accès des ressources dans les réserves de biosphère. Ce dialogue peut être permanent ou ponctuel, s'adresser à l'ensemble du territoire ou concerner une ressource, un écosystème ou une zone. Il est néanmoins fondamental*

---

[255] En ligne : https://unesdoc.unesco.org/ark:/48223/pf0000368301_fre?posInSet=17&queryId=a8791a0d-8e83-497f-931e-86a9117f6bf8.

[256] En ligne : https://unesdoc.unesco.org/ark:/48223/pf0000259599_fre?posInSet=2&queryId=f7ce2544-2d92-4926-bd32-2c0515b5e4af.

[257] En ligne : https://unesdoc.unesco.org/ark:/48223/pf0000159164_fre?posInSet=16&queryId=aec0d786-1ef2-4763-ad41-8d2bb06ce022.

dans les moments clés de la vie d'une réserve de biosphère, au moment de sa création, au moment de l'auto-évaluation qu'est l'examen périodique et bien entendu, tout au long de son itinéraire de vie. »

34) *Réserves de biosphère en Afrique de l'Ouest : vers des modèles de développement durable ; note de synthèse à l'intention des décideurs*[258], UNESCO, 2008. Recension des études des six réserves de biosphère de l'Afrique de l'Ouest identifiant les dynamiques d'acteurs qui génèrent d'une part des pratiques durables de l'utilisation des ressources et d'autre part des conflits d'usage et d'accès.

35) *AfriMAB, Les réserves de Biosphère en Afrique Subsaharienne : Présentation du Développement Durable*[259], UNESCO, 2013. Publication du réseau mondial des réserves de biosphère, l'un des plus importants programmes de l'UNESCO combinant de manière intégrative la conservation de la nature avec le développement durable, cet ouvrage fournit une vue d'ensemble du rôle unique que les réserves de biosphère jouent pour le développement durable et la conservation de la nature en Afrique.

36) *Kit pédagogique sur la biodiversité*[260], vol. 1 et vol. 2, UNESCO, 2017. Contribution de l'UNESCO à la Décennie des Nations Unies pour la diversité biologique (2011–2020), ces kits ont pour objet de démontrer que la biodiversité est l'essence de la vie,

---

[258] En ligne : https://unesdoc.unesco.org/ark:/48223/pf0000161536?posInSet=8&queryId=aec0d786-1ef2-4763-ad41-8d2bb06ce022.

[259] En ligne : https://unesdoc.unesco.org/ark:/48223/pf0000226944.

[260] En ligne : https://unesdoc.unesco.org/ark:/48223/pf0000244968?posInSet=1&queryId=fe864c31-616b-40dc-a074-9ce443ee8dbc ; et : https://unesdoc.unesco.org/ark:/48223/pf0000244969?posInSet=2&queryId=fe864c31-616b-40dc-a074-9ce443ee8dbc.

qu'elle fournit des produits essentiels tels que denrées alimentaires, fibres textiles et matériaux de construction, qu'elle entretient des services écosystémiques comme la fertilité des sols et qu'elle constitue le fondement de sociétés, de cultures et de religions. À partir de textes et d'illustrations, ils définissent une méthode pratique pour aider les élèves et les enseignants du secondaire à comprendre les multiples dimensions et les processus complexes liés à la biodiversité, grâce à des parcours d'apprentissage et des activités pratiques innovantes.

37) *Accès aux connaissances de l'océan pour tous : kit pédagogique*[261], UNESCO, 2018. Kit offrant des outils innovants, des méthodes et des ressources aux éducateurs et aux apprenants du monde entier, pour les aider à comprendre les processus et les fonctions complexes de l'océan et, également, à les alerter sur les problèmes océaniques les plus urgents. Il présente aussi les principes scientifiques essentiels et les informations nécessaires pour comprendre la relation de cause à effet entre le comportement individuel et collectif et les impacts qui menacent la santé de l'océan.

38) *YouthXchange : écologie et style de vie, kit de formation sur la consommation durable, le guide*[262], UNESCO et PNUE, 2002, 2004, 2005. Pour démontrer aux jeunes qu'il est possible, pour chacun de nous, de traduire nos aspirations à un monde meilleur dans nos actions de tous les jours. Voir également : *YouthXchange : biodiversité et modes de vie*[263],

---

[261] En ligne : https://unesdoc.unesco.org/ark:/48223/pf0000266169?posInSet=3&queryId=5ca2fbc8-4431-48cf-bdf5-2d70e9ae0f11.

[262] En ligne : https://unesdoc.unesco.org/ark:/48223/pf0000124085_fre?posInSet=1&queryId=2d38744a-58f3-4255-b567-4c7e7d697baf.

[263] En ligne : https://unesdoc.unesco.org/ark:/48223/pf0000233962?posInSet=1&queryId=7b993f59-a014-46b1-ba52-d840423be5d4.

UNESCO, 2015.

39) *Education aux médias et à l'information : programme de formation pour les enseignants*[264], UNESCO, 2012. Ressource mise à la disposition des États membres pour les aider dans leur travail continu pour accomplir les objectifs de la Déclaration de Grünwald (1982), la Déclaration d'Alexandrie (2005) et le programme de Paris de l'UNESCO (2007), tous en rapport avec l'éducation aux médias et à l'information (EMI).

40) *Décode la haine ! Jette la violence ! Guide de prévention contre les discours de haine en ligne à l'usage des 12-18 ans*[265], UNESCO, 2019. Conçu à partir d'une collecte des données sur l'expression de la haine en ligne sous toutes ses formes, et de leur analyse, ce guide propose des modules simples à comprendre afin d'accompagner celles et ceux qui le souhaitent dans la création d'un réseau virtuel d'échange pacifié.

41) *La grande conversation : manuel de lutte contre la violence à l'égard des femmes et des filles dans et à travers les médias*[266], UNESCO et ONU-Femmes, 2020. En vue d'accélérer les progrès vers la réalisation de l'égalité des genres dans les systèmes et les structures des organisations, des orientations, des outils et des pratiques inspirés par de nombreux pays, pour toutes celles et tous ceux qui travaillent avec le secteur des médias ou au sein de ce dernier.

---

264 En ligne : https://unesdoc.unesco.org/ark:/48223/pf0000216531?posInSet=5&queryId=9462f5d0-fde6-4cce-9c80-d80839d3e4b0.

265 En ligne : https://unesdoc.unesco.org/ark:/48223/pf0000367752?posInSet=19&queryId=1a1656b9-65b8-40d8-94ac-3ba876d51f91.

266 En ligne : https://unesdoc.unesco.org/ark:/48223/pf0000372923?posInSet=24&queryId=1a1656b9-65b8-40d8-94ac-3ba876d51f91.

42) *S'engager en ligne*[267], UNESCO, 2019. Etude sur l'engagement en ligne de la jeunesse, notion souvent galvaudée, mais peu étudiée et insuffisamment étayée, orientée sur des cas concrets et des bonnes pratiques, identifiés avec les jeunes eux-mêmes, afin d'éclairer le sens de cette notion, et d'orienter l'appui futur de l'Organisation aux plateformes digitales servant l'émancipation, l'autonomisation, l'engagement et la participation politique des jeunes hommes et femmes.

43) *Journalisme, fake news & désinformation : manuel pour l'enseignement et la formation en matière de journalisme*[268], UNESCO et Fondation Hirondelle, 2019. Des outils pour déjouer les pièges de la démagogie numérique, des informations malveillantes, de la mal information ou de la désinformation et permettre aux journalistes en formation (ou en formation continue) mais aussi au curieux et au lecteur-citoyen d'éviter de se laisser berner.

44) *Rassembler les générations par le biais de la radio : un guide pratique en provenance de l'Afrique à l'intention des professionnels de la radio qui travaillent avec des enfants et des jeunes*[269], UNESCO, 2014. Manuel conçu pour fournir aux stations de radio locales africaines des connaissances, des outils et des compétences qui leur permettent de faire participer des jeunes à la production d'émissions. Son objectif est de renforcer les compétences des jeunes en matière de reportage et de production radiophoniques, avec leur participation active. Il fournit également des astuces pour développer

---

267 En ligne : https://unesdoc.unesco.org/ark:/48223/pf0000367582?posInSet=42&queryId=1a1656b9-65b8-40d8-94ac-3ba876d51f91.

268 En ligne : https://unesdoc.unesco.org/ark:/48223/pf0000372695?posInSet=46&queryId=1a1656b9-65b8-40d8-94ac-3ba876d51f91.

269 En ligne : https://unesdoc.unesco.org/ark:/48223/pf0000226886?posInSet=1&queryId=e629a678-b207-4f9f-bfa4-113ca80a60b5.

des espaces créatifs où les enfants et les adolescents peuvent travailler de façon inventive.

45) *Les Filles et les sciences : module de formation : comment motiver les filles et les encourager à embrasser une carrière scientifique et technologique ?*[270] UNESCO, 2007, 2008. Module dont l'objectif général est la réduction des disparités de genres dans les domaines scientifique et technologique en Afrique. Il vise aussi à donner aux femmes la possibilité d'embrasser une carrière scientifique dans leur lutte pour l'indépendance et la réduction de la pauvreté.

46) *Guide de ressources : susciter l'intérêt des filles pour l'éducation aux STIM*[271], UNESCO, 2019. Guide de plaidoyer visant à faire participer les femmes et les filles aux études et aux carrières en STIM. Il fournit des conseils et des liens vers des informations et des ressources qui peuvent être utilisées pour susciter l'intérêt des filles pour les STIM et les sensibiliser à l'importance de l'engagement des filles dans ces domaines d'aujourd'hui et de demain. Il présente des exemples de programmes qui ont été couronnés de succès dans d'autres contextes à travers le monde.

47) *Dialogue entre les Civilisations. Actes de la Conférence internationale sur le dialogue interculturel et la culture de la paix en Afrique Centrale et dans la région des Grands Lacs, Libreville, 18, 19 et 20 novembre 2003*[272], UNESCO, 2005. Conclusions des travaux d'une

---

[270] En ligne : https://unesdoc.unesco.org/ark:/48223/pf0000154837_fre?posInSet=1&queryId=64feb078-acb9-4c0c-a6e0-55b35af37c9c.

[271] En ligne : https://unesdoc.unesco.org/ark:/48223/pf0000372310_fre?posInSet=38&queryId=64feb078-acb9-4c0c-a6e0-55b35af37c9c.

[272] En ligne : https://unesdoc.unesco.org/ark:/48223/pf0000140104?posInSet=1&queryId=3073bbb1-d56e-4d20-84ce-6c8009a971bd.

conférence portant sur la résolution des conflits en Afrique.

48) *Causes et moyens de prévention des crimes rituels et des conflits en Afrique centrale, Libreville, 19-20 juillet 2005*[273]*,* UNESCO, 2009. Conclusions d'un colloque organisé par l'UNESCO (en partenariat avec le CENAREST (Centre national de la recherche scientifique et technologique), l'UNHCR, le PNUD, l'UNICEF, la Banque mondiale et la Commission nationale gabonaise pour l'UNESCO) avec pour but d'être un cadre de réflexion visant à identifier et à comprendre les causes structurelles à l'origine de la pratique des « *crimes rituels* », d'une part ; et à proposer des voies et moyens visant non seulement à stigmatiser de telles pratiques, mais aussi à résoudre les conflits qui en découlent, tout en renforçant le dialogue interculturel, moteur du développement de la vie socioculturelle des communautés, d'autre part.

49) *Guide pratique des mécanismes endogènes de prévention, de gestion et de résolution des conflits en Afrique de l'Ouest*[274], par le Professeur Dago Gérard Lezou et le Docteur Kouassi Aimé Malanhoua de la Chaire UNESCO pour la culture de la paix (Côte d'Ivoire), UNESCO, 2013. Mise en relief des proverbes, des masques et des alliances à plaisanterie comme mécanismes de prévention et résolution de conflits.

---

[273] En ligne : https://unesdoc.unesco.org/ark:/48223/pf0000186864?posInSet=1&queryId=75a850fe-b3bf-4f0e-ac49-6c1a191d401c.

[274] En ligne : https://unesdoc.unesco.org/ark:/48223/pf0000234046?posInSet=2&queryId=75a850fe-b3bf-4f0e-ac49-6c1a191d401c.

TABLE DES MATIÈRES

PREFACE..13

AVANT-PROPOS *AFRIQUE : PUISER EN SOI-MEME LES RESSOURCES DE LA CULTURE DE LA PAIX* 17

INTRODUCTION *LA PAIX, ASPIRATION COMMUNE PLEBISCITEE MAIS CONTRARIEE* ? 39

I – CULTURE DE LA PAIX : NAISSANCE DU CONCEPT EN TERRE AFRICAINE...51

1 .1 La déconstruction du mythe de la violence en l'homme et la possibilité de la paix entre les hommes.....52

1 .2 La paix ou l'harmonisation des relations entre l'homme et son environnement 63

1 .3 La Déclaration de Yamoussoukro ou le rappel de la vocation de l'UNESCO 76

II – CULTURE DE LA PAIX : EVOLUTION ET NORMALISATION PROGRESSIVES DU CONCEPT A L'UNESCO ET A L'ONU 93

2 .1 A l'UNESCO..93

2.2 A l'ONU 103

III – CULTURE DE LA PAIX : ACTION NORMATIVE DE L'UNESCO 137

IV – CULTURE DE LA PAIX : MISE EN MOUVEMENT EN AFRIQUE 151

4 .1. Des activités menées en Afrique par l'« Unité du Programme de l'UNESCO pour la culture de la paix » au cours de la période 1994-1995 151

4 .2. De la « Priorité Afrique » 156

4 .3. Du Forum panafricain « Sources et ressources pour une culture de la paix » 159

4 .4. De la mise en œuvre du « Plan d'action en faveur d'une culture de la paix en Afrique/Agissons pour la paix » ou vers la création d'un Mouvement panafricain en faveur d'une culture de la paix 161

4 .5. De la « Biennale de Luanda – Forum panafricain pour la culture de la paix » 181

4 .6. Des Projets : « Histoire générale de l'Afrique » et « La Route de l'esclave » 184

4 .7. De la « Priorité Egalité des genres » 188

CONCLUSION : *CULTURE DE LA PAIX, LA BOUSSOLE ET LE MARCHEUR ; L'EXEMPLARITE ET LA CONFIANCE* 195

POSTFACE 205

REFERENCES BIBLIOGRAPHIQUES 209

REFERENCES BIBLIOGRAPHIQUES 211

ANNEXES 221

Annexe 1 : Plan d'action en faveur d'une culture de la paix en afrique 223

Annexe 2 : Communique du forum panafricain pour la culture de la paix en afrique – biennale de luanda (18-22 septembre 2019) 243

Annexe 2 bis : Engagement de la jeunesse africaine pour la culture de la paix (à la Biennale de Luanda – Forum panafricain pour la culture de la paix) 255

Annexe 3 : De quelques outils et ressources relatifs a la culture de la paix 261

Structures éditoriales du groupe L'Harmattan

L'Harmattan Italie
Via degli Artisti, 15
10124 Torino
harmattan.italia@gmail.com

L'Harmattan Hongrie
Kossuth l. u. 14-16.
1053 Budapest
harmattan@harmattan.hu

L'Harmattan Sénégal
10 VDN en face Mermoz
BP 45034 Dakar-Fann
senharmattan@gmail.com

L'Harmattan Cameroun
TSINGA/FECAFOOT
BP 11486 Yaoundé
inkoukam@gmail.com

L'Harmattan Burkina Faso
Achille Somé – tengnule@hotmail.fr

L'Harmattan Guinée
Almamya, rue KA 028 OKB Agency
BP 3470 Conakry
harmattanguinee@yahoo.fr

L'Harmattan RDC
185, avenue Nyangwe
Commune de Lingwala – Kinshasa
matangilamusadila@yahoo.fr

L'Harmattan Congo
67, boulevard Denis-Sassou-N'Guesso
BP 2874 Brazzaville
harmattan.congo@yahoo.fr

L'Harmattan Mali
Sirakoro-Meguetana V31
Bamako
syllaka@yahoo.fr

L'Harmattan Togo
Djidjole – Lomé
Maison Amela
face EPP BATOME
ddamela@aol.com

L'Harmattan Côte d'Ivoire
Résidence Karl – Cité des Arts
Abidjan-Cocody
03 BP 1588 Abidjan
espace_harmattan.ci@hotmail.fr

L'Harmattan Algérie
22, rue Moulay-Mohamed
31000 Oran
info2@harmattan-algerie.com

L'Harmattan Maroc
5, rue Ferrane-Kouicha, Talaâ-Elkbira
Chrableyine, Fès-Médine
30000 Fès
harmattan.maroc@gmail.com

Nos librairies en France

Librairie internationale
16, rue des Écoles – 75005 Paris
librairie.internationale@harmattan.fr
01 40 46 79 11
www.librairieharmattan.com

Lib. sciences humaines & histoire
21, rue des Écoles – 75005 Paris
librairie.sh@harmattan.fr
01 46 34 13 71
www.librairieharmattansh.com

Librairie l'Espace Harmattan
21 bis, rue des Écoles – 75005 Paris
librairie.espace@harmattan.fr
01 43 29 49 42

Lib. Méditerranée & Moyen-Orient
7, rue des Carmes – 75005 Paris
librairie.mediterranee@harmattan.fr
01 43 29 71 15

Librairie Le Lucernaire
53, rue Notre-Dame-des-Champs – 75006 Paris
librairie@lucernaire.fr
01 42 22 67 13

www.ingramcontent.com/pod-product-compliance
Lightning Source LLC
LaVergne TN
LVHW010428230826
846092LV00009BA/1085